Friederike von Gross / Renate Röllecke (Hrsg.)

Instagram und YouTube der (Pre-)Teens
Inspiration, Beeinflussung, Teilhabe

Dieter Baacke Preis
Handbuch 14

Friederike von Gross / Renate Röllecke (Hrsg.)

Instagram und YouTube der (Pre-)Teens
Inspiration, Beeinflussung, Teilhabe

Beiträge aus Forschung und Praxis

Prämierte Medienprojekte

kopaed (München)
www.kopaed.de

Friederike von Gross / Renate Röllecke (Hrsg.)
Dieter Baacke Preis Handbuch 14
Instagram und YouTube der (Pre-)Teens
Inspiration, Beeinflussung, Teilhabe
Beiträge aus Forschung und Praxis – Prämierte Medienprojekte

Dieser Band wurde gefördert vom

Bundesministerium für Familie, Senioren, Frauen und Jugend (BMFSFJ)

Herausgeber

Gesellschaft für Medienpädagogik und Kommunikationskultur
in der Bundesrepublik Deutschland e.V. (GMK)

Anschrift

GMK-Geschäftsstelle
Obernstr. 24 a
33602 Bielefeld
fon   0521/677 88
fax   0521/677 92
email   gmk@medienpaed.de
homepage www.gmk-net.de

Redaktion

Dr. Friederike von Gross
Renate Röllecke
Tanja Kalwar

Lektorat

Tanja Kalwar

Titelillustration

kopaed

Druck

Memminger MedienCentrum, Memmingen

© kopaed 2019
   Arnulfstraße 205
   80634 München
   fon   089/688 900 98
   fax   089/689 19 12
   email   info@kopaed.de
   homepage www.kopaed.de

ISBN 978-3-86736-514-7
eISBN 978-3-86736-653-3

Inhalt

Special zum Sonderthema „Kinderrechte in der digitalen Welt" (Kategorie F)

Teil 2: Prämierte Projekte des Dieter Baacke Preises

Teil 3: Zum Dieter Baacke Preis

Franziska Giffey, Bundesministerin für Familie, Senioren, Frauen und Jugend

Grußwort anlässlich der Verleihung des Dieter Baacke Preises am 17. November 2018 in Bremen

Sehr geehrte Vertreterinnen und Vertreter
der Gesellschaft für Medienpädagogik
und Kommunikationskultur,
sehr geehrte Mitglieder der Jury des
Dieter Baacke Preises,
liebe Preisträgerinnen und Preisträger,
liebe Gäste,

Befähigung, Teilhabe und Schutz sind die drei Säulen der Kinderrechtskonvention der Vereinten Nationen. Einst für eine analoge Welt erdacht, gelten sie im digitalen Zeitalter weiter. Sie bilden das Fundament eines modernen Kinder- und Jugendmedienschutzes. Das diesjährige GMK-Forum greift den Aspekt der Teilhabe auf und erweitert ihn um das Thema Vielfalt. Der Dieter Baacke Preis, der in diesem Jahr zum 17. Mal vergeben wird, ehrt herausragende und inspirierende Projekte, die Kinder und Jugendliche, aber auch Erwachsene ermutigen und befähigen, sich in der digital geprägten Gesellschaft zu orientieren, ihre Chancen zu nutzen und sie aktiv und kreativ mitzugestalten.

Dabei gehen die Projekte, ganz im Sinne von Dieter Baacke, weit über die Vermittlung technischer Kompetenzen hinaus. Sie beziehen auch soziale, kulturelle und politische Aspekte ein. All dies ist nötig, um Kindern und Jugendlichen ein gutes Aufwachsen mit Medien zu ermöglichen. In der medienpädagogischen Projektarbeit entwickeln und erfahren Kinder und Jugendliche Selbstwirksamkeit, Teilhabe und Zusammenarbeit. Sie lernen, sich in und mit Medien auszudrücken und haben dabei auch den Raum, über das zu sprechen, was ihnen nicht gefällt.

Die Preisträgerinnen und Preisträger 2018 haben sich unter anderem aktiv und kritisch mit Robotik beschäftigt. Sie verbinden auf vielfältige Weise Menschen miteinander, nutzen alte und neue Medien in kreativer Weise. Sie geben Menschen mit Beeinträchtigungen eine Stimme und befähigen sie, Medien aktiv auch politisch zu nutzen. Sie bringen Seniorinnen und Senioren und junge geflüchtete Menschen in einen kreativen Austausch. Sie setzen sich kreativ mit Schattenseiten des Digitalen Cybergrooming, Cybermobbing und Hatespeech auseinander.

Die Sonderkategorie des Dieter Baacke Preises hat in diesem Jahr das Thema „Kinderrechte in der digitalen Welt". Das ausgezeichnete Projekt ermöglicht es Kindern, ihre Welt kreativ und kritisch digital zu beleuchten, und ist damit ein Beispiel dafür, wie die Bestimmungen der Kinderrechtskonvention Eingang in die digitale Welt finden. Ich gratuliere allen Preisträgerinnen und Preisträgern ganz herzlich zum Dieter Baacke Preis 2018 und wünsche Ihnen gutes Gelingen für Ihre weitere medienpädagogische Arbeit!

Dr. Franziska Giffey

Dr. Franziska Giffey
Bundesministerin für Familie, Senioren, Frauen und Jugend

Friederike von Gross / Renate Röllecke

Instagram und YouTube der (Pre-)Teens

Inspiration, Beeinflussung, Teilhabe

> Die Handbuchreihe stellt aktuelle medienpädagogische Themen in den Mittelpunkt.
> Die Beiträge des ersten Teils geben Anregungen zur theoretischen Reflexion und praktischen
> Umsetzung des Schwerpunktthemas in den Bereichen Medienbildung und Medienpädagogik.
> Der zweite Teil des Handbuches präsentiert die Modelle der Dieter Baacke Preisträger*innen.
> Die Macher*innen geben in Interviews Auskunft zu Erfahrungen ihrer medienpädagogischen
> Projektarbeit.

Die tägliche Dosis Social Media gehört für viele Kinder und Jugendliche hierzulande einfach dazu: Insta-Storys schauen, Bilder mit Filtern bearbeiten, Influencer*innen stalken, Tik-Tok-Videos kreieren, Snaps senden und dabei möglichst viele Flammen sammeln, Tutorials und Let´s Plays schauen, Nachrichten senden. Über die Nutzung von Apps wie Instagram, TikTok, Snapchat und YouTube eignen sich Pre-Teens und Teens ihre Welt an. Sie orientieren sich im Mediendschungel, lernen täglich Neues, finden sich selbst und andere, probieren sich aus, bekommen Feedback, bleiben in Kontakt – sie sind viel und regelmäßig in den Medien unterwegs.

Das bestätigt auch die aktuelle JIM-Studie (mpfs 2018). So verwenden z.B. 95 Prozent der 12- bis 19-Jährigen WhatsApp mindestens mehrmals pro Woche (täglich: 82%), Instagram wird regelmäßig von 67 Prozent genutzt (täglich: 51%) und Snapchat von 54 Prozent (täglich: 46%). Und auch die Jüngeren wenden sich mit zunehmendem Alter intensiv sozialen Medien zu, wie die aktuelle KIM-Studie (mpfs 2019) zeigt: Bereits 47 Prozent der 6- bis 13-jährigen Internetuser*innen verwenden (fast) täglich WhatsApp, 21 Prozent der interneterfahrenen Kinder (fast) täglich YouTube.

Social Media-Apps gehören zum Alltag wie Frühstück, Schule und Hobby dazu – und das, obwohl viele der Nutzer*innen laut AGBs eigentlich gar nicht zur Zielgruppe gehören. Instagram, Snapchat, TikTok sind laut ihren AGBs ab 13 Jahren nutzbar, WhatsApp ab 16 Jahren. Für YouTube muss ein Google-Konto vorliegen, für das ein Mindestalter von 16 Jahren gefordert wird. In keiner der Apps erfolgt eine Altersprüfung, es genügt die Eingabe eines fiktiven Datums, was wohl auch zur gängigen Alltagspraxis gehört. Deshalb thematisieren wir in diesem Band auch die Nutzung dieser Apps durch unter 13-Jährige. Nicht, um dazu zu animieren, sondern um reale Nutzungsmuster in Alltagskulturen nicht unberücksichtigt zu lassen.

Gerade die App TikTok – bis 2018 unter Musical.ly bekannt – erscheint vielen jungen Nutzer*innen attraktiv. Der spielerische Umgang mit Musik, Tanz und Zitaten, die große Bandbreite an Vorlagen und die unterstützenden Funktionen der App, eigene Lipsync- oder Sound-Videos zu kreieren, animieren mitunter bereits Kinder im Grundschulalter zum Nachmachen und Ausprobieren. Im öffentlichen Diskurs wurde Musical.ly im vergangenen Jahr dann vor allem deshalb wahrgenommen, weil Pädokriminelle die App zur Kontaktaufnahme genutzt hatten, Kinder und Jugendliche zum freizügigen Posieren vor der Kamera animierten und über die App-eignen Favoriten-Listen Accounts sammeln und weiterempfehlen konnten.

Diese und andere „dunkle Seiten" der Social Media-Welt sind im öffentlichen Diskurs und auch in der Pädagogik stark präsent. Dazu gehören z.B. Cybergrooming, Sexting, Hypersexualisierung und Pornografisierung, Cybermobbing und Ausgrenzung. Aber auch der Kontakt mit negativ beeinflussenden Gruppierungen zählt dazu: Suizidal- und Selbstverletzungs-Seiten oder -Gruppen, Pro-Ana- oder Pro-Mia-Seiten und -Gruppen (Anorexie und Bulimie) sowie rechtsextreme und islamistische Gruppen können Kinder und Jugendliche mit verstörenden und extremen Inhalten in Kontakt bringen. Des Weiteren treffen sie auf Hatespeech, klischeehafte und sexistische Rollenbilder, Gendermarketing (die sogenannte Rosa-Blau-Falle) und natürlich ist auch das Themenfeld Datenschutz, Persönlichkeitsrechte sowie die Auswertung und der Handel mit den eigenen Daten herausfordernd. Die Kenntnis dieser Problemfelder und die Sensibilisierung über die damit zusammenhängenden Herausforderungen sind immens wichtig. Es existieren bereits vielfältige medienpädagogische Ansätze und Methoden im Sinne eines erzieherischen und pädagogischen Jugendmedienschutzes, die es unter pädagogischen Fachkräften bekannt zu machen gilt. Auch Informationen für Eltern sind wichtig, damit diese ihre Kinder im Alltag begleiten können und als Ansprechpartner*innen zur Verfügung stehen, wenn Probleme auftauchen. Damit es gar nicht erst dazu kommt, gilt es, die Apps gemeinsam einzurichten, Privatsphäreeinstellungen zu überprüfen und vorzunehmen und Grundlegendes zur Selbstdarstellung, zu Belohnungssystemen und zur möglichen Kontaktaufnahme mit Fremden zu thematisieren. Verbote sind im Umgang mit (Pre-)Teens wenig hilfreich.

In dem vorliegenden Band finden einige dieser Herausforderungen Berücksichtigung. Das Hauptaugenmerk liegt aber auf den politischen, sozialen und kulturellen Dimensionen der sozialen Medien im Hinblick auf die Entwicklungsaufgaben und das medienkulturelle Handeln von Kindern und Jugendlichen. So reflektieren die Beiträge z.B. die Potentiale, die Social Media-Apps Kindern und Jugendlichen bieten, damit ersichtlich und nachvollziehbar wird, was Kinder und Jugendliche an Influencer*innen und sozialen Netzwerken fasziniert.

Eltern und Pädagog*innen sollten versuchen, dem teils schrägen Humor, den Schmink-Tutorials oder Let's Play-Videos so offen wie möglich zu begegnen und anstatt vorzuverurteilen lieber Fragen stellen, neugierig sein und ins Gespräch kommen. Kindern und Jugendlichen bieten Social Media-Angebote vielfältige Erfahrungs- und Ermöglichungsräume zum Ausprobieren und zur Selbstdarstellung. Beides sind Aspekte, die für die Identitätsbildung grundlegend sind. Weitere Motive sind der Wunsch dazugehören zu wollen, sich mit Gleichaltrigen auszutauschen und von den Eltern abzunabeln oder auch einfach die Möglichkeit, im Netz Neues zu lernen und sich eigenständig Informationen zu beschaffen. Es gilt also, ihnen Freiräume zu gewähren, um eigene Erfahrungen zu machen.

Die aktive, handlungsorientierte Medienarbeit kann diese Freiräume bereitstellen und gleichzeitig in Gesprächen auf Augenhöhe Reflexionsprozesse anstoßen sowie Teilhabe und Medienkritikfähigkeit in der digital geprägten Gesellschaft ermöglichen. Mit Scherz, Satire und Ironie werden bekannte Formate kreativ persifliert, wodurch Kinder und Jugendliche wesentliche Strukturmerkmale kennen und lesen lernen. Geeignet sind zudem analytisch orientierte Ansätze, die Kinder und Jugendliche dazu anregen, die Auftritte von YouTuber*innen oder Instagram-Stars zu vergleichen und zu untersuchen. Das kann spielerisch und detektivisch vermittelt werden, ohne gleich das, was Kinder lieben und schätzen, schlecht zu machen. Anknüpfen sollte man stets bei der Jugendmedienkultur der Kinder und Jugendlichen, da sie bereits eigene Bewertungskriterien und Expertise mitbringen. Diese gilt es wahrzunehmen, zu respektieren und dann zu erweitern. So können Alternativen zu problematischen Inhalten, Formaten, Kommunikationsweisen aufgezeigt und eine risikoarme Nutzung ermöglicht werden, was auch im Kontext der Inklusion fruchtbar und notwendig ist.

Welche Influencer*innen prägen den Alltag von Jugendlichen, was zieht schon fast wieder vorüber? Um beliebte Bewegtbild-Netzwerke und um „Medienbildung für die Generation Instagram" geht es im Beitrag von **Lars Gräßer** und **Markus Gerstmann.** Anhand von Beispielen wird die Nutzung von Plattformen wie Instagram oder TikTok thematisiert, unter Dimensionen wie Schönheitsideale, Hate, Ruhm junger Influencer*innen und Jugendschutz. Parallel dazu wird auch die Bedeutung der sozialen Netzwerke für junge Nutzer*innen illustriert: Streben nach Anerkennung, Selbstwirksamkeitserfahrungen, Identitätssuche oder Inspiration spielen dabei eine wichtige Rolle. In Anlehnung an diese Bedeutungsmuster werden dann Vorschläge für eine medienpädagogische Gestaltung durch Fachkräfte abgeleitet. Die Autoren plädieren für einen offenen Umgang und einen verständnisvollen Dialog mit Jugendlichen, um sie zu begleiten und zu ermächtigen, Lernmöglichkeiten einzuleiten, aber ihnen gleichzeitig auch den Freiraum zu gewähren, um eigene Erfahrungen zu machen.

Authentisch oder inszeniert? Wie schätzen Jugendliche die Beiträge informationsorientierter Jugendlicher ein? Mit der zunehmenden Bedeutung sozialer Medien als Informationsquelle für Jugendliche stellt sich die Herausforderung an die Medienpädagogik, eine umfassendere Kritikfähigkeit bei Jugendlichen anzuregen. **Kai-Uwe Hugger et al.** präsentieren einen Ausschnitt ihrer Forschungsergebnisse aus Gruppendiskussionen mit Jugendlichen. Im Mittelpunkt stehen die medienkritischen Einschätzungen Jugendlicher zu informationsorientierten YouTube-Videos. Diese wurden gruppiert unter folgende Aspekte: Glaubwürdigkeit von YouTuber*innen im Vergleich zu Massenmedien, Bedeutung von Authentizität und Inszenierung sowie kritische Einschätzung der Kommerzialisierung. Zum Schluss wenden die Autor*innen die Medienkritik der Jugendlichen auf das Konzept der Medienkompetenz von Dieter Baacke an, um die Entwicklung des Einschätzungsvermögens herauszustellen.

Viele junge Frauen sind auf Instagram aktiv oder folgen dort Influencer*innen. Ein Großteil der Instagram-Beiträge dreht sich um normierte und normierende Schönheit, um Mode und um humorvolle oder zuweilen auch problematische Challenges. **Tanja Witting** wirft zunächst einen Blick auf Schönheitsnormen und dominierende Weiblichkeitsnormen in beliebten Instagram-Accounts. Doch Social Media hat mehr zu bieten: Im zweiten Teil ihres Artikels wendet sich die Autorin Gegenentwürfen und Gegenbewegungen zu und zeigt, wie der Schönheitsbegriff, z.B. durch Bodypositivity-Beiträge, variiert werden kann und wie vielfältig Social Media für Empowerment genutzt wird. Witting setzt sich dafür ein, durch eine sensible medienpädagogische Begleitung das Empowerment-Potential der Social Media-Plattform zu nutzen. In der Arbeit mit Mädchen und jungen Frauen könne dies dazu beitragen, ein positives Selbstverhältnis zu fördern, Ausschlusspraxis zu reduzieren und Machtstrukturen aufzubrechen.

Den YouTube-Vorlieben der 10- bis 14-Jährigen widmen sich **Christa Gebel** und **Andreas Oberlinner.** Sie stellen Ergebnisse aus ihrer problemorientierten Medienanalyse zu 45 einschlägigen YouTube-Kanälen vor, die eine große Popularität bei dieser Altersgruppe aufweisen. Im Fokus stehen dabei Themen wie Kommerzialisierung, Publikumsbindung, Geschlechterstereotype, ethisch-normative Perspektiven und Selbstinszenierungsmodelle. Der Beitrag zeigt zusätzlich Ansatzpunkte für weitere Forschungsthemen auf und verweist auf die Notwendigkeit medienpädagogischer Konzeptentwicklungen für die Arbeit mit jungen YouTube-Nutzer*innen. Diese Projekte sollten dabei das Interesse an der Plattform mit der kritischen Auseinandersetzung zu Aspekten wie Rollenstereotypen, Selbstdarstellung, ethisch-normativen Fragen und Konsum verbinden.

Martina Schuegraf und **Tobias Börner** gehen anhand von Interviews mit Instagram-Nutzer*innen und Influencer*innen der Frage nach, was Influencer*innen neben der Reichweite und der Produktvermarktung charakterisiert. Sie formulieren die These, dass Instagram in erster Linie durch Inspiration statt durch Beeinflussung geprägt ist, da vor allem Resonanz ein Motivationsfaktor für die Nutzung der Plattform ist. Folglich beschreiben die Autor*innen Instagram als eine Vielzahl nebeneinander existierender Resonanzräume. Weiterhin stellen sie Einsatzmöglichkeiten vor, um das Thema Resonanz mit Fokus auf Instagram-Influencer*innen in der medienpädagogischen Arbeit gemeinsam mit Jugendlichen aufzugreifen, durch Selbst-Reflexionen oder in Verbindung zu Themen wie Heranwachsen und Internetsicherheit.

Wie medienpraktisch mit Jugendlichen zu Social Media-Plattformen gearbeitet werden kann, auch in Gruppen großer Diversität, zeigen die folgenden zwei Beiträge.

In der zunehmenden globalen Vernetzung durch die Digitalisierung von Lebenswelten braucht es Hilfestellungen zur Orientierung in dem komplexen Gefüge, auch um bewusste Auseinandersetzungen mit medialen Beeinflussungen nachhaltig zu entwickeln. **Henrike Boy** und **Sabine Sonnenschein** zeigen Methoden und Ansätze, mit denen sich ein gleichberechtigter Dialog mit Jugendlichen zu kritischen Aspekten der sozialen Medien gestalten lässt. Der Beitrag stellt darüber hinaus das Projekt *Die Kreativhelden* vor, in dem Social Media-Plattformen wie YouTube oder Instagram pädagogisch genutzt werden, um das reflexive Bewusstsein eigener Werte und Interessen zu stärken sowie einen kreativen und sicheren Umgang mit sozialen Medien zu fördern.

Mit der großen Attraktivität von Social Media-Plattformen, wie z.B. TikTok (vormals Musical.ly), unter Kindern und Jugendlichen wachsen auch die Herausforderungen für die medienpädagogische Arbeit. **Isabel Venne** und **Larissa Brands** schlagen vor, dabei direkt an den Vorlieben der Heranwachsenden anzuknüpfen und aktuell beliebte Apps zu nutzen, um das Interesse der Jugendlichen für die Umsetzung einer risikoarmen Teilhabe zu wecken. Die Autorinnen gehen zudem der Frage nach, wie sich medienpädagogische Arbeit zu Social Media-Apps inklusiv gestalten lässt, um möglichst alle User*innen zu erreichen. Anhand ihres Projektes *Durchblick im Netz* zeigen sie Möglichkeiten auf, mit Schüler*innen aus einer Förderschule und einem Gymnasium gemeinsam einen kreativen und zugleich kritischen Zugang zu Themen wie Cybermobbing, Privatsphäre, Datenschutz sowie sexualisierte Gewalt zu gewinnen. Das Modell ist auch auf andere (inklusive) Kontexte übertragbar.

Eltern sind bei der Medienerziehung mehr denn je gefragt – und das betrifft längst nicht nur junge Kinder. Im Kontext von Smartphone und Social Media suchen zunehmend Eltern von Jugendlichen und von Pre-Teens Rat, auch bei der bundesweiten Initiative „Schau-Hin! Was dein Kind mit Medien macht." Welche Fragen bewegen die Eltern von (Pre-)Teens? Mediencoach **Iren Schulz** benennt im Interview vielfältige Herausforderungen digitaler Angebote, die Kindern und Jugendlichen begegnen. Neben Social Media konzentrieren sich die Sorgen von Eltern auch auf bestimmte Games. Im Interview spricht Iren Schulz die Notwendigkeit an, eine Balance zu finden beim Umgang mit digitalen Medien, im Spannungsverhältnis zwischen Schutz vor Gefahren und Chancen der freien Persönlichkeitsentfaltung. Dabei folgt die Initiative dem Motto „Verstehen ist besser als Verbieten".

Den Schluss des Themenschwerpunktes zu Social Media bildet ein **Überblick über Methoden,** die auf der Tagung Jugendmedienarbeit NRW der GMK vorgestellt wurden. Sie bieten weitere Inspirationen und Anknüpfungspunkte für die praktische Medienarbeit.

„Kinderrechte in der digitalen Welt" bildeten den thematischen Schwerpunkt der Kategorie F des Dieter Baacke Preises 2018. Mit dem Verhältnis von Kinderrechten und Medienbildung in der digitalen Welt befassen sich vor diesem Hintergrund **Luise Meergans** und **Sophie Pohle** in einem Special. Sie zeigen Möglichkeiten für die Medienpädagogik auf, Kinder in ihrer Entwicklung hin zu kreativen, kompetenten und autonomen Mediennutzer*innen und -gestalter*innen zu unterstützen. Zudem formulieren die Autor*innen auch einen Appell zur zivilgesellschaftlichen Verantwortungsübernahme, Kindern gleichberechtigte Gestaltungsmöglichkeiten einzuräumen und sie über ihre Rechte in der Medienwelt aufzuklären, besonders im Hinblick auf die Mediatisierung sowie Digitalisierung der Lebenswelten von Heranwachsenden.

Im zweiten Teil des Buches werden die mit dem Dieter Baacke Preis prämierten Projekte vorgestellt. Diese stehen nur teilweise im Kontext des inhaltlichen Schwerpunktes des Bandes. Die Preisträger*innen berichten über ihre medienpädagogische Arbeit und geben Tipps für die Praxis.

Autorinnen

Dr. Friederike von Gross: seit 2016 Geschäftsführerin der GMK; hat zuvor an der Universität Bielefeld zum Thema „Informelles Lernen in Jugendszenen. Zum Erwerb berufsrelevanter Kompetenzen in Jugendszenen am Beispiel der Visual Kei-Szene" promoviert und im Bereich Medienpädagogik gearbeitet; ihre Forschungsschwerpunkte waren u.a.: Medienerziehung von Eltern im Kontext von Computerspielen, Nutzung von Social Media durch Kinder und Jugendliche.

Renate Röllecke: Referentin für Medienpädagogik und Medienbildung in der Gesellschaft für Medienpädagogik und Kommunikationskultur (GMK).

Literatur

mpfs – Medienpädagogischer Forschungsverbund Südwest (2018): JIM-Studie 2018 – Jugend, Information, Medien. Basisuntersuchung zum Medienumgang 12- bis 19-Jähriger. Abrufbar unter: www.mpfs.de/fileadmin/files/Studien/JIM/2018/Studie/JIM_2018_Gesamt.pdf [Stand: 04.03.2019].

mpfs – Medienpädagogischer Forschungsverbund Südwest (mpfs) (2019): KIM-Studie 2018 – Kinder, Internet, Medien. Basisuntersuchung zum Medienumgang 6- bis 13-Jähriger in Deutschland. Stuttgart.

Forum Kommunikationskultur 2019

Zwischen Utopie und Dystopie – Medienpädagogische Perspektiven für die digitale Gesellschaft
Das 36. Forum Kommunikationskultur der GMK findet vom 15. bis 17. November 2019 in München statt. Informationen finden Sie auf www.gmk-net.de.

Teil 1

Beiträge aus
Forschung und Praxis

Lars Gräßer / Markus Gerstmann

„Ich krieg das halt alles einfach mit und das ist halt das Schöne daran"

Inspiration durch soziale Bewegtbild-Netzwerke

Abb. 1.: Bei Jugendlichen steht YouTube an erster Stelle unter den vielen Internetangeboten, gefolgt vom multifunktionalen Messenger WhatsApp, an dritter Stelle liegt Instagram (vgl. mpfs 2018: 34f.).

Etablierte Bewegtbild-Netzwerke sind gerade – mal wieder – dabei, ihre Vormachtstellung in der Gunst von Jugendlichen einzubüßen, während neue Angebote – mal wieder – neue Charaktere und Mechaniken in den Vordergrund rücken. Dabei gilt es genau hinzusehen, um hier nicht allzu viel Altes im Neuen zu erblicken, denn natürlich verändert dies die medienpädagogische Praxis, ohne jedoch vollkommen neue Ansätze erforderlich zu machen – mal wieder oder wie immer.

Nachdem gerade YouTuber*innen wie LeFloid, Bibi, Dagi Bee und Die Lochis, um ein paar für die Erwachsenenwelt mittlerweile bekannt(er)e Namen zu nennen, mehr oder weniger „durchgerauscht" sind, interagieren Jugendliche plötzlich mit neuen Namen auf Plattformen wie Instagram und TikTok: Lisa Banholzer, Pamela Reif, Caro Daur oder Lisa & Lena. Auch empirisch bildet es sich allmählich ab (vgl. mpfs 2018) und praktisch tätige Medienpädagog*innen bemerken es schon länger: YouTube ist dabei, seine Vormachtstellung als Lieblingsnetzwerk junger Zielgruppen einzubüßen, was neue Charaktere in den Vordergrund rückt, die auf anderen Plattformen agieren und die hier angebotenen Möglichkeiten zur Selbstdarstellung und Interaktion souverän für sich zu nutzen wissen (vgl. Gräßer/Gerstmann 2018).

Durchgesetzt hat sich für „die neuen Namen" der Begriff „Social Influencer*in", der PR-Expertin Annika Schach folgend sind dies:

> „Personen, die aufgrund ihres digitalen Netzwerks, ihrer Persönlichkeitsstärke, einer bestimmten Themenkompetenz und kommunikativen Aktivität eine zugesprochene Glaubwürdigkeit für bestimmte Themen besitzen und diese einer breiten Personengruppe über digitale Kanäle zugänglich machen können." (Schach 2018: 31)

Sophie Passmann, selber Instagrammerin – also aktive Nutzerin – und darüber hinaus auf zahlreichen anderen Social Media-Plattformen aktiv, tätig als Autorin, Radiomoderatorin und *Neo Magazin Royale*-Mitarbeiterin, dürfte unter diese Definition fallen. Auch wenn sie sich selbst nicht als Influencerin versteht, wie sie bspw. anlässlich der re:publica 2018 erklärte (vgl. Passmann 2018: Minute 0:54):[1] Für Influencer*innen sei besonders charakteristisch, dass sie ein kommerzielles Interesse verfolgen. Es sind also „Leute, die ihre Reichweite an jemanden verkaufen" (ebd.: Minute 3:24) und das kommt für sie nicht infrage. Reichweite meint hier vor allem Kanal-Abonnements und Klickzahlen.

Wie bildet sich das „neue Leben" in sozialen Bewegtbild-Netzwerken ab, über das Passmann referiert, dem sie aber nicht angehören will? Was und wer gestaltet es und wo sind hier Anknüpfungspunkte für die medienpädagogische Arbeit?

Ein paar Zahlen und ein Hybrid

Die JIM-Studie von 2018 zeigt: Sollen Jugendliche aus der Angebotsvielfalt des Internets heutzutage spontan ihre drei liebsten Angebote benennen, so steht YouTube mit weitem Abstand an erster Stelle und wird von fast zwei Dritteln genannt, gefolgt vom Kommunikationsdienstleister WhatsApp, während Platz drei an Instagram geht (vgl. mpfs 2018: 34f.).[2]

Obwohl Instagram erst seit Oktober 2010 online ist, zählte es nach einem Jahr bereits 10 Millionen User*innen und verfügt mittlerweile weltweit über eine Milliarde, „die zudem deutlich jünger sind als bei Facebook und Co." (Erxleben 2018). Dafür dürfte ein starker Partner im Hintergrund mitverantwortlich sein: Während YouTube von Google übernommen wurde und danach enorm gewachsen ist, konnte sich Instagram nach dem Kauf durch Facebook ähnlich entwickeln. Ein (weiterer) Grund hierfür ist die *Stories*-Funktion, die Stand- und Bewegtbilder zu Geschichten bündelt, was Instagram gleichzeitig zu einer Art Bewegtbild-Plattform oder -Netzwerk macht.[3] Es ist eine Art Hybrid.

Und die Entwicklung in Richtung Bewegtbild-Netzwerk geht weiter: Im Sommer 2018 launchte Instagram IGTV als „Fernsehen des 21. Jahrhundert" (Eigenwerbung) oder einfach nur als YouTube-Konkurrenz. Mittels IGTV sind bis 60 Minuten Bewegtbild möglich, wovon allerdings noch wenig Gebrauch gemacht wird, der Durchbruch lässt auf sich warten (vgl. Erxleben 2018).

#instalife

Eine 17-Jährige schwärmte gegenüber dem Deutschlandfunk (@mediasres Sendung vom 13.11.2018) (Schneider 2018):

> „Den ganzen Tag. Es ist einfach… Instagram ist mein Leben. Ich kann wirklich nicht aufhören. Ich krieg das halt alles einfach mit und das ist halt das Schöne daran. Wenn ich mein Handy in der Hand hab, dann geh ich kurz rein, nur kurz, und guck, wer was gepostet hat. Und dann geh ich wieder raus. Und dann nach zwei, drei Minuten wieder rein."

Denn das Leben auf Instagram, das #instalife, heißt für viele (junge) Nutzer*innen, das private Bild bzw. die private Story vom kleinen Glück, die ersparte Reise, die eigenen Erfolge bei den Hobbys, wie Reiten, Tanzen, Malen, Basteln oder mit den Freund*innen feiern. Dass bestätigt auch die JIM-Studie 2018: Demnach bestehe das Hauptmotiv für die Nutzer*innen von Instagram darin, am „per Foto und Video dokumentierten Alltag von Personen aus dem persönlichen Umfeld teilzuhaben" (mpfs 2018: 40). So folgen 82 Prozent häufig Leuten, die sie persönlich kennen. Im Vergleich zum Vorjahr erzeugen die Nutzer*innen aber „selbst offenbar weniger Bild-Content, jeder Achte postet häufig Fotos/Bilder – 2017 gaben dies noch 20 Prozent an. Erhöht hat sich dagegen der Anteil derer, die Kommentare zu Fotos/Videos anderer abgeben, jeder Zweite macht dies zumindest gelegentlich (2017: häufig: 21%, gelegentlich: 21%)" (ebd.: 41), die aktiven Nutzungsformen verschieben sich also. Die Spannbreite ist groß und ganz nebenbei wird das bearbeitete Bild zu einem Kunstwerk in der eigenen Community.

Und die Social Influencer*innen? Weiterhin erklärt ein Drittel (vgl. ebd.) der befragten Jugendlichen, es folge häufig Stars und Promis. Darunter befinden sich vermutlich zahlreiche Influencer*innen, aber auch Idole aus den Sparten Musik, Film und Sport. Vor allem Mädchen folgen häufig bekannten Persönlichkeiten (vgl. ebd.: 41).[4] Sie alle posten häufig gestellte und bearbeitete Bilder aus ihrem Leben, zum Teil mit einer bezahlten Partnerschaft für ein Produkt aus den Bereichen Touristik, Kosmetik, Mode, Gastronomie oder Ernährung. Jugendlichen Nutzer*innen ist dabei die Authentizität und Glaubwürdigkeit der Influencer*innen besonders wichtig. In Videos und Gesprächen fällt immer wieder dieses „Qualitätskriterium", was sich längst auch empirisch abbildet (siehe exemplarisch Hugger et. al. in diesem Band: Seiten 29ff.) und „mit Natürlichkeit, Echtheit, Glaubwürdigkeit und sozialen Kompetenzen assoziiert" (Hoffmann 2018: 77) werden kann.

Eine Studie der Influencer-Marketing-Plattform Influry (2017) zeigt, dass insbesondere die jungen Befragten (zwischen 14 und 17 Jahren) der Meinung von Influencer*innen große Bedeutung beimessen: Mehr als ein Drittel (36%) lässt sich beim Produktkauf von ihnen „beraten" und misst ihnen eine besonders hohe Glaubwürdigkeit zu (41%).

Stellt sich die Frage: Wenn eine Person jeden Tag mehrere Bilder bzw. Videos posten muss, muss nicht genau das vermeintlich Authentische zwangsläufig auf der Strecke bleiben? Ergo erklärt(e) Sophie Passmann auf der re:publica 2018, Authentizität sei nicht nur „unwichtig" (Passmann 2018: Minute 6:28), sondern gerade aus der Macher*innenperspektive fatal für die Influencer*innen, die ja von ihrer Social Media-Aktivität leben: „Weil sie sonst die Souveränität über die Inhalte verlieren", denn irgendwann könne immer dramatischerweise die eigene Mutter sterben und dann können Influencer*innen nicht plötzlich „drei Monate traurige Videos hochladen" (ebd.: Minute 6:34ff.).[5]

(Zu viel) Authentizität stelle hier ein Problem dar. Letztlich gehe es immer um das Bedienen von Plattform-Algorithmen, die ein regelmäßiges Posten einfordern, damit Posts im Ranking steigen und so zu einer höheren Interaktivität mit den Rezipient*innen führen. Es geht um Sichtbarkeit und Auffindbarkeit in der Aufmerksamkeitsökonomie sozialer Bewegtbild-Netzwerke. Oder wie Passmann erklärt(e): „Der Algorithmus ist King" (ebd.: Minute 8:35ff.).

Während die Bilder auf Instagram also häufig „das schöne Leben" widerspiegeln, angepasst an die Mechaniken der Plattformen, zeigen die Stories – kleine einminütige Videos, meistens direkt aus dem Geschehen – auch scheinbar „authentische" Geschichten aus einem „beneidenswerten" Leben, welches immer wieder mit kleinen Schwierigkeiten aufwartet (z.B. lange Wartezeiten an Flughäfen, beim Shooting, in der Maske). Die „Smartphone-Stalker" dürfen teilhaben, können so von einem besseren Leben träumen, ihren eigenen Lebensentwurf oder ihre -realität anhand des Bewegtbilds abgleichen.

Bloß keine Überraschungen, prekäre Rollenvorbilder und unerfreuliche Rückkehrer

Aber zurück zur Perspektive der reichweitenstarken Social Influencer*innen: Sie posten verlässlich jeden Tag kleine Statements, die keine großen Überraschungen beinhalten (dürfen), weil sie die Nutzer*innen irritieren könnten. So dringen sie als Illusion eines interpersonalen Austauschs in den jugendlichen Alltag ein und die Social Influencer*innen verwandeln sich zu „verlässlichen und attraktiven Interaktions- und Beziehungspartnern in einer ansonsten komplexen, dynamischen und zuweilen überfordernden Lebensumwelt" (Hartmann 2016: 75-84).

Aber uns muss allen klar sein: Die Kommunikation auf Augenhöhe wird hier – natürlich – nur simuliert, eine Reziprozität ist eben nicht gegeben, wenn es um die Influencer*innen geht. Geschickt genutzt werden dabei Techniken oder Inszenierungen, wie das In-die-Kamera-Schauen oder das Posten von Frage- und Antwortvideos, um ein „authentisches", soziales Miteinander zu vermitteln oder treffender formuliert: darzustellen. In der Folge entsteht allerdings das Gefühl, eine (parasoziale) Beziehung zu führen: Durch „typische Antwortrollen und Gesten entwickeln sich einstudierte Interaktionsmuster, deren Bedeutung und Nuancen dem Außenstehenden rätselhaft und okkult erscheinen" (Horton/Wohl 1956, zit. von Hartmann 2016). Mit dem immer wiederkehrenden Ritual des Postens wird eine Verbundenheit suggeriert, welche regelmäßigen Zuschauer*innen den Eindruck vermittelt, zum engen Adressatenkreis zu gehören, eine gemeinsame Geschichte und vielleicht auch Identität zu haben, über die andere eben nicht verfügen. Es ist genau der Punkt, wo Erwachsene nicht mehr verstehen, was die Jugendlichen „dort" eigentlich machen und diese das Gefühl von Freundschaft empfinden.

Wohl wissend, dass quasi immer schon die „primäre Funktion von Populärkultur – oder Medienunterhaltung – für Rezipient*innen ist, sich der Illusion stellvertretender Erfahrungen hinzugeben, um so auf spielerischer Weise Erkenntnisse über die Welt und die eigene Identität zu erlangen" (Hartmann 2016: 75-84), könnten sich Fachkräfte hier als wohlwollend entspannte Gesprächspartner*innen zur Verfügung stellen und Jugendliche dabei wertschätzend unterstützen. Denn die „neuen digitalen Helden" (Gräßer/Gerstmann 2018: 40)

sind Projektionsfläche und Inspirationsquelle für Vieles, sie „beeinflussen" Jugendliche nicht einfach, wie es der Begriff Influencer*in nahelegt: „Oftmals geht es lediglich darum, angeregt zu werden. Zuweilen kann sich aus dem Anhimmeln und Verehren einer (Medien-)Figur mehr entwickeln, etwa ein Ich-Ideal" (Hoffmann 2018: 75), muss aber nicht.

Ein erster Schritt kann und muss für Fachkräfte dann sein, zunächst einmal die entsprechenden Formate zu kennen und in den Rezeptionsprozess einzubringen. Schnell wird dann das Thema Werbung und Produktplatzierung in den Vordergrund rücken, welches bei Social Influencer*innen von hoher Bedeutung ist – wie in den Anfangsjahren der Generation YouTube (vgl. Gräßer/Gerstmann 2018 und 2017). Hier besteht gerade eine gewisse Unsicherheit – sowohl aus Nutzer*innen- als auch aus Macher*innenperspektive – ob der richtigen Kennzeichnung von Werbeinhalten, vor allem seit einer Entscheidung des Berliner Landgerichts vom Mai 2018 gegen die Instagrammerin Vreni Frost (vgl. Meyer 2018).

Das permanente Produzieren von Inhalten ist schließlich aufwendig und für Menschen, wie die eingangs erwähnten Lisa Banholzer, Pamela Reif und Caro Daur, die vor allem Sport- und Lifestyle-Kanäle betreiben und davon leben, ein alltägliches Geschäft. Instagram offeriert einfach keine vergleichbaren Monetarisierungsmöglichkeiten wie bspw. YouTube. Werbung und Produktplatzierung sind hier der vielfach beschrittene Ausweg. Lisa Banholzer (rd. 3,5 Mio. Abo., Stand Herbst 2018), Pamela Reif (rd. 4 Mio. Abo.), und Caro Daur (rd. 1,7 Mio. Abo.) können dabei als originäre Instagrammer*innen herhalten,[6] immer schon auf dieser Plattform zu Hause und auch hier groß, also reichweitenstark geworden, exponierte Vertreter*innen der Generation Instagram.

Auch die etablierten Schönheitsideale sowie die teils prekären Rollenbilder aus YouTube-Zeiten finden sich hier wieder (vgl. Gräßer/Gerstmann 2018 und 2017) bzw. werden von Genannten verkörpert, was ebenso auf männliche Instagrammer – in der Breite – übertragbar ist, selbst wenn Charaktere wie

Sami Slimani (rd. 1,4 Mio. Abo.) oder auch Riccardo Simonetti (rd. 163 k Abo.) zeigen, dass das Thema Beauty auch von Männern reichweitenstark besetzt werden kann.

Darüber hinaus spielt das Thema Hatespeech eine immer größere Rolle, Instagram ist keine „Wohlfühloase" (vgl. Schneider 2018) mehr: „Es gibt auch Menschen, wenn die gemobbt werden auf Insta, die ritzen sich und die posten das dann halt auch, dass man sich geritzt hat und so was", erklärte die bereits zitierte 17-jährige Schülerin gegenüber dem Deutschlandfunk (@mediasres Sendung vom 13.11.2018) und plötzlich fällt zwischen den vielen bunten Bildchen „ein Foto aus dem Rahmen, gepostet von einer Nutzerin: Es zeigt einen Unterarm, übersät mit blutigen Schnitten" (ebd.). Sie berichtet davon, dass Nutzer*innen Nacktbilder und peinliche Videos von anderen verschicken oder Bilder mit Sprüchen kommentieren wie: „hässlich" oder „geh mal abnehmen!" – und das wären noch die harmlosen Varianten (vgl. ebd.). Wie viele Nutzer*innen davon betroffen sind, ist unklar, aber mit der steigenden Attraktivität der Plattform darf auch hier ein Anstieg vermutet werden. Instagram – und Facebook dahinter – können dagegen allerdings nur bedingt Schutz anbieten: Instagram setze dabei auf Machine Learning: Ein Tool soll Mobbing-Botschaften herausfiltern und dabei permanent dazulernen. Seit kurzem könne es nicht nur Kommentare, sondern dem Vernehmen nach auch beleidigende Bilder erkennen. Aber für den Deutschlandfunk bleibt fraglich, wie gut das funktioniert (vgl. ebd.).

Anknüpfungspunkte

Natürlich gibt es auch viel Positives auf Instagram, Inhalte zum Anknüpfen, abseits von Kommerz, etablierten Schönheitsidealen, teils prekären Rollenbildern und dem scheinbar allgegenwärtigen Hass im Netz. Alles andere wäre auch eine Überraschung bei einer Plattform in der Größe von Instagram, die auf so viel Interesse stößt und das nicht nur unter jungen Zielgruppen!

Dass bspw. auch Schönheit jenseits etablierter Ideale möglich ist, zeigt sich auf Instagram unter Etikettierungen wie #bodypositivity, #bodylove, #selflove oder #mehrrealitätaufinstagram vor allem mit Blick auf Mädchen und junge Frauen. Positive Beispiele bieten auch die Profile von Sara Shakeel mit Dehnungsstreifen oder der Gruppe Positively Glittered. Und dann gibt es auch noch die vielfältigen Bereiche, in denen Mädchen und junge Frauen ihre Themen verhandeln, die sich nicht (ausschließlich) auf Schönheitsfragen und Körpernormen beziehen, sondern beispielsweise auf Partnerschaft und Gesundheit.[7]

Wie man auf Instagram einen Beauty-Kanal anders denken kann, zeigt #GlowNatur seit November 2018 (von @COSMO_ARD) für das junge Angebot von ARD und ZDF: Funk. Noch stärker genderorientiert ist aufklo (siehe auch deren neuen Kanal: softie.offiziell, ebenfalls von Kooperative Berlin für Funk) oder auch der Instagram-Kanal Mädelsabende vom WDR, ausgezeichnet beim Grimme Online Award 2018 in der Kategorie Kultur und Unterhaltung. Er gibt Denkanstöße und sensibilisiert sein Publikum auch für feministische Themen: In Form von Stories und Posts sprechen die drei Presenter*innen mit ihren Gesprächspartner*innen über das Leben, den Körper und die Seele. Mal geht es um Körperbehaarung, mal um Depression.

Andere Funk-Formate versuchen publizistisch wertvolle Inhalte für Instagram zu produzieren (wie etwa Eva Schulz von Deutschland 3000), aber auch der Bayerische Rundfunk (news_wg), die „jungen Angebote" von SPIEGEL ONLINE (bento_de) und ZEIT sind hier ebenso vertreten (ze.tt).

Und wer der Kommerzialisierung einmal mit Augenzwinkern begegnen will, dem sei – nicht auf Instagram, sondern auf Facebook – die Seite Perlen des Influencermarketings empfohlen. Sie sammelt die vielen schief gegangenen Werbeversuche und beleuchtet deren unfreiwillig komische Seiten. Hier zeigt sich, wie schwer es ist, Tag für Tag etwas zu produzieren.

Und medienpädagogischen Fachkräften sei gesagt: Solche kreativen Auseinandersetzungen mit aktuellen Themenbereichen lassen sich bei einer Recherche – im Vorfeld eines pädagogischen Projektes und am besten von den Teilnehmenden selbst – zu fast jedem Thema finden.

Das Neue klopft schon an: TikTok

Im Herbst 2018 tauchen die ersten Hinweise auf, dass junge Menschen wieder weiterwandern – die „digitale Held*innenreise geht weiter" (vgl. Gräßer/Gerstmann 2018): Nachdem die Zehn- bis Fünfzehnjährigen 2007 in die Social Media-Welt eingetaucht sind, wanderten sie vom „digitalen Dorfplatz" (schülerVZ) hinaus in die Welt (Facebook), kurze Zeit später tauchten dann die Eltern dort auf, sodass die meisten weiterzogen – zu YouTube, einige auch zu Snapchat, jetzt immer mehr zu Instagram und teils auch zu TikTok.

Auffällig ist derzeit, dass egal wo junge Menschen im Netz unterwegs sind, sie mit der Werbung von TikTok konfrontiert sind. In kleinen Werbeclips geht es ums Tanzen, darum mit Fingern Kunstwerke zu fabrizieren oder um das Nachspielen von lustigen kleinen Playback-Szenen, sodass der Impuls geweckt wird, „dabei" zu sein.

Noch nie von TikTok gehört? Es ist im Sommer 2018, nach einem Zusammenschluss mehrerer lokaler Apps, wie der in Deutschland beliebten *Musical.ly*-App, strategisch geschickt auf dem Markt platziert worden. Besitzer ist die chinesische Firma bytedance. TikTok ist Globalisierung pur. Neben den kleinen Dance- und Playback-Videos, dem lippensynchronen Mitsingen und -tanzen, die schon eine große Beliebtheit auf *Musical.ly* hatten, sollen jetzt weitere Videoformate auf der Plattform möglich sein – auch hier ist die Richtung klar: mehr Bewegtbild. Ökonomisch betrachtet ist die App ein massiver Angriff auf Instagram und Snapchat. Facebook reagierte sofort mit der Ankündigung der neuen App *Lasso,* die im Herbst 2018 auf dem deutschen Markt erschienen ist (vgl. Firsching 2018).

Zu den bekanntesten Personen auf der Plattform gehören die deutschen Zwillinge Lisa und Lena. Ihre Fangemeinde haben sie schon zu Zeiten von *Musical.ly* aufgebaut. Insgesamt kamen sie bei TikTok auf ca. 32 Millionen Fans weltweit, bevor sie sich Ende März 2019 von der Plattform trennten. Aufgrund ihres Erfolges hatten sie sich im Sommer 2018 bewusst entschieden, die Schule nach der 10. Klasse zu verlassen. Auf jeden Fall verdienen sie genug Geld – aktuell auf Twitch, Instagram und YouTube: In vielen Videos haben sie u.a. Kleidung mit den drei Streifen an oder verweisen auf ihre eigene Kollektion. Ihre Drehorte gelten oft als Hotspots der Welt, wo sie alleine oder mit anderen Influencer*innen kleine spaßige Videos, Tanzeinlagen oder Videoblogs produzieren. Auch dieses Prinzip, mit anderen erfolgreichen Personen gemeinsam zu produzieren, ist schon seit dem Fernsehzeitalter bekannt – also sog. Cameo-Auftritte – und kennzeichnet auch die Vermarktung zahlreicher YouTube-Kanäle (vgl. Gräßer/Gerstmann 2017).

Journalistisch beleuchtet ein Buzzfeed-Netflix Beitrag „Einflussreiche Teenager" der Serie *Follow this* die Szene (vgl. Koul 2018): Die Reporterin Scaachi Koul interviewt Eltern, Manager und die 14-jährige Influencerin Danielle Coen, um der Frage nachzugehen, welchen Preis die jungen Menschen für ihren Ruhm bezahlen. Die Influencerin berichtet von Auftritten, Videoaufnahmen, Livetalks und den vielen Reaktionen im Netz und in ihrer damaligen Schule. Sie ist mit ihrer Mutter für die Karriere nach Los Angeles gezogen. Der aktuelle Deal lautet: Die Mutter fährt sie überall hin und sie bezahlt mit den Einnahmen die Miete. In der alten Schule sind aus Freund*innen und Klassenkamerad*innen Neider*innen geworden, die dies im Netz und Vorort – häufig auch unter der Gürtellinie – äußerten.

Nichtsdestotrotz träumen viele Nutzer*innen davon, an so einen Erfolg anzuknüpfen, indem sie für den „kleinen Moment" des Ruhms ihre Videoschnipsel von 15 Sekunden ins Netz stellen. Ein Schatten auf die neue Plattform wirft ein Artikel von mediensicher.de. In dem Artikel „Cyber-Grooming bei TikTok: Neue App, alte Probleme" zeigt die Autorin Inga Pöting jugendschutzrelevante Aspekte auf. Sie beschreibt, wie TikTok funktioniert:

„mit Herzen markieren und kommentieren. Aus allen Videos, an die ein Nutzer ein Herz vergeben hat, entsteht in seinem eigenen Profil automatisch eine Galerie" (Pöting 2018). Oder Nutzer*innen bieten jungen Leuten an, sie zu „featuren", indem sie die jugendlichen Videos „auf dem eigenen Profil hochladen – angeblich, um ihnen so zu mehr Zuschauern zu verhelfen. Manchmal bieten die Sammler in den Kommentaren auch Geld für Videos. Veröffentlicht werden sie dann unter Namen wie ‚hotdancers111', ‚topbabez5' oder ‚best.babes.features'" (Pöting 2018). Die jungen Nutzer*innen verlieren somit die Hoheit über ihre Bilder und können selber nicht mehr gegen eine missbräuchliche Betrachtung aktiv handeln.

Medienbildung für die Generation Instagram

Wie gehen wir medienpädagogisch mit der aktuellen Verschiebung um? Wie sieht Medienbildung für die „Generation Instagram" aus? Vor über zwanzig Jahren meinte Hans Dieter Kübler einmal:

> „Wann immer ein neues Medium aufkam, waren – wir wissen es – Pädagogen sofort zur Stelle und forderten, die Individuen müssten auf die jeweilige Medientechnologie vorbereitet, in sie eingewiesen werden, mit ihr umgehen können, letztlich auch gegen sie ein wenig immun gemacht werden." (Kübler 1996: 13)

Um Medienkompetenz in Form von Immunisierung kann es natürlich nicht gehen, selbst wenn der Kommerz, die sicher nicht für alle zu erreichenden Schönheitsideale, die teils prekären Rollenbilder und der Hass in den neuen sozialen Bewegtbild-Netzwerken hierfür starke Argumente liefern. Aber vermutlich kommen wir doch nicht umhin, junge User*innen auf die neue Medientechnologie vorzubereiten, damit sie lernen, selbstkritisch und kompetent mit ihr umgehen zu können. Dazu brauchen Fachkräfte aber keine ganz neuen Ansätze; sie können sich gelassen und auf ihre Kompeten-

zen vertrauend, den aktuellen Herausforderungen stellen. Gleichzeitig gilt es, – natürlich – genau hinzusehen, um bei Instagram (und TikTok) nicht allzu viel Altes im Neuen zu erblicken, denn die neuen Netzwerke verändern durchaus die medienpädagogische Praxis.

Im ersten Schritt wäre es das Anerkennen des „neuen Normals" (Klimmt/Vorderer 2016) des jugendlichen Medienhandels der Generation Instagram, welche mit neuen Selbstverständlichkeiten, u.a. in der Selbstdarstellung und Kommunikation, einhergehen. Als weiterer Schritt erkennen Fachkräfte, dass die (jugendlichen) Nutzer*innen durch Bildkommunikation ein Szene-Zugehörigkeitsgefühl entwickeln – beim gekonnten Einsatz der „Peergroup-Speech" mit all ihren Codes und der Beherrschung der szene-relevanten Themen.

Es geht einfach um das Gefühl, dabei zu sein bzw. Teil von etwas Größerem zu sein und/oder einer Verinselung in ihrem Sozialraum entgegenwirken zu können. Andererseits bekommen die Nutzer*innen durch das „Stalken" ihrer Stars oder anderer Personen exklusive Informationen, die im Falle der Stars morgen in der Zeitung stehen (könnten). Teilweise sind es sogar Stars, die eben noch in der Schule waren, wie die Nutzer*innen selbst, und heute führen sie ein interessantes Leben. Und wenn ich gute Bilder poste, schaffe ich es auch eines Tages, so die Hoffnung. Die weiteren Schritte für Fachkräfte sind das Entschlüsseln des jugendlichen Medienhandelns auf der Suche nach „authentischem Leben" als kleine Alltagsflucht, Identitätssuche und den bekannten Träumereien vom Starruhm oder dem Glück à la Cinderella.

Fachkräfte sollten erkennen: Es geht um Selbstwirksamkeit beim Posten von Bildern sowie Tageserlebnisse in Form von Storys. Es geht um Anerkennung anderer beim Liken und Kommentieren sowie um das Erforschen von Interessengebieten. Es ist Identitätsarbeit zugunsten der Entwicklung eines eigenen Geschmacks und Humors. (vgl. Schmidt et al. 2009) So ergeben sich die nächsten Schritte automatisch, denn sie begleiten die Jugendlichen in ihrer Jugendphase mit ihren Wünschen, Träumereien, Aktivitäten und Widersprüchlichkeiten und lassen sie ihre eigenen Erfahrungen – im Spannungsfeld zwischen Freiraum und Jugendschutz – machen.

Letztendlich sind es dann die originären Arbeitsfelder von Jugendarbeiter*innen, mit Jugendlichen auf Augenhöhe ins Gespräch zu kommen, ihnen Lernmöglichkeiten zu ermöglichen und sie dabei zu unterstützen bzw. in ihrem Handeln zu ermächtigen. Wobei hier noch mal betont werden sollte, dass mögliche Lernziele nicht von Erwachsenen bzw. Fachkräften vorgegeben werden – denn wer kann ein richtiges Handeln vorhersehen? Ein Blick zurück lässt uns schmunzeln: Wurde damals bei schülerVZ doch gesagt: Stelle keine oder so wenig wie möglich Bilder ins Netz, denn du weißt ja nicht... Heute kann es für viele Teil der Arbeit oder Öffentlichkeitsarbeit ihres Ruhmes sein.

Lasst uns lieber die Teilnehmer*innen zu einem ihrer Person zweckdienlichen Handeln ermutigen, denn darum geht es bei Inspiration durch soziale Bewegtbild-Netzwerke!

Autoren

Markus Gerstmann: Medienpädagoge im ServiceBureau Jugendinformation in Bremen; Lehrauftrag an der Hochschule Bremen; freiberuflicher Referent.

Lars Gräßer: Pressesprecher des Grimme-Instituts; Projektmitarbeit beim Grimme Online Award und der Grimme-Akademie sowie im Bereich der Medienbildung; forscht am Grimme-Forschungskolleg zur politischen Meinungsbeeinflussung durch YouTuber (siehe hierzu auch den Beitrag von Hugger et. al. in diesem Band: Seiten 29ff.).

Anmerkungen

1 Siehe hierzu ihren Input zur re:publica 2018: Weniger Filterblase, mehr Detox-Tee! Was können wir von Influencerinnen lernen? Im Folgenden zitiert mit Passmann 2018 unter der Vortragsminute.

2 Für diejenigen, die Instagram nicht kennen: Hier können Nutzer*innen Fotos posten, diese kommentieren und mit #Hashtags versehen. Wer anderen Nutzer*innen folgt, ist ein Follower und kann – ähnlich wie bei Facebook – die Fotos der anderen liken, also positiv bewerten, es ist ein soziales Netzwerk.

3 Pikanterweise wurde die „Stories"-Funktion zunächst von Snapchat angeboten, bei Instagram hat sie jedoch eine Art Durchbruch gefeiert.

4 Wurde im vergangen. Jahr noch unterschieden zwischen Stars und Promis aus Film oder Sport und den Stars, die das Internet hervorgebracht habe – also Social Influencer*innen –, ist diese Unterscheidung mittlerweile gefallen, zumal es hier längst einen fließenden Übergang gibt oder wie es etwa Björn Wenzel, Gründer und Geschäftsführer der Influencer-Agentur Lucky Shareman, formuliert: Der Influencer-Markt erscheint „diffus, die Einordnung und Abgrenzung der Player ist nicht einfach" (Pellikan 2018).

5 Stattdessen bietet Passmann „Coolness als Währung" (Minute 7ff.) an, zu ihren Followern entwickele sich ein Art „asymmetrische Freundschaft" (Minute 7:49) aus dem Umstand heraus, dass sie qua Postings permanent Dinge aus ihrem Leben preisgebe und die Follower*innen mitlesen und sie „cool" finden; etwas zwischen moralisch integer oder manchmal einfach auch nur gut aussehend (vgl. ebd.).

6 Stand der Abozahlen: Mitte November. Interessant ist hierbei, dass manche reichweitenstarken YouTuber*innen ihre Community, legt man die Abozahlen zugrunde, auf Instagram „herüber retten" konnten, andere nicht. Bibi und Dagi Bee haben beide über 5 Millionen Abonnenten auf Instagram und ihre Bilder werden im Durchschnitt zwischen 300.000 und 600.000 Mal im deutschsprachigen Raum geklickt. Ganz anders etwa LeFloid, ein reichweitenstarker YouTuber, der aber nur 2.170 Abonnent*innen auf Instagram hat

7   Danke an dieser Stelle an Tanja Witting und Frie-
     derike von Gross für die Hinweise und die enga-
     gierte Diskussion.

Literatur

Erxleben, Christian (2018): Instagram TV: Was ist
     nach dem anfänglichen Hype passiert? Abrufbar
     unter: www.basicthinking.de/blog/2018/11/13/
     instagram-tv-analyse/ [Stand: 27.11.2018].

Frisching, Jan (2018) Facebook veröffentlicht Lasso.
     Oder einen TikTok Klon. Abrufbar unter: www.
     futurebiz.de/artikel/facebook-lasso-tiktok-klon/
     [Stand: 27.11.2018].

Gräßer, Lars/Gerstmann, Markus (2018): Vom You-
     Tube Star zum Social Influencer. In: MedienCon-
     cret, 1/2018, 40-44.

Gräßer, Lars/Gerstmann, Markus (2017): Webvideo
     und seine Töchter. In: Betrifft Mädchen, 2/2017,
     Weinheim.

Hugger, Kai-Uwe/Braun, Lea Marie/Noll, Christian/
     Nowak, Tine/Kaspar, Kai/ Gräßer, Lars/Zimmer-
     mann, Daniel (2018): Zwischen Authentizität
     und Inszenierung: Zur medienkritischen Ein-
     schätzung informationsorientierter YouTuber*in-
     nen-Videos durch Jugendliche. In diesem Band:
     Seiten 29ff.

Hartmann, Tilo (2016): Schlüsselwerke der Me-
     dienwirkungsforschung. Abrufbar unter: www.
     researchgate.net/profile/Tilo_Hartmann/
     publication/314598791_Mass_Communication
     _and_Para-Social_Interaction_Observations_on
     _Intimacy_at_a_Distance/links/5a27cba9aca
     2727dd883d099/Mass-Communication-and-
     Para-Social-Interaction-Observations-on-
     Intimacy-at-a-Distance.pdf [Stand: 20.11.2018].

Hoffmann, Dagmar (2018): Heldenpatchwork als
     Inspirationsquelle. In: MedienConcret, 1/2018,
     74-77.

Influry-Studie (2017): Influencer Marketing aus Nut-
     zersicht. Abrufbar unter: https://influry.com/
     images/influry-influencer-studie-german.pdf
     [Stand: 20.11.2018].

Klimmt, Christoph/Vorderer, Peter (2016): „Das neue
     Normal". In: Die Zeit, Nr. 5/2016. Abrufbar unter:
     www.zeit.de/2016/05/online-kommunikation-
     leben-alltag-auswirkungen [Stand: 20.11.2018].

Kübler, Hans-Dieter (1996): Kompetenz der Kompe-
     tenz der Kompetenz ... Anmerkungen zur Lieb-
     lingsmetapher der Medienpädagogik. In: me-
     dien praktisch. Zeitschrift für Medienpädagogik,
     2/96, H. 78, 20 Jg.: 11-15.

Meyer, Moritz (2018): Ich habe das Vreni Frost-Ur-
     teil gelesen. Das müsst ihr jetzt dazu wissen.
     Abrufbar unter: https://moritz-meyer.net/blog/
     vreni-frost-instagram-abmahnung/   [Stand:
     20.11.2018].

mpfs – Medienpädagogischer Forschungsverbund
     Südwest (2018): JIM-Studie 2018 – Jugend,
     Information, Medien. Basisuntersuchung zum
     Medienumgang 12- bis 19-Jähriger. Abrufbar
     unter: www.mpfs.de/fileadmin/files/Studien/
     JIM/2018/Studie/JIM_2018_Gesamt.pdf [Stand:
     20.11.2018].

Pellikan, Leif (2018): Influencer-Marketing: Endlich
     Licht für den diffusen Markt. Abrufbar unter:
     www.wuv.de/agenturen/influencer_marketing_
     endlich_licht_fuer_den_diffusen_markt [Stand:
     20.11.2018].

Pöting, Inga (2018): Cyber-Grooming bei TikTok:
     Neue App, alte Probleme. Abrufbar unter:
     https://mobilsicher.de/hintergrund/cyber-
     grooming-bei-tiktok-neue-app-alte-probleme
     [Stand: 20.11.2018].

Schach, Annika (2018): Botschafter, Blogger, Influen-
     cer: Eine definitorische Einordnung aus der Pers-
     pektive der Public Relations. In: Schach, Annika/
     Lommatzsch, Timo (Hrsg.): Influencer Relations:
     Marketing und PR mit digitalen Meinungsfüh-
     rern. Wiesbaden, 27-48.

Schmidt, Jan-Hinrik/Paus-Hasebrink, Ingrid/Hase-
     brink, Uwe (2009): Heranwachsen mit dem So-
     cial Web. Düsseldorf.

Schneider, Annika (2018): Mobbing auf Instagram. Das
     Ende der Wohlfühloase. Abrufbar unter: www.
     deutschlandfunk.de/mobbing-auf-instagram-
     das-ende-der-wohlfuehloase.2907.de.html?
     dram:article_id=433067 [Stand: 20.11.2018].

Kai-Uwe Hugger / Lea Marie Braun / Christian Noll / Tine Nowak / Lars Gräßer /
Daniel Zimmermann / Kai Kaspar

Zwischen Authentizität und Inszenierung

Zur medienkritischen Einschätzung informationsorientierter YouTuber*innen-Videos durch Jugendliche

Kritikfähigkeit gegenüber YouTuber*innen als medienpädagogische Herausforderung

Medienkritikfähigkeit von Jugendlichen als Teil einer umfassenderen Medienkompetenz und als zentrale Voraussetzung für politische Urteils- und Handlungsfähigkeit sowie gesellschaftliche Teilhabe (vgl. Sarcinelli 2000) wird durch den digitalen Medienwandel besonders herausgefordert. So lautet eine zentrale Annahme des gegenwärtigen medienpädagogischen Diskurses (vgl. Gapski/Oberle/Staufer 2017; Niesyto/Moser 2018). Vor diesem Hintergrund thematisiert dieser Beitrag die zurzeit wichtigste Online-Bewegtbild-Plattform für Jugendliche[1] und fragt: Wie kritisch gehen Jugendliche mit den Webvideos von YouTuber*innen um, und zwar solchen, die politische Inhalte und das aktuelle Weltgeschehen kommentieren?

Webvideos von *informationsorientierten YouTuber*innen*[2] werden von Jugendlichen nicht nur als Mittel genutzt, um sich zu unterhalten (z.B. Games/Let's Play, Comedy) oder um sich über den aktuellen Lifestyle und Schminktipps auf dem Laufenden zu halten. Sie sind für Jugendliche auch eine zentrale Quelle, Informationen über politische Inhalte und Meinungen zum aktuellen Weltgeschehen zu bekommen. So sehen sich 23 Prozent der YouTube-Nutzer*innen im Alter von 12 bis 19 Jahren regelmäßig Videos von YouTuber*innen an, die Nachrichten und das aktuelle Weltgeschehen kommentieren (vgl. mpfs 2018). Auch in der Gruppe der 16- bis 30-Jährigen ist der Anteil derjenigen, die sich regelmäßig mittels YouTube über Politik informieren, weitaus höher als in der Gesamtbevölkerung (vgl. Bernhard/Dohle/Vowe 2015).

Zweifel an der Kritikfähigkeit von Jugendlichen gegenüber YouTuber*innen werden nicht nur öffentlich, sondern auch in wissenschaftlichen Diskursen formuliert: So zeigte eine Umfrage im Auftrag des Digitalverbands Bitkom, dass vor allem die 14- bis 29-Jährigen zugeben, Probleme beim Erkennen von Werbung in sozialen Netzwerken zu haben (vgl. Bitkom Research 2018). Döring (2015) stellte fest, dass Jugendliche allzu unkritisch traditionelle und stereotype Geschlechterrollen imitieren, die häufig von YouTuber*innen präsentiert werden. Empirisch wurde für 10- bis 12-Jährige ermittelt, dass YouTuber*innen eine Orientierungsfunktion haben, wenn es um Tipps und Tricks im Umgang mit Online-Medien, insbesondere Computerspielen, geht. Allerdings werden diese Tipps und Hinweise kaum kritisch hinterfragt (vgl. Gebel et al. 2016: 17f.; Gebel/Oberlinner 2018).

Bei Jugendlichen und jungen Erwachsenen werden informationsbezogene YouTuber*innen vor allem bei speziellen Themeninteressen und dem Wunsch nach vertiefenden Informationen geschätzt, sowie um sich eine Meinung zu bilden und neue Argumente kennenzulernen (vgl. Hasebrink et al. 2017). Jugendliche und junge Erwachsene bewerten die Informationsangebote von Videoplattformen, vor allem YouTube, überdurchschnittlich positiv (vgl. Engel/Rühle 2017). Geht es allerdings um die Glaubwürdigkeit und das Vertrauen in die journalistische Qualität, gibt es erste Hinweise dafür, dass Videoplattformen als weniger relevant und hochwertig betrachtet werden. Größeres Ansehen genießen stattdessen öffentlich-rechtliches Fernsehen und Tageszeitungen: 92 Prozent der 18- bis 34-Jährigen halten die sozialen Medien, also auch YouTube und YouTuber*innen, im Vergleich zu öffentlich-rechtlichem Rundfunk und Tageszeitungen für weniger glaubwürdig (vgl. Simon 2018).

Insgesamt liegen jedoch kaum genaue empirische Erkenntnisse darüber vor, wie kritisch Jugendliche mit den Webvideos von YouTuber*innen umgehen, insbesondere mit solchen, in denen politische Inhalte und Meinungen zum aktuellen Weltgeschehen thematisiert und kommentiert werden. Wie glaubwürdig erscheinen den Jugendlichen die YouTuber*innen? Wie schätzen Jugendliche die ethische Verantwortung der YouTuber*innen für die politische Meinungsbildung ein? Wie kritisch sind die Jugendlichen gegenüber den Kommerzialisierungstendenzen der YouTuber*innen-Landschaft? Vertiefte Antworten auf diese Fragen konnten in einem Forschungsprojekt an der Universität zu Köln[3] gesammelt werden, das in einer Teilstudie Gruppendiskussionen mit Jugendlichen durchgeführt und ausgewertet hat. Im Folgenden werden ausgewählte Ergebnisse ausschnittsweise vorgestellt.

Wie glaubwürdig erscheinen YouTuber*innen im Vergleich zu Massenmedien, wenn es um die Vermittlung politischer Inhalte und Meinungen zum aktuellen Weltgeschehen geht?

Die Jugendlichen sind danach gefragt worden, wie bedeutsam (informationsorientierte) YouTuber*innen für sie sind, um sich über politische Inhalte und das Weltgeschehenen zu informieren. Für die Jugendlichen erscheint zunächst relevant, in welchem medialen Setting sie sich über das aktuelle Geschehen informieren, wie diese Aussage verdeutlicht:

> „B2: Aber ich finde, es ist schon was anderes, ob man jetzt Nachrichten guckt oder irgendwie so ein Video von so einem YouTuber, der über Nachrichten redet oder so." (Gruppe J)

Um für sich zu bestimmen, wie glaubwürdig die Informationsvermittlung der YouTuber*innen einzuschätzen ist, nutzen die Jugendlichen

den Kontrast mit Nachrichtenformaten der Massenmedien: Dabei stellen sie die stark persönlich-meinungsorientierte Vermittlung von Informationen durch YouTuber*innen der neutral-objektiven und meinungspluralistischen Berichterstattung über Ereignisse und Geschehnisse gegenüber, die sie vor allem in den Nachrichtenformaten der Massenmedien verwirklicht sehen. Dabei wird die Informationsvermittlung in den Massenmedien Fernsehen und Zeitung als deutlich seriösere und objektivere Berichterstattung eingeschätzt. So gilt die *Tagesschau* für die Jugendlichen übergreifend als Prototyp seriöser, d.h. auch „objektiver" Berichterstattung in den Medien.

Diese eher kategoriale Einordnung der Jugendlichen, die in den Interviews wenige Nuancierungen und Differenzierungen erkennen ließ, deutet auf eine eher geringe kritisch-analytische Medienkompetenz hin. Dass massenmediale Berichterstattung, z.B. in der *Tagesschau*, nicht automatisch mit Objektivität und Wahrheitstreue gleichzusetzen ist, wurde dabei besonders wenig von den jüngeren Jugendlichen thematisiert. Hingegen äußerten sich die eher älteren Jugendlichen kritischer: Von ihnen wurde auch die Vermischung von Meinung und Information in den Massenmedien explizit angesprochen und diskutiert.

Welche Bedeutung haben Authentizität und Inszenierung in den Webvideos von YouTuber*innen?

Mit informationsorientierten YouTuber*innen verbindet sich für die Jugendlichen ein Versprechen auf *Authentizität*, weil sie als „unverstellte" Personen aus dem „echten Leben" erscheinen. Dies gilt vor allem dann, wenn die Webvideos von YouTuber*innen produziert werden, die eine vergleichsweise geringe Anzahl von Follower*innen haben. Je authentischer die YouTuber*innen für die befragten Jugendlichen erscheinen, desto ansprechender und auch glaubwürdiger wirken sie auf sie. Auch für (informationsorientierte) YouTuber*innen scheint wesentlich das zu gelten, was Paus-Haase et al. (1999) für das

Reality-Format der Daily Talkshows festgestellt haben: Ihren Reiz macht das „Wechselspiel zwischen Authentizität und Inszenierung" aus (ebd.: 372). Ein Hinweis darauf zeigt sich in der folgenden Interviewpassage zwischen zwei Jugendlichen:

> „B1: Ja, man kennt die Person ja nicht persönlich, von daher kann es immer sein, dass sie irgendwie irgendwas spielen sozusagen vor der Kamera. Und ich denke, das ist auf jeden Fall auch so, dass man vor so einer Kamera immer irgendwie anders ist. Aber das kristallisiert sich dann eh heraus, wenn man mehrere Videos von der Person guckt und die so ein bisschen besser kennt, sofern man jemanden kennen kann nur über Videos. Weil wenn man halt bei seiner Meinung bleibt und so.
> B: Ich finde auch so ein bisschen – also klar, man kann das nie ganz genau merken, aber so ein bisschen kommt das ja schon rüber, wie die Person lacht drüber (lacht), wie die Gestik ist, also. Manchmal wirkt das ja auch einfach unecht und dann, ja." (Gruppe J)

Allerdings scheint andererseits das „Authentizitätsversprechen" (Mikos 2006), das informationsorientierte YouTuber*innen geben, an den medialen Rahmen der sozialen Medien bzw. an YouTube gebunden zu sein. Nehmen die YouTuber*innen einen Wechsel in eindeutig redaktionell aufbereitete Formate vor, die üblicherweise mit dem Massenmedium Fernsehen verbunden werden, können die Influencer*innen für die Jugendlichen ihre Faszination verlieren. Die noch auf YouTube authentisch-unverstellt und selbstbestimmt wirkenden Influencer*innen erscheinen den Jugendlichen nun unecht und redaktionell kontrolliert. Darauf verweisen die jugendlichen Äußerungen zum Interview, das die vier YouTuber*innen Mirko Drotschmann (MrWissen2go), Lisa Sophie Laurent (früher: ItsColeslaw), Alex Böhm (Alexi Bexi) und Ischtar Isik wenige Wochen vor der Bundestagswahl 2017 mit Bundeskanzlerin Angela Merkel geführt haben.

Obwohl das Vermarktungsnetzwerk Studio71 von ProSieben/Sat.1, das 2017 das Merkel-Interview mit den vier YouTuber*innen produziert hat, mit dem Format das Ziel verfolgte, „ein Format mit eigenständiger und zeitgemäßer Herangehensweise zu schaffen, das sich an den Gegebenheiten von Social-Media orientiert und den jungen Menschen dabei Politik auf Augenhöhe näher bringt" (Pellikan 2017), zeigen die Äußerungen der Jugendlichen zumindest in den Gruppeninterviews, dass dieses Ziel nicht uneingeschränkt erreicht wurde: Mediales Setting und Performance der YouTuber*innen werden als nicht-authentisch, fremdbestimmt und redaktionell aufbereitet kritisiert.

Dass für die Glaubwürdigkeit der informationsorientierten YouTuber*innen die Möglichkeit der Wahrnehmung des Persönlichen, Individuellen und Eigenständigen der YouTuber*innen wichtig ist, zeigt sich auch in der folgenden Konversation. Das spezifische YouTuber*innen-Format ermögliche es den Jugendlichen erst, die persönlichen Attribute wahrzunehmen und eine Beziehung zu ihnen herzustellen:

> „B4: Also, ich meine, bei so YouTube, da stellt sich ein Typ vor eine Kamera, hat vielleicht noch/
> B: (lacht)
> B4: /ein paar Softboxen hinten stehen, belichtet sich damit und schneidet das am Ende so/ Was ich bei YouTube-Videos immer/ Oder was da vielleicht schon so Standard ist, was es natürlich beim Fernsehen so gut wie gar nicht gibt, bei so Nachrichtensendungen aufgenommen, ist, dass zwischendurch immer geschnitten wird. Also, man sieht das ja dann immer, dass dann plötzlich eine andere Bewegung ist, dass ein Wort oder was er irgendwie falsch gesagt hat, herausgeschnitten hat. Ich finde, das macht diese YouTube-Videos mittlerweile schon aus, dass das so ein bisschen zusammengeschnitten ist und ich finde das irgendwie auch cool/
> B: Ja, das bringt auch so ein bisschen so Nähe, weil so im Fernsehsender, das ist ja immer alles/
> B4: Das ist so gestellt.
> B: /perfekt.

B: Ja.

B: Da ist/

B: So kalt.

B: /genau immer gleich noch.

B: Ja.

B: Und so ein YouTube-Video, wenn dann noch so Schnitte sind oder wenn der sich so verspricht, dann merkt man so auch so, ja, das ist halt auch einfach nur ein Typ vor einer Kamera und jetzt kein, ja, also so ein Fernsehsprecher wirkt halt mehr wie so ein Roboter.

B4: Ist persönlicher mehr." (Gruppe E)

Das hier formulierte Klischee-Bild von You-Tuber*innen blieb in unseren Interviews hingegen unhinterfragt. Nicht thematisiert wird etwa, ob bzw. in welchem Maße möglicherweise auch „hinter" den angesprochenen You-Tuber*innen professionelle Redaktionen und Agenturen stehen, die die Äußerungen „von außen" (mit-)planen und somit gezielt beeinflussen. Zudem erscheint hier widersprüchlich, dass die Selbstdarstellung der YouTuber*innen als weniger inszeniert wahrgenommen wird als die der Fernsehsender. Hier scheinen es die schnellen Schnitte und die „fehlerhafte" Produktion zu sein, die als authentischer Auftritt interpretiert werden, ohne zu berücksichtigen: Auch hier findet eine starke Inszenierung der Szenerie statt, die auf eine spezielle Ästhetik von Webvideos (Gräßer/Riffi 2015) verweist.

Wie kritisch wird die Kommerzialisierung der YouTuber*innen-Landschaft eingeschätzt?

Die befragten Jugendlichen erkennen eine zunehmende Kommerzialisierung der YouTuber*innen-Landschaft und kritisieren diese, weil z.B. die Rolle als Informationsvermittler*in und Meinungsbildner*in mit kommerziellen Interessen vermischt werde. Die Kommerzialisierung wird vor allem an den sehr bekannten YouTuber*innen festgemacht, die eine hohe Anzahl von Aufrufen und Abonnent*innen aufzuweisen haben, wie z.B. Julien Bam oder LeFloid. Dabei ist für die Jugendlichen Kommerzialisierung zugleich mit dem Verlust von

Authentizität der betreffenden YouTuber*innen verbunden.

Solche kritischen Einschätzungen zur Kommerzialisierung beziehen die Jugendlichen allerdings vor allem auf die einzelnen You-Tuber*innen. Argumentationen, die auf der Ebene gesellschaftlich-medialer Verhältnisse angesiedelt sind, werden dagegen kaum in die formulierten Kritikpunkte einbezogen. Strukturelle Ursachen und Folgen von Kommerzialisierung werden somit von den Jugendlichen so gut wie gar nicht thematisiert und diskutiert.

Diskussion

Die vorgestellten Ergebnisse zeigen, dass sich die Jugendlichen durchaus kritisch zu You-Tuber*innen und deren Webvideos äußern. Die Äußerungen können sowohl nach unterschiedlichen Themen kategorisiert werden, die die Jugendlichen in den Gruppeninterviews ansprechen, als auch nach verschiedenen Dimensionen von Medienkritik. Lassen sich die jugendlichen Äußerungen auch in das medienpädagogische Verständnis von Medienkritik einordnen?

Dass (nicht nur) Jugendliche medienkritisch sein sollen und ihre Medienkritikfähigkeit zu fördern ist, ist eine zentrale Prämisse medienpädagogischen Denkens. So ist Medienkritik als Teildimensionen in dem bekannten Konzept der Medienkompetenz von Baacke (1996) fest verankert. Medienkompetenz differenziert sich für Baacke in vier Dimensionen (Medienkritik, Medienkunde, Mediennutzung, Mediengestaltung), die prinzipiell jeder Mensch entwickelt haben sollte: *Medienkritik* bedeutet dabei die Fähigkeit, a) problematische gesellschaftliche Prozesse – wie etwa Medienkonzentration – *analytisch* angemessen zu erfassen, dieses Wissen b) *reflexiv* auf sich selbst und das eigene Handeln anzuwenden und c) in *ethischer* Weise „analytisches Denken und reflexiven Rückbezug als sozial verantwortet" (ebd.: 120) abzustimmen und zu definieren. Angesichts der problematischen und kritikwürdigen Aspekte der sozialen Medien, wie sie sich etwa in *Hatespeech* (vgl. Kaspar/Gräßer/Riffi 2017) oder *Fake News* (auch auf YouTube) zeigen, wird gegenwärtig eine intensive medienpädagogische Debatte über die Neujustierung von Medienkritik geführt, die freilich vor allem theoretisch-konzeptionell ausgerichtet ist (vgl. Niesyto/Moser 2018). Empirische Beiträge sind dabei rar.

Obwohl Baacke sein Medienkompetenz-Konzept schon in den 1990er-Jahren entwickelt hat, werden in der aktuellen Debatte Plausibilität und Aktualität der Baacke'schen Medienkritik- bzw. Medienkompetenz-Nomenklatur herausgestellt. Gleichwohl wird hervorgehoben, dass die theoretischen Überlegungen von Baacke für die gegenwärtige Medienlandschaft fortgeschrieben und auch empirisch plausibel gemacht werden müssen (vgl. Moser 2018; Pöttinger/Kalwar/Fries 2016).

Die Äußerungen der befragten Jugendlichen lassen sich durchaus auf einzelnen Medienkritik-Dimensionen abbilden, so wie sie Dieter Baacke erläutert hat. In diesem Sinne bringen die Jugendlichen insbesondere solche Einschätzungen gegenüber YouTuber*innen zum Ausdruck, die sich auf der kritisch-analytischen und ethischen Dimension von Medienkritik verorten lassen:

- bei der analytischen Unterscheidung von Authentischem und/oder Inszeniertem der YouTuber*innen,
- bei der grundsätzlichen analytischen Unterscheidung zwischen Informationsvermittlung durch YouTuber*innen und objektiver Berichterstattung in den Massenmedien,
- beim Erkennen von (problematischen) Kommerzialisierungstendenzen der YouTuber*innen-Landschaft.

Allerdings bleiben die Einschätzungen der Jugendlichen auf einer eher basalen und oberflächlichen Ebene. Kaum hinterfragt werden:

- die Unterscheidung zwischen Informationsvermittlung durch YouTuber*innen und objektiver Berichterstattung in den Massenmedien,

- das (Klischee-)Bild von YouTuber*innen, das auf Autonomie, Persönlichkeit und Selbstverwirklichung beruht,
- gesellschaftliche Ursachen und Folgen der YouTuber*innen-Kommerzialisierung.

Tiefergehende kritisch-analytische Einschätzungen kommen in den Äußerungen der Jugendlichen weniger zum Ausdruck. Auch die reflexive Dimension von Medienkompetenz (im Sinne von Baacke) findet sich in den Äußerungen der Jugendlichen wenig oder gar nicht. Dass die kritischen Einschätzungen von Jugendlichen gegenüber Medieninhalten eher kritisch-analytischen als reflexiven Charakter haben, ist dabei kein singuläres empirisches Ergebnis. Auch frühere, größer angelegte Untersuchungen zur Medienkritikfähigkeit von Jugendlichen kommen zu ähnlichen Resultaten (vgl. Treumann et al. 2007: 645ff.). Dies spricht dafür, dass es vielen Jugendlichen generell an reflexiver Kompetenz zu mangeln scheint, wenn sie Medien und Medieninhalte kritisch einschätzen. Die Beurteilung von YouTuber*innen in den sozialen Medien stellt hier keine Ausnahme dar.

Dass die hier nur ausschnitthaft vorgestellten Befunde genauer untersucht werden müssen, liegt schon aufgrund der explorativen Anlage der Studie auf der Hand. Zudem müssen sie in den größeren Kontext von Veränderungen politischer Meinungsbildung durch soziale Medien eingeordnet werden, die in neuen wissenschaftlichen Debatten mit einem „Bedeutungsverlust institutionalisierter Kommunikationskanäle" (Kneuer 2017) in Zusammenhang gebracht werden. Vor allem für junge Menschen sind die klassischen Massenmedien längst nicht mehr die zentrale Instanz, um sich über das politische Geschehen zu informieren, weil sie zum Zweck der Informationsgewinnung teils durch YouTuber*innen ergänzt oder sogar ersetzt werden. Eine vielversprechende Analyse in diesem Kontext könnte beispielsweise auf die Beantwortung der Frage abzielen, anhand welcher Merkmale von YouTube-Videos jugendliche Rezipient*innen *Fake News* zu identifizieren versuchen.

Angesichts der Beliebtheit von YouTuber*innen-Kanälen, über die prinzipiell jeder Mensch im Internet Inhalte veröffentlichen kann, auch ohne an journalistische Maßstäbe gebunden zu sein, verliert die traditionelle *Gatekeeper*-Funktion der klassischen Medien und des Journalismus (seriöse, umfassende, transparente Auswahl von relevanten Informationen, die durch Redaktionen erfolgt) an Bedeutung. Demgegenüber scheinen für die Informationsgewinnung immer mehr die sozialen Medien, wie YouTube, Facebook oder Twitter, an Relevanz zu gewinnen, und zwar in Form von *Intermediären*, die als vermittelnde Instanzen zwischen Inhalteanbieter*innen und Nutzer*innen fungieren (vgl. Schmidt 2018). Vor diesem Hintergrund erscheint es wichtiger denn je, dass Jugendliche kompetent genug sind, die in der Regel nicht journalistisch gefilterten und gebündelten Nachrichten und Kommentierungen von YouTuber*innen auch kritisch einzuschätzen. Die medienpädagogische Schlussfolgerung besteht dann darin, diese Mängel in der Medienkritikfähigkeit von Jugendlichen gezielter und stärker als bisher zu bearbeiten sowie – dies ist die Voraussetzung dafür – zugleich die Rahmenbedingungen für geeignete Fördermaßnahmen (organisatorisch-institutionell, personell, finanziell etc.) zur Verfügung zu stellen.

Autor*innen

Prof. Dr. Kai-Uwe Hugger: Professor für Medienpädagogik und Mediendidaktik an der Humanwissenschaftlichen Fakultät der Universität zu Köln; Arbeitsschwerpunkte: Digitale Kindheits- und Jugendforschung, Mediensozialisation, Medienkompetenzforschung und Medienpädagogische Professionalisierung.

Lea Marie Braun: Wissenschaftliche Mitarbeiterin in der Arbeitsgruppe „Medienpädagogik und Mediendidaktik" an der Humanwissenschaftlichen Fakultät der Universität zu Köln; Arbeitsschwerpunkte: Digitale Jugendforschung, mehrsprachige Medienbildung und medienpädagogische Praxisforschung, trans-kulturelle Medienöffentlichkeiten, rekonstruktive Sozialforschung und (Bewegt-)Bildanalyse.

Christian Noll: Wissenschaftlicher Mitarbeiter in der Arbeitsgruppe „Medienpädagogik und Mediendidaktik" an der Humanwissenschaftlichen Fakultät der Universität zu Köln; Arbeitsschwerpunkte: Filmbildung und filmische Bewegtbild-Formen sowie deren Nutzung im digitalen Zeitalter, Gruppeninterviews in der empirischen Sozialforschung.

Tine Nowak: Projektleitung „Leben und Lernen X.0. Digitale Bildung – Unsere Zukunft" am Museum für Kommunikation Frankfurt sowie Lehrbeauftragte, Studiengang Intermedia, Universität zu Köln; Arbeitsschwerpunkte: Digitale Medien in Bildungskontexten, Medienhandeln von jungen Menschen sowie Kulturelle Medienbildung.

Lars Gräßer: Pressesprecher des Grimme-Instituts; war zunächst in der Medienbildung aktiv, später ist die Grimme-Akademie und der Grimme Online Award als Betätigungsfeld hinzugekommen – Grundlage für die Auseinandersetzung mit Bewegtbild im Netz, die jetzt (wieder) in Forschungs- und Medienbildungsaktivitäten mündet.

Daniel Zimmermann: Wissenschaftlicher Mitarbeiter in der Abteilung für Sozial- und Medienpsychologie des Departments Psychologie an der Humanwissenschaftlichen Fakultät der Universität zu Köln; Arbeitsschwerpunkte: Effekte narrativer Inhalte auf Rezipienten, Gaming- und Nachrichtenforschung sowie Anwendungen von Virtual Reality und Eye-Tracking.

Jun-Prof. Dr. Dr. habil. Kai Kaspar: Professor für Sozial- und Medienpsychologie an der Humanwissenschaftlichen Fakultät der Universität zu Köln; Arbeitsschwerpunkte: Medienwirkungsforschung, Mensch-Computer-Interaktion, Erleben und Verhalten in (virtuellen) Welten, soziale und verkörperte Kognitionen, E-Learning/Teaching Innovationen, Wahrnehmungs- und Bewertungsprozesse, Zuschreibung von Lob und Tadel.

Anmerkungen

1 YouTube ist bei den Jugendlichen mit Abstand die wichtigste Plattform: 88 Prozent der 12- bis 19-Jährigen nutzen YouTube mindestens mehrmals pro Woche, 63 Prozent täglich (vgl. mpfs 2017).

2 Informationsorientierte YouTuber*innen verstehen wir als regelmäßig postende Betreiber*innen von YouTube-Kanälen, die mit ihren Videos politisch und gesellschaftlich relevante Informationen und Inhalte transportieren. Dies kann auch mit der Vermittlung einer politischen oder gesellschaftlichen Haltung bzw. Meinung einhergehen. Im Vergleich zu journalistisch-publizistischen Internetbeiträgen orientieren sich informationsorientierte YouTuber*innen vor allem an einer authentischen und subjektiv bedeutsamen Darstellung der Inhalte (vgl. auch Schmidt 2018: 66).

3 Das Projekt YouTuber-Videos, Peers und politische Orientierung von Jugendlichen wurde als Seed-Forschung vom Grimme Forschungskolleg an der Universität zu Köln 2017 bis 2018 gefördert. Eine der Hauptfragestellungen war, in welcher Art und Weise Jugendliche im Alter von 15 bis 24 Jahren Webvideos von YouTuber*innen nutzen und sich darüber über Politik informieren. Neben einer standardisierten Teilstudie mit Jugendlichen (online und offline) sowie einer leitfadengestützten Befragung von informationsorientierten YouTuber*innen wurden im Rahmen eines empirisch-qualitativen Studienteils vier qualitative, leitfadengestützte Gruppeninterviews mit Jugendlichen geführt. Die Interviewfragen dienten als Gesprächsimpulse und die Jugendlichen bestimmten den Gesprächsverlauf. Die Gruppeninterviews wurden zunächst mit der explorativen Absicht durchgeführt, die Gruppenmeinungen zum allgemeinen Zusammenhang von YouTuber*innen-Videos, Peers und politischen Orientierungen zur Sprache kommen zu lassen. Zur Hauptdimension der Interviewauswertung entwickelten sich die kritischen Einschätzungen der Jugendlichen gegenüber den YouTuber*innen.

Literatur

Baacke, Dieter (1996): Medienkompetenz – Begrifflichkeit und sozialer Wandel. In: von Rein, Antje (Hrsg.): Medienkompetenz als Schlüsselbegriff. Bad Heilbrunn: Verlag Julius Klinkhardt, 112-124.

Bernhard, Uli/Dohle, Marco/Vowe, Gerhard (2015): Wer nutzt wie das „Web 2.0" für Politik? Der Stellenwert von Social Media in politischen Kontexten. In: Imhof, Kurt/Blum, Roger/Bondafelli, Heinz/Jarren, Otfried/Wyss, Vinzenz (Hrsg.): Demokratisierung durch Social Media?. Mediensymposium 2012. Wiesbaden: Springer VS, 41-54.

Bitkom Research (2018): Social Media & Social Messaging. Berlin. Abrufbar unter: www.bitkom-research.de/epages/63742557.sf/de_DE/?ObjectPath=/Shops/63742557/Products/SM2018 [Stand: 22.10.2018].

Döring, N. (2015): Die YouTube-Kultur im Gender-Check. In: merz, Jg.59, 1/2015, 17-24.

Engel, Bernhard/Rühle, Angela (2017): Medien als Träger politischer Information. Ergebnisse aus der Studienreihe „Medien und ihr Publikum" (MiP). In: Media Perspektiven, 7-8/2018, 388-407.

Gapski, Harald/Oberle, Monika/Staufer, Walter (Hrsg.) (2017): Medienkompetenz. Herausforderung für Politik, politische Bildung und Medienbildung. Bonn: Bundeszentrale für politische Bildung.

Gebel, Christa/Schubert, Gisela/Grimmeisen, Lilian/Wagner, Ulrike (2016): ACT ON! Short Report Nr. 3. „… dieser YouTuber, der hat ganz viele krasse Maps bei Minecraft gefunden". YouTube-Stars, Games und Kosten aus Sicht von 10- bis 12-Jährigen. Ausgewählte Ergebnisse der Monitoringstudie. München: JFF – Institut für Medienpädagogik in Forschung und Praxis. Abrufbar unter: www.jff.de/act-on [Stand: 22.10.2018].

Gebel, Christa/Oberlinner, Andreas (2018): Das GEHEIMNIS meines ERFOLGES. Orientierungspotenzial von YouTube-Stars. In: merz, Jg.62, 3/2018, 38-43.

Gräßer, Lars/Riffi, Aycha (2015): call to action – das interaktive Storytelling im Webvideobereich. In: MedienConcret, 1/2015: Storytelling 3.0 – Digitale Erzählwelten junger Leute, Köln, 31-35.

Hasebrink, Uwe/Merten, Lisa/Schmidt, Jan-Hinrik/Hölig, Sascha (2017): Die Rolle von Social Media für Information und Meinungsbildung. In: merz, Jg. 61, 2/2017, 42-49.

Kaspar, Kai/Gräßer, Lars/Riffi, Aycha (2017): Online Hate Speech – Perspektiven auf eine neue Form des Hasses. Schriftenreihe zur digitalen Gesellschaft NRW (Band 4). München: kopaed.

Kneuer, Marianne (2017): Politische Kommunikation und digitale Medien in der Demokratie. In: Gapski, Harald/Oberle, Monika/Staufer, Walter (Hrsg.): Medienkompetenz. Herausforderung für Politik, politische Bildung und Medienbildung. Bonn: Bundeszentrale für politische Bildung, 43-52.

Mikos, Lothar (2006): Mediensozialisation und Identitätsmarkt Fernsehen. In: Rehberg, Karl-Siegbert/Deutsche Gesellschaft für Soziologie (DGS) (Hrsg.): Soziale Ungleichheit, kulturelle Unterschiede: Verhandlungen des 32. Kongresses der Deutschen Gesellschaft für Soziologie in München. Teilbd. 1 und 2. Frankfurt am Main: Campus Verlag. Abrufbar unter:http://nbn-resolving.de/urn:nbn:de:0168-ssoar-142907 [Stand: 22.10.2018].

Moser, Heinz (2018): Medienkritik im Rahmen von Digital Citizenship. In: Niesyto, Horst/Moser, Heinz (Hrsg.): Medienkritik im digitalen Zeitalter. München: kopaed, 77-90.

mpfs – Medienpädagogischer Forschungsverbund Südwest (2018): JIM-Studie 2018 – Jugend, Information, Medien. Basisuntersuchung zum Medienumgang 12- bis 19-Jähriger. Abrufbar unter: www.mpfs.de/fileadmin/files/Studien/JIM/2018/Studie/JIM_2018_Gesamt.pdf [Stand: 19.12.2018].

mpfs – Medienpädagogischer Forschungsverbund Südwest (2018): JIM-Studie 2017 – Jugend, Information, (Multi-) Media. Basisuntersuchung zum Medienumgang 12- bis 19-Jähriger. Abrufbar unter: www.mpfs.de/fileadmin/files/Studien/JIM/2017/JIM_2017.pdf [Stand: 26.02.2019].

Niesyto, Horst/Moser, Heinz (Hrsg.) (2018): Medienkritik im digitalen Zeitalter. München: kopaed.

Paus-Haase, Ingrid/Hasebrink, Uwe/Mattusch, Uwe/Keuneke, Susanne/Krotz, Friedrich (1999): Talkshows im Alltag von Jugendlichen. Der tägliche Balanceakt zwischen Orientierung, Amusement und Ablehnung. Schriftenreihe Medienforschung der Landesanstalt für Rundfunk Nordrhein-Westfalen (LfR) 32. Opladen: Leske und Budrich.

Pellikan, Leif (2017): Merkel stellt sich Youtubern zum Interview. W&V. Abrufbar unter: www.wuv.de/medien/merkel_stellt_sich_youtubern_zum_interview [Stand: 22.10.2018].

Pöttinger, Ida/Kalwar, Tanja/Fries, Rüdiger (Hrsg.) (2016): Doing politics. Politisch agieren in der digitalen Gesellschaft. München: kopaed.

Sarcinelli, Ulrich (2000): Medienkompetenz in der politischen Bildung – pädagogische Allerweltsformel oder politische Kategorie? In: Aus Politik und Zeitgeschichte, Band 25, 29-38. Abrufbar unter: www.bpb.de/apuz/25559/medienkompetenz-in-der-politischen-bildung [Stand: 22.10.2018].

Schmidt, Jan-Hinrik (2018): Social Media. 2. aktualisierte und erweiterte Auflage. Wiesbaden: SpringerVS.

Simon, Erik (2018): Glaubwürdigkeit deutscher Medien gestiegen. In: Media Perspektiven, 5/2018, 212f.

Treumann, Klaus/Meister, Dorothee M./Sander, Uwe/Burkatzki, Eckhardt/Hagedorn, Jörg/Kämmerer, Manuela/Strotmann, Mareike/Wegener, Claudia (2007): Medienhandeln Jugendlicher. Mediennutzung und Medienkompetenz. Bielefelder Medienkompetenzmodell. Wiesbaden: VS.

Tanja Witting
Mädchen und junge Frauen auf Instagram
Zwischen Schönheitsnormen und Empowerment

Instagram erfreut sich zunehmend großer Beliebtheit insbesondere bei Mädchen und jungen Frauen. So geben laut der JIM-Studien der letzten Jahre zunehmend mehr Mädchen im Alter von zwölf bis 19 Jahren die bildorientierte Online-Plattform als liebstes Internetangebot an (mpfs 2016, S. 29: 32%; mpfs 2017, S. 33: 37%; mpfs 2018, S. 45: 45 %). Befragt nach der Lieblings-App, wird der hohe Stellenwert, den Instagram für viele Mädchen hat, noch offensichtlicher: Hier hat es die App bei Mädchen im Jahr 2018 mit 60 Prozent – direkt nach dem Messenger-Dienst WhatsApp – auf Platz 2 geschafft. Bei den gleichaltrigen Jungen dagegen wird Instagram nur von 37 Prozent als Lieblings-App angegeben (vgl. mpfs 2018: 36). Auf der Grundlage solch unterschiedlicher Präferierung des Online-Angebotes stellt sich die Frage, welche genderbezogenen Aspekte auf Instagram thematisiert und verhandelt werden, die möglicherweise insbesondere Mädchen und jungen Frauen ansprechen.

Dominierende Bilder
von Weiblichkeit auf Instagram

In der Top Ten der beliebtesten Instagram-Accounts weltweit befinden sich im Dezember 2018[1] mit Selena Gomez, Ariana Grande, Kim Kardashian, Beyonce, Kylie Jenner und Taylor Swift sechs weibliche Personen (vgl. statista.com). Damit lässt sich – anders als beispielsweise auf YouTube – keine männliche Dominanz feststellen. Der Großteil der in der weltweiten Top Ten vertretenen Frauen ist dem Bereich „traditioneller" Stars zuzurechnen. Es handelt sich um Sängerinnen und Schauspielerinnen. Ihnen allen – wie auch den aus dem Reality-TV bekannten Celebrities Kim Kardashian und Kylie Jenner – ist gemein, dass sie

über schlanke Körper, ebenmäßige Gesichter und eher lange Haare verfügen und als ausgesprochen attraktiv und sexy gelten.

In Deutschland wird die Top Ten der reichweitenstärksten Instagram-Accounts zwar von männlichen Fußballspielern dominiert, allerdings sind mit den v.a. aus dem Bereich der Lipsync-Apps bekannten Zwillingen Lisa und Lena auf Platz 3 und mit Bianca Heinicke von *Bibis Beautypalace* auf Platz 8 auch weibliche Instagram-Akteur*innen vertreten. Erweitert man den Blick auf die Top Twenty der reichweitenstärksten Instagram-Accounts in Deutschland, werden sechs weitere weibliche Instagrammer*innen erfasst: Dagi Bee (Platz 11), Heidi Klum (Platz 12), Pamela Reif (Platz 14), Melina Sophie (Platz 15), Paola Maria (Platz 16) und Stefanie Giesinger (Platz 18) (vgl. onlinemarketing.de). Auch hier finden sich im Vergleich mit der Video-Plattform YouTube quantitativ mehr weibliche Personen in der Top Twenty. In diesem Bereich sind v.a. Modells sowie Beauty- und Fitness-Bloggerinnen vertreten. Eine normierte Schönheitsvorstellung ist hier zentraler Bezugspunkt. Modells sind erfolgreich, weil sie der angesagten Norm weitgehend entsprechen. Beauty- und Fitness-Bloggerinnen leiten an, wie das Gesicht zu schminken und der Körper zu trainieren ist, um möglichst nah an die zeitgeistigen Idealvorstellungen zu kommen. Diese sind oftmals ungesund und unrealistisch. So sind viele der angesagten Looks für das Individuum auch durch ausgeprägtes Hungern bei gleichzeitigem intensiven Training nicht „herstellbar". Gelingt die gewünschte Konfiguration des Aussehens nicht, wird für manche das eigene Gesicht und der eigene Körper zum Makel oder gar Hassobjekt. Vielfach entsteht der Gedanke, dass nur noch Schönheitsoperationen Abhilfe verschaffen können. Filter und

Bildbearbeitung können zwar helfen, innerhalb der medialen Selbstpräsentation vorzugaukeln, dem Ideal weitgehend zu entsprechen. Der „Manipulateurin" bleibt jedoch das Wissen, um die eigenen „Abweichungen" – und ein schlechtes Selbstwertgefühl.

Es ist die hohe Uniformität der inszenierten Schönheit, die Mädchen und jungen Frauen oftmals den Eindruck vermittelt, genauso aussehen zu müssen, um als schön zu gelten. Verstärkt wird diese Tendenz auf Instagram vielfach noch durch spezifische Challenges, die einzelne Körpermerkmale in den Vordergrund stellen. So gilt es bei der „Thigh Gap Challenge" den bildlichen Beweis anzutreten, dass die eigenen Oberschenkel so schmal sind, dass sich diese auch mit geschlossenen Knien nicht berühren. Bei der „Bikini Bridge Challenge" sollen im Liegen die hervorstehenden Hüftknochen eine Berührung des Bikinihöschens mit dem Bauch verhindern und bei der „Ab Crack Challenge" wird eine trainierte und fettfreie Bauchdecke gefordert, die die Sehnenplatte Linea Alba sichtbar werden lässt. Die Auflistung ließe sich weiter ergänzen: Immer ist ein fettfreier, in manchen Fällen auch muskulöser, aber dennoch schmaler und gleichzeitig aber auch kurviger Körper gefordert. Dass die Herstellung eines solchen Körpers nicht nur mit großen Gesundheitsrisiken einhergehen kann, sondern je nach Beschaffenheit des eigenen Körpers unmöglich ist, ist dringend insbesondere an junge Mädchen zu vermitteln.

Ebenso ist es für die medienpädagogische Arbeit wichtig, gemeinsam mit den Klient*innen immer wieder herauszuarbeiten, wie stark auch die Bilder der bewunderten Instagrammerinnen oftmals durch Bildbearbeitung manipuliert sind und das präsentierte Aussehen eben auch Ergebnis von Kameraperspektive, Licht und Filter ist.

Zugleich gilt es in der medienpädagogischen Arbeit aber auch, gemeinsam mit den Klient*innen den Blick zu öffnen für „das Andere", das durchaus auch auf der Plattform zu finden ist. Denn Instagram eröffnet eben auch einen Raum – anders als die traditionellen Massenmedien –, in dem weibliche Vielfalt sichtbar wird und Widerstand gegen eine normierte Schönheitsvorstellung geleistet werden kann. So lassen sich auf Instagram oftmals auch Gegenbewegungen zu den angesprochenen Challenges finden, in denen Mädchen und junge Frauen sich zeigen in ihrem deutlichen Abweichen vom geforderten Standard. Dabei schauen sie meist fröhlich und selbstbewusst in die Kamera, machen sich im bildbegleitenden Text über die Challenge lustig und ermutigen andere, zu sich zu stehen und sich so zu akzeptieren, wie sie sind.

Hier kann Instagram durchaus empowerndes Potential entwickeln, indem es den unterschiedlichsten Menschen mit all ihren Eigenarten und auch Einschränkungen eine Plattform bietet. In der Vielfalt lassen sich Vorbilder finden, die mit eigenen Stärken und auch Schwächen korrespondieren. Es wird nicht mehr eine Norm absolut gesetzt, sondern ermutigt, „Eigenheiten" wertzuschätzen.

Im Folgenden soll exemplarisch aufgezeigt werden, wie sich verschiedene Mädchen und Frauen – unabhängig vom Mainstream – auf Instagram darstellen und sich gegenseitig unterstützen.

Aneignung des Schönheitsbegriffs und Empowerment

Bodypositivity und abweichendes Aussehen

Unter dem Hashtag *Bodypositivity* sind aktuell mehr als 2,5 Millionen Beiträge versammelt, die sich gegen einen normierten Schönheitsbegriff wenden.

Tess Hollyday ist mit 1,8 Millionen Abonnent*innen eines der reichweitenstärksten Plus Size Modells, die auf Instagram vertreten sind. Sie engagiert sich als Body Positive Aktivistin und plädiert für eine positive Aneignung des Begriffs „fat" als Beschreibung anstelle einer Verunglimpfung (vgl. Hoby 2015). 2013 initiierte sie den Hashtag *effyourbeautystandards* – u.a. als Reaktion auf die vielen negativen Kommentare, die sie zunächst zu ihren Unterwäsche-Fotos in den sozialen Medien bekam.

Aktuell finden sich unter dem Hashtag *effyourbeautystandards* mehr als 3,5 Millionen Fotos von Instagram-User*innen, die sich selbstbewusst präsentieren und dem Statement anschließen, dass Körpermaße oder Kleidergrößen Schönheit nicht festlegen. Diese Haltung wird auch unter dem Hashtag *stylehasnosize* (über 280.000 Beiträge) zum Ausdruck gebracht. Die auf Social Media-Plattformen präsenten Body Positive Aktivist*innen setzen sich so gegen die Idealisierung von bestimmten Körpermaßen oder einem bestimmten Körpergewicht ein und sind damit Teil des Diskurses, mit dem sich die sogenannten Fat Studies auseinandersetzen:

„Bei Fat Studies handelt es sich um eine Forschungsrichtung, die sich kritisch mit gesellschaftlichen Einstellungen gegenüber Körpergewicht und dem äußeren Erscheinungsbild auseinandersetzt und im Hinblick auf den Körperumfang für eine Gleichbehandlung aller Menschen eintritt. Sie sehen Gewicht – genau wie Körpergröße – als menschliches Merkmal, das innerhalb jeder Population sehr stark variiert." (Rothblum 2017: 16)

Ebenfalls reichenweitenstark mit einer Millionen Abonnent*innen ist der Account *bodyposipanda* von Megan Jayne Crabbe. Mittlerweile ist sie selbst eine bekannte Größe in der Bodypositivity-Szene in den sozialen Medien, die zahlreiche Abonnent*innen inspiriert und motiviert, eine positive Einstellung zu ihrem Körper zu entwickeln. Dabei berichtet Crabbe, die viele Jahre unter Anorexie litt und auch heute noch Phasen durchlebt, in denen ihr die Akzeptanz ihres Aussehens schwerfällt, wie ihr die sozialen Medien auf ihrem Weg geholfen haben:

„I saw all these women of different shapes and sizes unapologetically loving themselves, and I realised for the first time that maybe I could do that, too. Maybe I didn't have to starve and hate myself forever. That's when I truly recovered, healed my relationship with food and with my body, and starting living." (Commons 2015)

Jedoch nicht nur Körperfülle führt zum Abweichen von dominierenden gesellschaftlichen weiblichen Schönheitsidealen. Unabhängig vom Körpergewicht hat die weibliche Brust straff und prall zu sein, um gemeinhin als schön zu gelten. Durch das überwältigende Angebot an wattierten und „pushenden" BH's wird Mädchen und Frauen nahegelegt, diesen Zustand zu simulieren, wenn er nicht zur eigenen naturgegebenen Erscheinung gehört. Gegen diese Norm tritt Chidera Eggerue mit ihrem Account *theslumflower* (191.000 Abonnent*innen) an. Sie gründete die Hashtag-Kampagne *saggyboobsmatter* und präsentiert sich selbstbewusst mit tiefen Ausschnitten und hängenden Brüsten.

Ebenso selbstbewusst werden auf Instagram vielfach Dehnungsstreifen (z.B. unter dem Hashtag *stretchmarksarebeautiful*) und Cellulite (z.B. unter dem Hashtag *cellulitesaturday*) präsentiert. Die Australierin Ariella Nyssa inszeniert sich auf ihrem Account mit 144.000 Abonnent*innen v.a. als Modell für Bademoden und setzt dabei bewusst ihre Cellulite in Szene:

„Someone left a comment on one of my photos where I spoke openly about my acceptance for my cellulite. They said "your ass looks like a plastic bag that you have left in the snow over winter, and you got it back out in the spring time". I really just have to laugh at these comments. No amount of hate comments or ignorant messages will ever make me doubt my cellulites beauty. I know society struggles to see our marks, fat or tub as "beautiful" or "wanted"… but I want to change that. Who's to say something isn't beautiful? Who's to say something doesn't have worth? I used to be miserable because I felt my body wasn't worthy of love. I felt I had to lose 15KGs and only then I would be happy. I've realised that to accept and love your body at every stage is PURE happiness. It's untouched by the negativity of the world. It's untouched by others opinions. It's my own worth defined by only ME. Here's to cellulite and other parts of our bodies that society claims as unacceptable! F THE HATERS ❤❤❤."

Als unweiblich und damit ebenso als nicht schön gilt weithin im aktuellen Schönheitsdiskurs auch Körper- und insbesondere Gesichtsbehaarung bei Frauen. Im historischen Verlauf wandelt sich die Lesart der „bärtigen Frau" von der Machtvollen und Göttlichen zunächst zur Sensationsfigur. Im 19. Jahrhundert gehören Bartfrauen zur Gruppe der Freaks, den Anomalien und „Missgeburten", die in der europäischen und nordamerikanischen Kultur – öffentlich in Zirkussen und auf Jahrmärkten ausgestellt – sichtbar werden. Kurz nach 1900 wenden sich Medizin und Psychiatrie den „Bartweibern" zu und die bärtige Frau wird zur pathologischen Figur: Das Sichtbare wird v.a. auf seine Aussagekraft für Beschaffenheit von Seele, Geschlecht und Krankheit befragt und insbesondere im Nationalsozialismus als Zeichen einer krankhaften Verwandlung von Frau zum Mann propagiert (vgl. Regener 2001). Aktuell herrscht eine Normsetzung vor, die unter dem Verweis auf vermeintliche Körperhygiene und Kosmetiktrends Mädchen und Frauen nahelegt, möglichst frei von Körper- und Gesichtsbehaarung in Erscheinung zu treten (vgl. von Ankun 2000). Dieser Schönheitsideologie tritt beispielsweise Harnaam Kaur entgegen (132.000 Abonnent*innen). Die junge Britin hat viele Jahre unter dem Bartwuchs in ihrem Gesicht gelitten und ihn mit Rasieren, Wachsen und Bleichen bekämpft. Auf ihrem Instagram-Account präsentiert sie sich nun mit Vollbart und bestärkt andere Mädchen und Frauen darin, den eigenen Haarwuchs – und damit einen wesentlichen Aspekt der eigenen Person – zu akzeptieren. Unter dem von ihr propagierten Hashtag mybodymyrules finden sich über 88.000 Fotos von Personen, die sich mit ihren Eigenarten und – im Sinne der vorherrschenden Schönheitsideologie – Makeln zeigen. Unter den Bildern von Harnaam Kaur sind zahlreiche Kommentare von Abonnent*innen zu lesen, die Kaurs Schönheit bewundern und sich durch ihre Präsenz in den Medien bestärkt fühlen:

„You are ABSOLUTELY BEAUTIFUL, I've struggled with years of anxiety due to the amount of body and facial hair I have and you are just so inspirational for us out there thank you so much!"

Unter Hashtags wie ladypithair oder lesprincessesontdespoils finden sich diverse Fotos von Mädchen und Frauen mit behaarten Achselhöhlen und Beinen, aber auch mit Haarwuchs im Bauch-, Brust- oder Rückenbereich, die ihr Aussehen mit Behaarung wertschätzen und als schön empfinden.

Körperliche Beeinträchtigungen und chronische Krankheiten

Das gesellschaftlich vorherrschende und massenmedial propagierte Ideal (nicht nur von Weiblichkeit) setzt körperliche Unversehrtheit und uneingeschränkte Gesundheit absolut. Mädchen und Frauen, die beispielsweise auf einen Rollstuhl angewiesen sind, werden in den traditionellen Massenmedien kaum repräsentiert – und wenn, dann oft in einem Kontext oder Narrativ, indem die Beeinträchtigung problematisiert und zentral gesetzt wird (vgl. Röhm 2016).

Unter dem Hashtag wheelchairgirl finden sich auf Instagram über 67.000 Fotos von Mädchen und Frauen im Rollstuhl. Sie präsentieren sich in Alltagssituationen, auf Reisen oder bei besonderen Events. Sie tragen lässige Kleidung oder festliche Outfits; posieren mal witzig und cool, mal erotisch. Der Account lifegoesonwheels versteht sich als motivierende Plattform von und für Mädchen und Frauen, die auf einen Rollstuhl angewiesen sind und behandelt u.a. Themen wie Beauty, Fashion und Sport. Unter rollettes_la präsentiert sich eine Gruppe junger Frauen im Rollstuhl, die gemeinsam Rollstuhltanz betreiben und deren Motto lautet:

„Women empowering women with disabilities to live boundlessly and shift perspectives through dance!"

Betrachtet man die einzelnen Accounts der Bloggerinnen im Rollstuhl, wird die große Bandbreite an Themen deutlich, die diese verhandeln. Einen Schwerpunkt stellt das Thema „accessible travel" dar. Während beim *simplyemmablog* der Britin Emma v.a. das Bereisen von europäischen Metropolen mit Rollstuhl im Mittelpunkt steht, berichtet die in Deutschland lebende Kim auf ihrem Account *wheeliewanderlust* auch von ihren Strandurlauben als Rollstuhlfahrerin.

Einen weiteren Themenschwerpunkt stellt der Bereich „beauty and style" dar. Tess Daly gehört zu den reichweitenstärksten Beauty- und Fashionbloggerinnen im Rollstuhl (148.000 Abonnent*innen). Ihr Stil ist geprägt von ihrer Vorliebe für sexy Kleider und hohe Schuhe; ihre Make-up-Looks sind meist farbenfroh und dramatisch. Da sie mit spinaler Muskelatrophie lebt, sind ihre Bewegungsmöglichkeiten von Armen und Händen eingeschränkt. In Videos zeigt sie u.a., wie sie allein und mithilfe von Unterstützung ihr Make-up aufträgt:

> „A lot of people ask me how I do my make up, if I actually do it myself and if I can film tutorials. As you can see, I start with a little foundation on my forehead so that I can then do my own brows and eyeshadow. I then go away and one of my PAs does my skin and applies my false lashes. Once that is done, I come back and finish my eyes and do my lips. In this video, you can see the position that I have to sit in and how I have to hold my hands to be able to do it, and I have to be totally honest with you all and tell you I'm pretty self conscious about showing you this. I have to prop my hands up to be able to reach my face, and in order to keep my balance whilst sat like this, my neck is at an angle that gives me a HELLA double chin!! Aside from being quite self conscious about how I look, I also struggle to talk properly whilst sat like this, so filming tutorials isn't exactly the easiest of things! Anywho, I'm really proud of myself for showing you how I do what I do, and I really hope this answers a few questions! 🖤🖤🖤."

Der Bereich „beauty and style" hat nicht nur für viele Bloggerinnen im Rollstuhl eine hohe Relevanz. Lucy Edwards (*lucyedwardsofficial*) beispielsweise ist eine blinde Beautybloggerin. Kaitlyn Dobrow (*kaitlyndobrow*) dagegen wurden aufgrund einer bakteriellen Meningitis Arme und Unterschenkenkel amputiert. Sie zeigt sich sowohl mit ihren Armstümpfen als auch mit ihren Prothesen, mit denen sie ihr Make-up aufträgt. Marimar Quiroa (*makeupartistgorda66*) schließlich lebt seit ihrer Geburt mit einem Gesichtstumor, der ihre untere Gesichtshälfte stark vergrößert und ihrem Gesicht eine stark von der Norm abweichende Erscheinung verleiht. Aufgrund des Tumors ist es ihr nicht möglich, zu sprechen. Ihre Make-up-Tutorials präsentiert sie daher unter Verwendung von Gebärdensprache und ergänzt diese gelegentlich mit ermutigenden Textbotschaften:

> „To me, beauty means to accept yourself for who you are, and to ignore what other people tell you. You show your beauty how it is, it doesn't matter if you have a different looking face, accept yourself how you are."

Aber auch Mädchen und Frauen, deren Beeinträchtigungen oder Erkrankungen im Alltag weniger offensichtlich sind, machen sich auf Instagram „sichtbar". Unter dem Hashtag *lupus* (711.023 Beiträge), dem Hashtag *multiplescerosis* (404.811 Beiträge) oder dem Hashtag *hashimoto* (86.105 Beiträge) finden sich zahlreiche junge Blogger*innen, die über sich und ihr Leben mit den jeweiligen Krankheiten berichten und den Austausch mit ihren Abonnent*innen suchen. Dabei steht mal spezifisch der Umgang mit den jeweiligen Krankheiten im Vordergrund, mal geht es um Alltäglichkeiten aus dem Leben der jungen Frauen.

Mental Health und Recovery

Das „ideale" Mädchen hat immer gute Laune und ein Lächeln im Gesicht. Auch auf Instagram dominiert meist die schöne Scheinwelt: Mädchen und Frauen präsentieren sich überwiegend strahlend und mental stark. Zugleich gibt es aber auch hierzu auf Instagram eine Gegenbewegung, die sich mit psychischer Gesundheit, ihren Herausforderungen und den Tabus, über psychische Erkrankungen zu sprechen, befasst. Die große Bedeutung des Themas auf der Plattform wird auch an der hohen Zahl von über 8,6 Millionen Beiträgen unter dem Hashtag *mentalhealth* deutlich.

Zu den reichweitenstärksten Accounts in diesem Bereich gehören solche von weiblichen Künstlerinnen, die sich über Grafiken und entsprechende Sinnsprüche mit dem Thema auseinandersetzen. Über 278.000 Abonnent*innen folgen Beth Evans auf ihrem Account *bethdrawsthings*. Hier zeichnet sie ausschließlich mit einem schwarzen Stift auf weißen Grund kleine, rundliche Wesen, die sie selbst als „weird blob things" bezeichnet. Die Texte, mit denen sie die Wesen umgibt, beschreiben Situationen, die psychische Herausforderungen darstellen können, und werben für einen wertschätzenden Umgang mit sich selbst.

Der Account *makedaisychains* wird von der Londonerin Hannah Daisy betrieben und weist mehr als 95.000 Abonnent*innen auf. Sie hat den Hashtag *boringselfcare* ins Leben gerufen, um auf die Wichtigkeit von Selbstfürsorge aufmerksam zu machen und Inspiration zu geben, wie Selbstfürsorge im Alltag aussehen kann.

Die US-Amerikanerin Elyse Fox betreibt den Account *sadgirlsclub* mit über 89.000 Abonnent*innen. Hier vermittelt sie motivierende Botschaften und gibt Tipps zu Copingstrategien in psychisch belastenden Situationen. Auf ihrem weiteren Account (*elyse.fox*, über 30.000 Abonnent*innen) spricht sie zudem auch über ihre persönliche Geschichte als Person, die mit Depressionen lebt und bereits einen Suizidversuch unternommen hat. Sie erklärt, wie soziale Gemeinschaft ihr hilft, Krisen zu meistern und möchte diese auch für andere über die Social Media-Plattform herstellen.

Einen besonderen Stellenwert nehmen auf Instagram auch das Thema Essstörungen und selbstverletzendes Verhalten ein. Neben den zahlreichen Accounts, die entsprechendes Verhalten als nachahmenswert propagieren, finden sich vielfach auch solche, auf denen Mädchen und junge Frauen ihren Genesungsprozess dokumentieren und andere motivieren, sich ihren Störungen zu stellen. Allein die Eingabe des Hashtags *ana* (als Abkürzung für

Anorexie) ruft über 8,2 Millionen Beiträge auf; der Hashtag *selfharm* führt zu über 580.000 Beiträgen.[2] Darunter befinden sich vielfach auch solche, die dem Bereich „recovery" zuzuordnen sind und individuelle Genesungsgeschichten dokumentieren. Dabei dient das „Kapern" des Hashtags dazu, auch solche Mädchen und Frauen zu erreichen, für die das selbstschädigende Verhalten (noch) zu den persönlichen Routinen gehört.

Das empowernde Potential von Instagram (medien-)pädagogisch nutzen

Aktuell fokussiert sich der medienpädagogische Diskurs v.a. auf Influencer*innen im ökonomischen Kontext. Wenig Beachtung finden dagegen solche Blogger*innen, die sich v.a. auf die Vermittlung von positiven Werthaltungen und empowernden Botschaften konzentrieren.

Insbesondere für die Arbeit mit Mädchen und jungen Frauen liefert Instagram (mediale) Vorbilder jenseits der gesellschaftlich und massenmedial vorherrschenden Ideale. Die Auseinandersetzung mit Blogger*innen des hier beschriebenen Typus kann für viele ein erster Anstoß sein, die vorgegebenen Ideale zu hinterfragen und einen positiven Zugang zu sich selbst zu finden.

Oft erleichtert es die Auseinandersetzung mit Schönheitsidealen, wenn vorab im medienpädagogischen Kontext auf die gesellschaftliche „Gemachtheit" entsprechender Normen hingewiesen wird. Es lassen sich vielfältige Foto- und Videomaterialien im Internet finden, die beispielsweise die Veränderungen von Schönheitsidealen im Laufe der Jahrhunderte aufzeigen oder kulturelle Unterschiede in Bezug auf den Schönheitsbegriff darlegen. Ein Zugang zum Thema über diese „Meta-Ebene" erleichtert es Teilnehmenden häufig, den für sich passenden Grad an persönlicher Involviertheit bei der anschließenden Betrachtung der Instagram-Beispiele zu finden. Eine sensible Begleitung der Teilnehmenden ist in jedem Fall notwendig. Sie sollte auffordern, in erster

Linie wahrzunehmen ohne ins Urteilen abzugleiten.

Mittels Instagram können sich marginalisierte Personengruppen selbst „Gesicht und Stimme" verschaffen – frei von äußeren Zuschreibungen. Dies wiederum ermöglicht einer Vielzahl von Nutzer*innen eine Begegnung mit anderen auf Augenhöhe und ohne erhobenen Zeigfinger. So lassen sich im besten Falle Berührungsängste abbauen, Ausschlusspraxen reduzieren und Machtstrukturen aufbrechen.

Autorin

Prof. Dr. Tanja Witting: Diplom-Sozialpädagogin, Professorin für Kunst und Medien in der Sozialen Arbeit; lehrt Medienpädagogik an der Ostfalia Hochschule für angewandte Wissenschaften, Braunschweig/Wolfenbüttel; Arbeits- und Forschungsschwerpunkte: Mediensozialisation von Kindern und Jugendlichen, Nutzung digitaler Spiele, Medien und Gesundheit, insbesondere Medienabhängigkeit, genderspezifische Medienaneignung und Medienkompetenzförderung; Jugendschutzsachverständige bei der USK und Gutachterin bei der fsf.

Anmerkungen

1 Alle Angaben zu Abonnent*innenzahlen in diesem Text beziehen sich auf den Zeitraum Dezember 2018.

2 Die Eingabe entsprechender Hashtags auf Instagram ruft stets folgenden Text auf: „Können wir helfen? Beiträge mit Worten oder Markierungen, nach denen du gerade suchst, können oft Verhaltensweisen fördern, die Schaden anrichten oder gar zum Tod führen können. Falls du gerade schwere Zeiten durchmachst, würden wir dir gerne helfen." Danach stehen die Optionen zur Verfügung, sich mehr Informationen zu dem Hilfsangebot einzuholen, die Beiträge anzuzeigen oder die Suche abzubrechen.

Literatur

Commons, Jess (2015): 15 incredible body positive people to follow on Instagram. For your daily reminder that you are great just as you are. Abrufbar unter: www.standard.co.uk/lifestyle/london-life/15-incredible-body-positive-people-to-follow-on-instagram-a3536116.html [Stand 08.12.2018].

Hoby, Hermione (2015): Tess Holliday: "Never seen a fat girl in her underwear before?" In: The Guardian, June 6/2015. Abrufbar unter: www.theguardian.com/fashion/2015/jun/06/tess-holliday-first-size-26-supermodel [Stand 11.12.2018].

Larbl, Miranda (2018): "I don't call myself an intersectional feminist": Slumflower on dating, race and self-love. Abrufbar unter: https://metro.co.uk/2018/05/08/dont-call-intersectional-feminist-slumflower-dating-race-self-love-7527501/ [Stand 05.12.2018].

mpfs – Medienpädagogischer Forschungsverbund Südwest (2016): JIM-Studie 2016 – Jugend, Information, (Multi-)Media. Basisuntersuchung zum Medienumgang 12- bis 19-Jähriger in Deutschland. Abrufbar unter: www.mpfs.de/studien/jim-studie/2016/ [Stand 01.12.2018].

mpfs – Medienpädagogischer Forschungsverbund Südwest (2017): JIM-Studie 2017 – Jugend, Information, (Multi-)Media. Basisuntersuchung zum Medienumgang 12- bis 19-Jähriger in Deutschland. Abrufbar unter: www.mpfs.de/studien/jim-studie/2017/ [Stand 01.12.2018].

mpfs – Medienpädagogischer Forschungsverbund Südwest (2018): JIM-Studie 2018 – Jugend, Information, Medien. Basisuntersuchung zum Medienumgang 12- bis 19-Jähriger in Deutschland. Abrufbar unter: www.mpfs.de/studien/jim-studie/2018/ [Stand 01.12.2018].

Ohne Autor: Abrufbar unter: https://de.statista.com/statistik/daten/studie/427067/umfrage/top-10-instagram-accounts-mit-den-meisten-followern-weltweit/ [Stand 15.12.2018].

Ohne Autor: Abrufbar unter: https://onlinemarketing.de/news/instagram-top-10-deutschland-instagrammer [Stand 15.12.2018].

Regener, Susanne (2001): Bartfrauen. Fotografien zwischen Jahrmarkt und Psychiatrie. In: Keck, Annette/Pethes, Nicolas (Hrsg.): Mediale Anatomien. Menschenbilder als Medienprojektionen. Bielefeld: Transcript, 81-96..

Röhm, Alexander (2016): Destigmatisierung und soziale Medien. Selbstbestimmung, Empowerment und Inklusion? In: medien+erziehung. Zeitschrift für Medienpädagogik 60 (3), 17-24.

Rothblum, Esther D. (2017): Fat Studies. In: Rose, Lotte/Schorb, Friedrich (Hrsg.): Fat Studies in Deutschland. Hohes Körpergewicht zwischen Diskriminierung und Anerkennung. Weinheim: Beltz Juventa, 16-30.

von Ankun, Katharina (2000): Karriere – Konsum – Kosmetik. Zur Ästhetik des weiblichen Gesichts. In: Schmölders, Claudia/Gilman, Sander (Hrsg): Gesichter der Weimarer Republik. Eine physiognomische Kulturgeschichte. Köln: Dumont, 175-190.

Christa Gebel / Andreas Oberlinner

Das GEHEIMNIS meines ERFOLGES[1]
Zum Orientierungspotential von YouTube-Stars für 10- bis 14-Jährige

Das Orientierungspotential von YouTube-Stars für Heranwachsende ist nicht zu unterschätzen. Mit einer direkten Ansprache der jungen Fans, jugendaffinen Themen und einer breiten Palette von Strategien der Publikumsbindung sichern sich hoch kommerzialisierte Kanäle die Aufmerksamkeit Heranwachsender. Eine Analyse von Kanälen, die bei der Altersgruppe der 10- bis 14-Jährigen Zuspruch finden, gibt Hinweise auf durchaus zweifelhafte Orientierungsangebote. Besonders YouTuber*innen, die es nicht bereits an die Spitze der Hitlisten geschafft haben, scheinen sich ihrer Vorbildrolle nicht immer bewusst.

Für Heranwachsende, die in den Jahren 2015 und 2016 an ACT ON!-Workshops[2] teilnahmen, waren nicht selten YouTube-Stars besonders beliebte Online-Angebote. In den Gruppendiskussionen ergaben sich Hinweise, dass die Kinder und Jugendlichen sich in vielerlei Hinsicht an ihnen orientieren, ohne dass eine kritische Auseinandersetzung mit den bewunderten YouTuber*innen zu erkennen war. Obwohl sie bei anderen Online-Angeboten auf Risiken, wie beispielsweise Überwachung, Datenschutz oder Kostenfallen, hinweisen konnten und dabei auch Argumente des öffentlichen Diskurses aufgriffen, schienen die Heranwachsenden in keiner Weise die bereits stattfindende öffentliche Diskussion um die starke Kommerzialisierung oder die extrem werbliche Ausrichtung der „Influencer*innen" aufzunehmen. Diese Hinweise waren für das Forschungsteam Anlass, das Thema YouTube-Stars in den Jahren 2017 und 2018 ins Zentrum der Monitoringstudie zu rücken.

Problemorientierte Medienanalyse

In Vorbereitung auf die qualitativen Gruppendiskussionen[3] des Monitoring wurden einschlägige YouTube-Kanäle in einer problemorientierten Medienanalyse unter die Lupe genommen. Die Analyse konzentrierte sich auf die für die Altersgruppe besonders einschlägigen Genres Beauty, Fashion, Lifestyle, Comedy, Let's Play und Vlog. Aus jedem Genre wurden vier bis fünf YouTuber*innen zur Analyse ausgewählt.[4]

Aspekte wie Kommerzialisierung, Werblichkeit, Publikumsbindung, Geschlechterstereotype und ethisch-normative Ausrichtung wurden analysiert. Eine besondere Analyseperspektive war, welche Modelle die exemplarischen Kanalinhaber*innen in ihrer Selbstinszenierung für diejenigen Heranwachsenden bieten, die selbst YouTube-Kanäle betreiben oder betreiben wollen. Unter diesem Blickwinkel interessierte insbesondere, inwieweit die YouTube-Stars ihre eigene Vorbildrolle und ihr Dasein als YouTuber*in thematisieren.

Kommerzialisierung und Publikumsbindung

Nahezu alle Kanäle der analysierten YouTube-Stars weisen einen hohen Grad an Kommerzialisierung und Professionalisierung der Produktion auf, selbst wenn viele Videos den Anschein improvisierten und spontanen Agierens erwecken. Die Kanalinhaber*innen wenden eine breite Palette von Strategien an, um ihr junges Publikum an sich zu binden und es zu vergrößern, denn Aufmerksamkeit ist die Währung, die auf YouTube zählt und sich finanziell auszahlt. Damit etabliert sich offenbar ein neues Berufsbild im Mediensektor, das unter der Bezeichnung „Influencer" firmiert.[5]

Abb. 1: Besonders in den Genres Beauty, Fashion, Lifestyle und Vlog finden sich starke Anreize zum Konsum, vermittelt durch Werbung und das Zelebrieren einer konsumorientierten Lebensweise.

Die Vernetzung mit anderen YouTube-Stars durch Verweise und Videozitate sowie gemeinsame (Video-)Auftritte verschafft den jeweiligen Kanälen ein größeres Publikum und erweckt den Eindruck einer nicht nur virtuellen Szene mit Freundescliquen, denen anzugehören für aufstrebende YouTuber*innen attraktiv sein dürfte. Aber auch die gespiegelte Strategie ist erkennbar: (Vorgebliche) Konflikte zwischen YouTuber*innen werden dramatisch in Szene gesetzt und bieten ebenso Anreize, sich Videos der angegriffenen Kanäle anzuschauen. YouTube-Sternchen, die es schaffen, im Video eines bekannten YouTube-Stars – und sei es negativ – erwähnt zu werden, dürfen ebenfalls mit höherer Publicity rechnen.

Eine wichtige Rolle für die Publikumsbindung spielt die Interaktion mit den Zuschauer*innen in unterschiedlichen Formen: Live-Events und Autogrammstunden dienen dem Publikumskontakt und werden per Livestream und/oder Video in die Kanäle zurückgespielt. Die Zuschauer*innen werden forciert zur Interaktion aufgefordert, z.B. zu inhaltlichen Vorschlägen, zur Teilnahme an Live-Chats, zum Kommentieren und Liken der Videos sowie zur Verfolgung weiterer Social Media-Kanäle der Stars. Auffallend ist auch die häufige Verwendung von Gewinnspielen und Verlosungen zur Gewinnung von Abonnent*innen. Nur selten gehen YouTuber*innen allerdings auf einzelne Kommentare zu den Videos ein; wenn dies der Fall ist, dann bevorzugt auf positive Rückmeldung. Kritik wird dagegen häufig ignoriert.

YouTuber*in-Sein als erstrebenswerte und erfüllende Tätigkeit

Eine wichtige Ausnahme vom Ignorieren negativer Kommentare stellt das Eingehen auf die auch in den Medien thematisierte Missbilligung der kommerziellen Ausrichtung der Kanäle dar sowie der hohen Einnahmen, die einzelne Stars dank ihrer Popularität und geschickter Geschäftsideen erzielen. Der öffentliche Diskurs scheint einen gewissen Rechtfertigungsdruck zu entfalten, denn einige analysierte YouTube-Stars schildern in Videos ausführlich, mit welch hohem Aufwand sie ihre Kanäle betreiben – so zum Beispiel Julian Bam in dem hier titelgebenden Video *Das GEHEIMNIS meines ERFOLGES* – und welche Nachteile mit ihrer großen Prominenz verbunden sind. Insbesondere werden als Nachteile des YouTuber*in-Daseins der Produktionsdruck erwähnt sowie die Herausforderung, sich dem Urteil und den Annäherungsversuchen des Publikums stellen zu müssen. Hier finden sich Anlehnungen an das Klischee des schnellen und aufregenden Lebens von Popstars, die dabei die Erdung verlieren können. Überwiegend wird das YouTuber*in-Sein – häufig, aber nicht ausschließlich implizit – als erstrebenswerte und erfüllende Tätigkeit vermittelt, mit der talentierte und motivierte junge Menschen einen gehobenen, wenn nicht gar luxuriösen Lebensstil bestreiten können. In allen Genres, besonders aber in den Genres Beauty, Fashion, Lifestyle und Vlog sind starke Anreize zum Konsum aufzufinden, vermittelt sowohl durch Werbung als auch durch das Zelebrieren einer konsumorientierten Lebensweise. Sehr viele analysierte YouTuber*innen bewerben auch eigene Produkte und/oder Dienstleistungen. So vertreibt etwa Bianca Heinicke (*Bibis BeautyPalace*) Kosmetikprodukte ihrer Marke Bilou. Ein anderes Beispiel ist Dagi Bee, die im Analysezeitraum für begrenzte Zeit einen Pop-up-Store hatte, in dem sie neben dem Verkauf ihrer Modelinie auch Autogramme gab und der von ihren Fans geradezu gestürmt wurde. Etliche YouTube-Stars verweisen in ihrem Kanal auf einen eigenen Merchandising-Shop.

Kritik an YouTube

Durch YouTube-Stars selbst formulierte Kritik an der Plattform YouTube und der YouTube-Szene findet sich hauptsächlich im Genre Comedy: Hier wird zum einen die Orientierung an Popularität und materiellem Gewinn aufs Korn genommen, zum anderen findet sich hier auch der einzige Beitrag, der die Abhängigkeit der Kreativen von Algorithmen und Vorgaben der Plattform thematisiert. Kritik an anderen YouTuber*innen wird vor allem im

Genre Comedy deutlich, in dem Videos anderer Akteur*innen ausschnittweise zitiert, kommentiert oder parodiert werden. Die Ausführung kann jedoch nicht immer als gelungen bezeichnet werden, vor allem wenn sie sich darin erschöpft, Missgriffe sehr junger YouTuber*innen mit teils überheblicher, teils beleidigender Kommentierung vorzuführen und damit einen wenig nachahmenswerten Stil an den Tag zu legen. Im Hinblick auf den Umgang mit Persönlichkeitsrechten anderer geben solche Beispiele fragwürdige Vorlagen.

Thematisierung der Vorbildrolle

Vereinzelt thematisiert die bzw. der eine oder andere YouTube-Aktive die eigene Vorbildrolle sowie die anderer YouTube-Stars. Dies geschieht in Bezug auf potenzielle Risiken, z.B. Selbstgefährdung durch riskante Stunts, meist auf wenig ernsthafte Weise, zum Teil auch mit unverhohlen pflichtschuldiger Attitüde. Die risikobezogenen Analyseergebnisse deuten darauf hin, dass die hochprofessionellen Stars der Szene sich ihrer Vorbildrolle bewusst sind, zumal diese ja nicht zuletzt eine Grundlage für die Erzielung ihrer Einnahmen bildet. Den sehr populären YouTuber*innen gelingt es – vermutlich durch entsprechende Beratung – vergleichsweise besser ihre Vorbildrolle zu berücksichtigen, wenn auch nicht durchgängig mit überzeugendem Ergebnis. Dagegen fallen bei den weniger reichweitenstarken Kanälen mehr Beispiele für zweifelhafte Selbstpräsentation und respektlosen Umgang mit Persönlichkeitsrechten anderer auf.[6] Insbesondere YouTuber*innen mit geringerer Zahl an Abonnements wirken auf ihre Rolle als Modell für ein sehr junges Publikum wenig vorbereitet. Damit sind sie selbst als Zielgruppe für medienpädagogische Bildung in den Blick zu nehmen.

Spezifische Online-Risiken werden kaum thematisiert und wenn dies der Fall ist, wie etwa in Bezug auf Dating-Apps, sind hier leider deutliche Defizite festzustellen. Hinweise auf konstruktive Problemlösungen sind entsprechend gar nicht aufzufinden.

Überkommene Geschlechtsrollenstereotype

Beispiele für die Präsentation überkommener Geschlechtsrollenstereotype finden sich in allen Genres, insbesondere in den Genres Beauty, Fashion, Lifestyle, Vlogs, aber auch Comedy. Sogar dort, wo z.B. Ansätze zur Diskussion geschlechtsgebundener Doppelstandards aufzufinden sind. Findet ein Hinterfragen von Geschlechterstereotypen statt, bleibt die Argumentation relativ oberflächlich: So werden einerseits bestimmte Schönheitsstandards für Frauen kritisiert und für einen selbstbestimmten Umgang mit dem eigenen Äußeren plädiert, andererseits wird nicht in Zweifel gezogen, dass Frauen schön sein sollten. Einige Beispiele weisen darauf hin, dass es offenbar zum akzeptierten YouTuberinnen-Bild gehört, Selbstbestimmtheit zu zeigen, wenn es um die geschlechterstereotype Styling-Ordnung geht. Allerdings wird der Anspruch an Frauen, Schönheit zu verkörpern, nicht grundsätzlich infrage gestellt, was letztlich auch darauf zurückzuführen ist, dass damit das eigene Erfolgs- bzw. Geschäftsmodell sowie das etlicher anderer YouTube-Stars unterlaufen würde.

Vor allem im Genre Comedy gibt es mehrere Beispiele für sarkastische und ironische Inszenierungen von Rollenklischees, die die Verständnisfähigkeit der Jüngeren in der Altersgruppe zehn bis 14 Jahre sehr herausfordern dürften. Dies gilt nicht nur für Geschlechter-, sondern vor allem auch für religiöse und ethnische Stereotype.

Verletzung sozial-ethischer Normen vor allem in den Kommentaren

In Bezug auf die Verletzung sozial-ethischer Normen in den Videos lässt sich insgesamt festhalten, dass nur wenige unzweifelhaft problematische Beispiele aufzufinden sind, jedoch sehr viele, die die Verständnis- und Verarbeitungsfähigkeiten von 10- bis 14-Jährigen zumindest stark herausfordern, wenn nicht gar überschreiten. Insbesondere bei etlichen Videos der Genres Comedy und Let's Play stellt

sich die Frage, inwieweit die Heranwachsenden in diesem Alter in der Lage sind, diese Inhalte und Darstellungsweisen zu reflektieren und in einen adäquaten Bezugsrahmen einzuordnen. So kommentiert beispielsweise der YouTuber A.B.K ein Video von ViscaBarca, der seine Schwester in der Umkleidekabine filmt und deren Schönheit lobt:

> „Bei uns Nafris wäre die Hand schon längst ganz woanders [als an der Kamera]. Ey, jetzt aber mal ohne Scheiß, euer Hobbypsychologe [hier meint A.B.K sich selbst] hat da so eine Idee. Diese ganze Szene in der Umkleide könnte man als Therapiestunde für Nafris nutzen. Eine Therapiestunde, in der die das Motto kennenlernen: Nur gucken, nicht anfassen!"

Auch wenn man unterstellt, dass A.B.K, der selbst marokkanische Wurzeln hat, Nordafrikaner nicht für pauschal sexuell übergriffig hält, lässt sich kaum nachvollziehen, zu welchem Zweck er in diesem Kontext Abwertungen aufgrund von ethnischer Zugehörigkeit einstreut. Das Risiko, dass diese Stereotype und Abwertungen als zustimmungsheischende Äußerung verstanden werden, erscheint daher nicht gering.[7]

Zum einen geht es dabei um die Frage, inwieweit die jungen Rezipient*innen ironische oder sarkastische Darstellungsweisen richtig interpretieren können; so etwa, ob sie bestimmte YouTuber*innen im Genre Comedy als authentische Personen wahrnehmen oder als in einem fixierten Rollenstereotyp auftretend, welches gesellschaftliche Vorurteile bedient und dadurch gleichzeitig kritisiert. Hier besteht beispielsweise das Risiko, dass die Kritik am Vorurteil – aufgrund eines geringen darstellerischen Vermögens aufseiten der YouTuber*in und/oder mangels Verständnisfähigkeit aufseiten des jungen Publikums – nicht zum Tragen kommt und sich gar ins Gegenteil verkehrt. Zum anderen stellt sich die Frage, inwieweit die Heranwachsenden den jeweiligen medialen Kontext für eine Bewertung der sozial-ethischen Inhalte heranziehen (können), etwa die

Rahmung verbaler und bildlicher Gewalt durch die jeweilige Spielwelt im Genre Let's Play.

Zweifelhafte Orientierungsvorlagen in den Bereichen Gewalt, Beleidigungen, respektlose Umgangsformen, Sexismen und anderweitige Diskriminierungen finden sich in so manchem Video, springen jedoch insbesondere in Form von Zuschauer*innen-Kommentaren ins Auge. Hier lässt sich feststellen, dass Menge und Härte der einschlägig auffälligen Kommentare zwischen den Kanälen deutlich variieren und in der Regel den Grad an Derbheit, welche die YouTuber*innen selbst in ihren Videos anschlagen, erkennbar übertreffen. Eine gewisse Korrespondenz des Grades und der Menge zwischen Kanal und Kommentaren ist entsprechend festzustellen. Der Analyse nicht zugänglich ist, inwieweit die Tonart der Kanäle jeweils ein dazu passendes Publikum anzieht und eine vulgäre Wortwahl entsprechende Überbietungsprozesse provoziert oder inwieweit die Kanalbetreiber*innen sich engagieren, grenzverletzende Kommentare zu filtern bzw. zu löschen. Zumindest ist davon auszugehen, dass die reichweitenstarken Kanäle, die insgesamt ein glatteres Auftreten zeigen, sich eine professionelle Kommentarpflege leisten (können).

Forschungsbedarf

Die Ergebnisse werfen unterschiedliche Fragen auf, die sich vor allem darum ranken, wie ältere Kinder und Jugendliche die Selbstinszenierung der YouTube-Stars verstehen und inwieweit sie Strategien der Publikumsbindung und Erlösgenerierung durchschauen. Insbesondere ergeben sich hier folgende Ansatzpunkte für tiefergehende Forschung.

Auch wenn sich manche Strategien der Erlösgenerierung und Publikumsbindung im Material durch die Analyse nachvollziehen lassen, bleiben Hintergründe der Kanal- und Selbstdarstellung der YouTube-Stars doch in vielerlei Hinsicht intransparent. In Bezug auf analysierbare Strategien stellt sich die Frage, ob diese dem jungen Publikum bewusst sind, wie sie diese bewerten, inwiefern sie sie gegebenenfalls im Rahmen eigener Kanäle für nach-

ahmenswert halten und wie Geschlechterrollenstereotype in der Peergroup diskutiert und reflektiert werden.

Viele der analysierten Videos sind für 10- bis 14-Jährige im Hinblick auf Inhalt und sozial-ethische Einordnung eine Herausforderungen, wenn nicht gar eine Überforderung. Vor allem im humoristischen Kontext ist die Positionierung zu gewaltförmiger Konfliktlösung, die Verwendung von ethnischen und religiösen Stereotypen sowie von Geschlechterrollenstereotypen und Sexismen häufig widersprüchlich und wenig durchschaubar. Anhand etlicher Beispiele bestätigt sich, dass der User Generated Content auf YouTube im Hinblick auf sozial-ethische Normen nicht einer Inhaltsprüfung und -klassifizierung durch Selbstkontrollgremien, an denen Prüfer*innen unterschiedlicher gesellschaftlicher Gruppen beteiligt sind, unterliegt. Dadurch steigen die Anforderungen an die Verständnis- und Verarbeitungsfähigkeit der Rezipient*innen.

YouTuber*innen thematisieren zwar durchaus auch Nachteile der Prominenz und der berufsmäßigen Bespielung ihrer Kanäle, insgesamt wird jedoch ein positives Bild des Daseins als YouTube-Star gezeichnet, das jungen Rezipient*innen potenzielle Anreize bietet, diesem nachzueifern. Inwieweit Heranwachsende die Selbstdarstellung der YouTuber*innen als authentisch einschätzen und inwieweit sie sich zu entsprechendem Handeln auf YouTube animieren lassen, sind Themen für vertiefte Befragungen.

Bedarf an medienpädagogischen Konzepten

YouTube bietet einen breiten Fundus an Beispielen, anhand derer sich Heranwachsende mit Rollenstereotypen, Formen der Selbstdarstellung, ethisch-normativen Fragen und Themen der Konsumerziehung auseinandersetzen können. Dies sind gute Ansatzpunkte für die pädagogische Arbeit. Für einen gelingenden Reflexionsprozess kommt es darauf an, Beispiele zu wählen, die in der Zielgruppe Relevanz besitzen.

Die angesprochenen Themen sind auch im Hinblick auf das aktive Produzieren, Distribuieren und Kommunizieren auf der Plattform von Bedeutung. Gerade für die Rolle als Kanalbetreiber*innen brauchen Heranwachsende orientierende Hinweise, die gängige Strategien von YouTuber*innen aufgreifen und Anregungen für eine kritische Reflexion bieten. An rechtlichen Fragen orientierte Kataloge sind wichtig, reichen jedoch nicht aus, um die Altersgruppe vor Fallstricken zu bewahren und ihnen zu einem selbstbestimmten und verantwortungsbewussten Umgang mit der Plattform zu verhelfen. Konzepte für die Arbeit mit den jungen Nutzer*innen von YouTube, die einerseits ihre Motivation würdigen, die Potentiale der Plattform zu nutzen, andererseits kritische Themen nicht ausklammern, sind daher dringend notwendig.

Autor*innen

Christa Gebel: Diplom-Psychologin; forscht seit 1999 im JFF – Institut für Medienpädagogik in Forschung und Praxis zum Medienumgang von Kindern, Jugendlichen und Familien; Arbeitsschwerpunkte sind in den letzten Jahren Projekte, die sich mit Aspekten des Jugendmedienschutzes in Online-Medien aus der Sicht von Kindern, Jugendlichen, Eltern, Lehrkräften und pädagogischen Fachkräften befassen.

Andreas Oberlinner: hat Kommunikationswissenschaften an der Universität Salzburg studiert; ist seit 2017 wissenschaftlicher Mitarbeiter des JFF; arbeitet dort in den Projekten *MoFam Mobile Medien in der Familie* sowie *ACT ON! Aufwachsen zwischen Selbstbestimmung und Schutzbedarf* mit.

Anmerkungen

1 Aktualisierte Fassung eines Artikels aus merz 3/2018 „Orientierung in der komplexen Welt".

2 Die Monitoringstudie des Projekts *ACT ON! – Aufwachsen zwischen Selbstbestimmung und Schutzbedarf* eruiert unter anderem, welche Online-Angebote bei Heranwachsenden im Alter von zehn bis 14 Jahren hoch im Kurs stehen, welche darauf bezogenen Online-Risiken die Altersgruppe wahrnimmt und welche Schutzbedarfe die Kinder und Jugendlichen formulieren.

3 Die Ergebnisse der Gruppenerhebungen werden im ACT ON!-Short Report Nr. 5 veröffentlicht. Die ausführlichen Analyseergebnisse sind im ACT ON!-Short Report Nr. 4 formuliert. Abrufbar unter: https://act-on/jff.de [Stand: 19.02.2019]. Dort sind auch Dossiers zu ausgewählten YouTube-Stars zu finden.

4 Ausgehend von einem Pool von YouTube-Kanälen, die von der Altersgruppe in Studien genannt worden waren, wurden pro Genre die drei populärsten Vertreter*innen ausgewählt sowie je ein weniger populärer Kanal. In der Auswahl sollte zudem ein Beispiel für das im jeweiligen Genre seltener vertretene Geschlecht enthalten sein. Analysiert wurden 45 Kanäle von 24 YouTuber*innen. Das Analysematerial umfasst 24 Haupt- und 21 Nebenkanäle, darin 224 Videos mit Kommentaren sowie 65 zugehörige Social Media-Auftritte mit 123 Posts.

5 Vgl. https://de.wikipedia.org/wiki/Influencer [Stand: 19.02.2019].

6 Ein Ergebnis, dessen Reichweite in Analysen zu erhärten wäre, in denen eine größere Zahl dieser Kanäle einzubeziehen wären als es in dieser der Vorbereitung einer Befragung dienenden Studie sinnvoll erscheint.

7 Video *SCHWESTER von Viscabarca ist Xatar!* | *A.B.K* abrufbar unter: https://youtu.be/kzrN5fBrUak?t=271 [Stand: 19.02.2019].

Martina Schuegraf / Tobias Börner

Instagram-Faszination für Heranwachsende

Seit der Übernahme von Instagram durch Facebook im Jahr 2013 steigt die Anzahl der Nutzer*innen stetig an. Der Begriff *Influencer*innen,* der insbesondere mit diesem Social Media-Netzwerk in Verbindung gebracht wird, kursiert in den letzten Jahren vielfach in den verschiedensten Medien. „Influencen" wird dann meist direkt mit „beeinflussen" übersetzt. Durch unsere Studie zu Instagram-Influencer*innen an der Filmuniversität Babelsberg KONRAD WOLF wird jedoch sehr deutlich, dass „influencing" sowohl seitens der Nutzenden als auch der Influencer*innen selbst vielmehr als „Inspiration" verstanden wird und vielfältige Resonanzräume eröffnet.

Instagram-Influencer*innen: Eine Studie

Im Magazin der Süddeutschen Zeitung vom 27.10.2017 werden Influencer*innen wie folgt beschrieben:

> „Influencer sind Menschen, die ihren Alltag in die Öffentlichkeit tragen, die im Internet Bilder, Filme, Texte veröffentlichen. Sie präsentieren sich beim Sport, am Strand, beim Schminken, mit neuem Outfit vorm Ausgehen. Abertausende, manchmal Millionen Menschen folgen ihnen. Influencer sind eine Macht geworden."

Unter dem Stichwort Influencer Marketing zeichnen sich nach einer Studie von Castulus Kolo im Lehrgebiet Medienwirtschaft Influencer*innen „durch eine besonders hohe Netzwerkgröße und Überzeugungskraft aus. Durch ihre Empfehlungen in Social Media können sie [...] den Markterfolg von Marken und Produkten nachhaltig beeinflussen."[1]

Folgt man diesen beiden einleitenden Zitaten, werden Influencer*innen als Meinungsmachende und Markenbotschafter*innen proklamiert. Die Perspektive auf Influencer*innen liegt hier ausschließlich auf der Vermarktung von Produkten sowie eines gewissen Lifestyles. Fest im Produkt-Marketing verankert gehen sie vor allem für Fashion- und Styling-Produkte Kooperationen mit Unternehmen ein, um deren Marken zu bewerben und entsprechende Fotos auf ihren Instagram-Profilen zu posten. Aufgrund ihrer hohen Reichweite sind sie insbesondere für Unternehmen attraktiv, da sich diese davon versprechen, glaubwürdig junge Zielgruppen direkt und ohne große Streuverluste zu erreichen. Damit wird Influencer*innen, wie sich dies auch im Zitat des Magazins der Süddeutschen Zeitung ausdrückt, eine große Wirkmacht auf ihre Gefolgschaft zugeschrieben. Durch die hohe Reichweite, ihre Social Media-Kompetenz und die damit einhergehende Aufmerksamkeit ihrer Follower*innen erhoffen sich beide Seiten – Unternehmen wie Influencer*innen – eine Win-Win-Situation zur Stärkung der eigenen Marke bzw. des Profils. So verstanden wird „influencing" direkt mit „beeinflussen" übersetzt.

In diesem Sinne handelt es sich bei Instagram-Influencer*innen um Personen, welche eine ausgeprägte digitale Kompetenz und Präsenz aufweisen und damit eine hohe Reichweite erzielen. Als authentisch inszenierte Figuren verleihen sie den von ihnen verwendeten und angepriesenen Produkten eine persönliche Note. Damit sind Influencer*innen Mediennutzende, die einen sehr hohen Aktivitätsgrad aufweisen und mit ihren Profilen Einfluss auf Gesellschaft nehmen sowie besonders für jüngere Nutzende zu Werbebotschafter*innen avancieren können.

Instagram ist eine Social-Media-Plattform, deren Fokus vor allem auf visuellen Inhalten wie Fotos, Videos und Memes liegt. Die Plattform wird überwiegend als mobile App genutzt. Ein Grund hierfür ist sicherlich die mobile Ausrichtung des sozialen Netzwerks, dessen voller Funktionsumfang sich nur via Smartphone App nutzen lässt. So können Nutzende die Kameras ihres mobilen Endgeräts verwenden, um Bilder und kurze Videos aufzunehmen, die sie dann direkt in der App bearbeiten und als Profilposts oder im Rahmen sogenannter Stories, die sich nur 24 Stunden lang abrufen lassen, veröffentlichen.

In einem Forschungsprojekt an der Filmuniversität Babelsberg KONRAD WOLF haben wir uns gefragt, was Influencer*innen jenseits der Reichweite und der Vermarktung von Produkten ausmacht. Wie und ab wann werden Personen zu Influencer*innen? Wie sehen sie sich selbst? Wie werden sie von anderen gesehen? Für die Studie haben wir zehn Leitfadeninterviews mit Instagram-Nutzenden sowie zehn Expert*inneninterviews mit Influencer*innen durchgeführt. Dabei waren nicht die besonders reichenweitenstarken Profile relevant, sondern Profile, die sich mit einer Mindestanzahl von 10.000 Follower*innen von reinen Instagram-Nutzenden deutlich abheben. Bei den Nutzenden haben wir Personen zwischen 14 und 29 Jahren (genderparitätisch) interviewt, welche zumeist einen höheren Bildungsgrad innehaben. Wichtig war uns dabei eine starke Affinität zu sozialen Netzwerken und neuen Technologien, welche sie in ihren Alltag integrieren.

Faszination und Nutzung

Feste Verankerung im Alltag

Instagram scheint fest im Alltag seiner Mitglieder verankert zu sein. Alle in unserer Studie befragten Nutzer*innen gaben an, das soziale Netzwerk mindestens einmal täglich zu verwenden, und präferierten Instagram klar gegenüber anderen Plattformen, wie etwa dem mitgliederstärkeren Facebook. Letzteres scheint nur noch eine untergeordnete Rolle zu spielen bzw. durch Instagram ersetzt worden zu sein, wie es beispielsweise Jannes im Interview hervorhebt: „Instagram hat Facebook als Hauptmedium abgelöst." Diese Aussage wird auch von den Ergebnissen der jüngsten JIM-Studie (vgl. mpfs 2018) untermauert: Dort gaben 67 Prozent der befragten 12- bis 19-Jährigen an, täglich bzw. mehrmals pro Woche Instagram zu nutzen, Facebook kam hingegen nur auf einen Wert von 15 Prozent. Bei den 20- bis 29-Jährigen liegen hingegen beide Plattformen hinsichtlich der täglichen Nutzung mit jeweils 36 Prozent gleichauf (vgl. ARD/ZDF-Medienkommission 2018).

Die Profile, denen Nutzende folgen, müssen nahe an ihrem Alltag sein und Themenbereiche bedienen, die sie interessieren. Wie die Interviews zeigen, sind die Interessen hierbei sehr heterogen und reichen von Fashion und Sport über Ernährung und Reisen zu Kunst und anderen Spezialgebieten. Speziell für Instagram gilt, dass die Ästhetik visuell sehr ansprechend sein soll (Hochglanzästhetik) und gleichzeitig jedoch Bodenständigkeit proklamiert in dem Sinne, dass die Profile an die Welt der Follower*innen anschließen. Auf eine Formel gebracht bedeutet das: Instagram ist Realität = Digitalität, nur schöner!

Zeitvertreib und Ausdrucksmittel

Die Motive der Heranwachsenden, Instagram zu nutzen, sind durchaus vielfältig: vom Unterhaltungsmittel zum Zeitvertreib über den Austausch mit und die Teilhabe am Leben von Freund*innen und Familie bis hin zur Selbstdarstellung. Der Fokus liegt auf visuellen Inhalten, die um ein Vielfaches schneller verarbeitet werden können als Texte, wie Studien zeigen (vgl. Scammell/Semetko 2012). Dies vereinfacht es, schnell am Leben des sozialen Umfelds teilzuhaben und darauf reagieren sowie darin interagieren zu können. Zudem nehmen Nutzer*innen die Plattform als positiv wahr, sie vermittelt ein Gefühl der Identifikation und Zugehörigkeit, das der Selbstvergewisserung dienen kann, wie es sich aus der Aussage einer

Interviewpartnerin entnehmen lässt: „[...] also ich würd sagen, Instagram ist sehr sehr positiv [...], kann sehr sehr viel Positives vermitteln [...], kann einem ein gutes Gefühl geben, einfach weil man weiß, okay da sind auch wenigstens ein paar Leute, die einem irgendwie folgen, die das auch mal ganz gerne lesen, was man da schreibt."

Ferner ermöglicht die Plattform den Nutzenden sowohl mit ihren eigenen Follower*innen als auch mit anderen Nutzer*innen in Interaktion zu treten: durch Privatnachrichten, Kommentare, Likes sowie durch die Verwendung thematischer Hashtags (bspw. zu aktuellen Themen oder Hobbies). Aufgrund dieser verschiedenen Möglichkeiten, die Instagram bietet, kann es für die Nutzenden unterschiedliche Funktionen erfüllen. Für eine Nutzerin ist es „eine Art Tagebuch" in einer modernen Form, das nicht mehr mithilfe von Papier und Stiften (also eher textlastig) geführt wird, sondern mit Bildern und auf Interaktion angelegt ist. Die Archivierungsmöglichkeit auf Instagram ermöglicht es ihr zudem, auch noch nach Jahren anzuschauen, was sie in den vergangenen Jahren gemacht hat und das nicht nur textlich, sondern bildlich. Für eine andere Nutzerin ist es „eine Art kleine Kunstgalerie". Denn dadurch, dass die Nutzenden über ihre Bilder (und Stories) Ausschnitte ihres Lebens preisgeben, werden Follower*innen per (Hochglanz-) Bilder wie in einer Collage in diese Welt mitgenommen.

Inspiration und Zugehörigkeit

Influencer*innen fungieren als Vorbilder für ihre Anhängerschaft zur Unterstützung bei neuen Vorhaben. Die Nutzenden suchen Anregungen für neue Outfits (z.B. sportlich-modische Kleidung), für angehende Projekte, so etwa Interviewpartnerin Marie im Rahmen ihrer Vorbereitungen auf einen anstehenden Triathlon, oder auch Inspiration zur Entdeckung neuer Marken und Produkte. Produkt- und Markeninspiration ist dabei gleichbedeutend mit Inspirationen im Bereich der eigenen Lebensführung oder gesellschaftspolitischer

Überzeugungen. Eine Interviewpartnerin berichtete, dass sie durch das Profil einer Influencerin, die ihre Brustkrebserkrankung (bis zu ihrem frühen Tod) thematisiert hatte, sensibilisiert worden ist, sich regelmäßig untersuchen zu lassen. #kimspiriert ist für diese Nutzerin zu einer Lebensbegleiterin und Freundin im digitalen Austausch geworden, denn ihr war es wichtig, der Influencerin Mut und Unterstützung (zurück-)zugeben.

Die Analyse der Interviews zeigt, dass keine Unterscheidung zwischen vermeintlich wertvollen und konsumorientierten Anregungen und Interaktionen gemacht wird. Es ist vielmehr ausschlaggebend, dass die Überzeugung der Influencer*innen spürbar wird. Dazu gehört eine authentische Inszenierung, was bedeutet, dass Influencer*innen nur jene Produkte zeigen und Themen aufgreifen sollten, von denen sie zu 100 Prozent überzeugt sind. Dabei wird nicht in Rechnung gestellt, dass mit den Profilen (oftmals) Geld verdient wird, der reine monetäre Effekt darf jedoch nicht im Vordergrund stehen. Im Hinblick auf Produktfotografie müssen die Fotos auf das Produkt abgestimmt sein und das Produkt muss sich in den Stil des Instagram-Profils einfügen. Es wird also eine hohe Kongruenz erwartet, die dem gesamten Auftritt eine belastbare Glaubwürdigkeit verleiht.

Dieser Kongruenz-Check lässt sich im Prozess der Nutzung als Authentifizierung bezeichnen und ist wichtig für das Vertrauen in die Influencer*innen und für den Aufbau einer (längerfristigen) Beziehung. Authentizität allein reicht indes nicht, um bei Nutzer*innen populär zu sein. Vielmehr spielt insbesondere *Inspiration* eine zentrale Rolle in der Rezeption von Influencer*innen. Inspiration ist somit der Wirkmechanismus, der User*innen zu Follower*innen werden lässt, indem sie sich von dem Profil angesprochen fühlen und es anregend (im Hinblick auf ihre Interessen und Themenbereiche) finden. Vor diesem Hintergrund lässt sich „influencing" im Falle von Instagram eher mit „inspirieren" denn „beeinflussen" übersetzen. Dies ist ein Umstand, den wir bei allen befragten Follower*innen finden konnten. Posts und Profile müssen daher resonieren, um im Gedächtnis zu bleiben. Resonanz bildet, ob in Form von Inspiration bzw. Anregung für Neues oder in Form einer positiven Rückmeldung durch andere Mitglieder, eine wichtige Motivation für die Nutzung von Instagram.

Instagram als virtueller Resonanzraum

Hartmut Rosa entlehnt den Begriff der Resonanz aus der Physik und überträgt ihn auf die Soziologie. Verkürzt gesprochen beschreibt Resonanz nach Rosa ein wechselseitiges Schwingungsverhältnis zwischen einem Subjekt und einem Objekt bzw. zwei Subjekten. In seinem Buch *Resonanz – Eine Soziologie der Weltbeziehung* (2018) argumentiert er auf der Basis soziologischer, phänomenologischer und philosophischer Überlegungen, „dass es gute Gründe dafür gibt, das Verhältnis zwischen Psyche und Körper (oder Geist und Leib) eines Menschen einerseits und zwischen dem Menschen und seiner Umwelt andererseits in den Kategorien von (blockierten und ausgebildeten) Resonanzbeziehungen zu beschreiben" (Rosa 2018: 286). Diese kurz angerissenen Überlegungen wollen wir auf das soziale Netzwerk Instagram übertragen, denn auch dieses ermöglicht oder verhindert Resonanzen, wie wir bereits angedeutet haben. In diesem Sinne lässt sich Instagram sowohl aus Sicht der Nutzenden als auch der Influencer*innen als virtueller Resonanzraum begreifen.

Feedback-Resonanz

Durch die starke Einbindung in den Alltag, die Interaktivität und die schnelle Konsumierbarkeit der Inhalte, ermöglicht Instagram es Jugendlichen, unmittelbare Reaktionen auf ihre geposteten Inhalte zu erhalten bzw. auf die Inhalte ihrer Freund*innen zu reagieren. Dies spiegelt sich auch in der Aussage eines Studienteilnehmers wieder: „Ja, also man kriegt relativ schnell Resonanzen." Solche Resonanzen sind insbesondere durch Interaktivität geprägt, die

durch eine Erwartungshaltung an Follower*innen (Freund*innen) gekennzeichnet ist. Eine derartige Resonanz ist auch weniger spontan, denn sie wird von den Nutzenden des Netzwerkes erwartet und mit einkalkuliert.

Diese, vor allem auf Reziprozität angelegte Resonanz, da die Nutzer*innen durch Likes und Kommentare selbst als Resonanzgebende fungieren, kann zu Identifikations- und Inspirationsprozessen führen, wie es u.a. das oben angesprochene Beispiel der Followerin von #kimspiriert zeigt. Hierdurch entsteht ein virtueller Resonanzraum, der oftmals, aber keineswegs immer, eine Erweiterung des real bestehenden Resonanzraums – des sozialen Umfelds – darstellt.

Dabei wird die Art der Resonanz durch die Nutzungsoberfläche auf der Plattform beeinflusst: Anders als im Falle von Facebook lassen sich Likes hier nicht in unterschiedliche Emotionen differenzieren, der entsprechende Button ist herzförmig und suggeriert schon optisch eine positive Rückmeldung. Negatives Feedback kann hingegen nur mithilfe der Kommentarfunktion verbalisiert werden und tritt daher seltener auf.

Intuitive Resonanz

Zusätzlich lässt sich der Resonanzraum durch die Wahl zwischen einem privatem oder einem öffentlich sichtbarem Profil aktiv steuern. Die Entscheidung für ersteres erlaubt es Nutzer*innen, selbst zu entscheiden, wer ihnen folgen und damit ihre Inhalte rezipieren darf und ermöglicht ihnen damit, Zugehörigkeit zu einer Gruppe zu konstituieren und über diese zu entscheiden. Ein öffentlich sichtbares Profil öffnet den Raum für viele, auch unbekannte Follower*innen, die hierdurch ein Inspirationsangebot erhalten. Dies kann die unterschiedlichsten Themenbereiche betreffen, wie oben bereits angeführt, von Entdeckungen neuer Produkte und Marken über Gesundheit und sportliche Fitness bis zu politischen Einstellungen und persönlichem Lifestyle. Für Mitglieder von Instagram entstehen hierdurch virtuelle Resonanzräume, die zu spontanen und intuitiven Zugriffen führen oder auch Ablehnung evozieren können.

Resonanz schlägt sich so nicht nur hinsichtlich eines vermeintlich positiven Widerhalls nieder. Vielmehr findet sie sich auf Instagram in unterschiedlichsten Formen von Inspirationen wieder. Instagram besteht somit aus einer Vielzahl unterschiedlicher Resonanzräume, die alle gleichzeitig existieren. Nutzende lassen sich durch Stories, Videos und Bilder inspirieren und stoßen dadurch auf Themen, Personen, Produkte und Diskurse, mit denen sie resonieren und die sie ggf. aufgreifen, in ihr Leben integrieren, denen sie nacheifern oder mit denen sie sich auseinandersetzen. Im Vergleich zu anderen Social Media Plattformen sind Resonanzeffekte auf Instagram unmittelbarer und direkter und zugleich Voraussetzung für den Erfolg als Influencer*in. Denn Instagram-Influencer*innen sind auf die Resonanz ihrer Follower*innen angewiesen, um überhaupt als Influencer*in populär zu werden.

Medienpädagogik und Instagram

Resümierend lässt sich festhalten, dass die Faszination von Instagram für Heranwachsende in den spezifischen Ausdrucks- und Interaktionsmöglichkeiten der Plattform liegt. Unsere Studie zu Instagram-Influencer*innen zeigt überdies recht deutlich, dass Influencer*innen aus der Sicht der Nutzenden keineswegs reine Markenbotschafter*innen, Werbeträger*innen und Meinungsmachende sind. Vor allem ist evident, dass Influencer*innen nur als solche erfolgreich sein können, wenn sie in ihren Follower*innen authentisch resonieren, und dies ermöglicht allein ein positiver Kongruenz-Check. Erst dann können sie zu Meinungsmachenden oder auch zu Vorbildern avancieren. Das bedeutet aber auch, dass sie den Geschmack ihrer Follower*innen treffen müssen, um deren Lebensstil und Weltanschauung beeinflussen zu können. Denn die Follower*innen wollen zum Nachdenken angeregt werden, sie wollen einen Mehrwert zum bisher Be- und Gekannten geboten bekommen. Es soll das Bedürfnis geweckt werden, mehr

wissen zu wollen. Das heißt für Influencer*innen, dass sie authentisch und inspirierend sein müssen.

Für die medienpädagogische Arbeit kann insbesondere die spontane Resonanz auf Instagram-Profile bei Jugendlichen und jungen Erwachsenen ein Ansatzpunkt sein. Hierbei lassen sich unterschiedliche Profile vor dem Hintergrund ihres Wirkpotentials problematisieren und reflektieren. Dabei lässt sich fragen, welche Inszenierungsstrategien und Ausdrucksmittel verwendet werden und ob oder inwiefern diese eine Resonanzkraft entfalten. Ziel ist dabei, Heranwachsende sich darüber bewusst werden zu lassen, warum die einen Profile bei ihnen resonieren und andere nicht. Handelt es sich hierbei um reichenweitenstarke Influencer*innen oder auch kleinere, öffentliche Profile? Was macht für sie als Nutzende eine*n Influencer*in überhaupt aus? Geht es um Themen oder Personen? Etc. In der Reflektion und Analyse kann so die Meinungsmache und Markenzentriertheit, die Instagram-Influencer*innen zumeist zugesprochen wird, hinterfragt und ggf. dekonstruiert werden.

Auch im Hinblick auf den Jugendmedienschutz bietet das Thema Resonanz mit Fokus auf Instagram-Influencer*innen Anknüpfungspunkte. Denn inwiefern eine (positive oder negative) Resonanz auch im Kontext von Internetsicherheit und Heranwachsende bedeutsam ist, lässt sich am Beispiel unterschiedlicher Profile (Thematiken) bearbeiten und diskutieren. Insbesondere jugendaffine Themen, wie bspw. Fitness, Körperlichkeit und Sexualität, lassen sich hier mit verschiedenen (Selbst-)Darstellungsansätzen von Influencer*innen ausloten und problematisieren.

Autor*innen

Dr. Martina Schuegraf: Vorständin in der Gesellschaft für Medienpädagogik und Kommunikationskultur; Jurymitglied beim Deutschen Multimediapreis mb21; Mitglied in verschiedenen Gremien des Deutschen Kulturrates; war von April 2015 bis März 2018 Professorin für Theorie und Empirie der Medienkonvergenz an der Filmuniversität Babelsberg KONRAD WOLF in Potsdam und leitete den Studiengang Digitale Medienkultur; Forschungsschwerpunkte: digitale Medien, soziale Netzwerke und gesellschaftlicher Wandel sowie Populärkulturanalyse und Nutzungsforschung.

Tobias Börner: hat Digitale Medienkultur an der Filmuniversität Babelsberg KONRAD WOLF studiert; konzipiert als Inbound Marketing Manager Online-Marketing-Kampagnen mit Fokus auf Markenentwicklung für eine Berliner Content-Marketing-Agentur; betreut darüber hinaus als Redakteur und Social Media-Manager die digitale Bildungsplattform #excitingedu, die sich an Lehrer*innen aller Schulformen richtet.

Anmerkung

1 Abrufbar unter: www.macromedia-fachhochschule.de/presseraum/news-details/datum/2015/05/18/digitale-meinungsmacher-hochschule-macromedia-und-werbeagentur-webguerillas-mit-influencer-studie.html [Stand: 18.12.2018].

Literatur

ARD/ZDF-Medienkommission (2018): ARD/ZDF-Onlinestudie 2018. Abrufbar unter: www.ard-zdf-onlinestudie.de/ardzdf-onlinestudie-2018/ [Stand: 22.12.2018].

mpfs – Medienpädagogischer Forschungsverbund Südwest (2018): JIM-Studie 2018 – Jugend, Information, Medien. Basisuntersuchung zum Medienumgang 12- bis 19-Jähriger. Abrufbar unter: www.mpfs.de/fileadmin/files/Studien/JIM/2018/Studie/JIM_2018_Gesamt.pdf [Stand: 19.12.2018].

Rosa, Hartmut (2018): Resonanz – Eine Soziologie der Weltbeziehung. Berlin: Suhrkamp.

Scammell, M./Semetko, H. (Hrsg.) (2012). SAGE Handbook of Political Communication. London: SAGE Publications.

Henrike Boy / Sabine Sonnenschein

Mit YouTube und Co. stark und kreativ werden

Methoden zur Persönlichkeitsentwicklung und Förderung der Kritikfähigkeit

Auf YouTube und Instagram finden junge Jugendliche, was sie wünschen: Hilfestellungen bei der Bewältigung ihrer Alltagsprobleme, dazu das Neueste aus der Beauty-, Mode- und Konsumwelt sowie Tipps und Tricks zu angesagten Games und Apps. Die Social Media-Stars haben großen Einfluss auf ihre Follower*innen, nicht zuletzt weil sie als eine Art „Freunde" auf Augenhöhe wahrgenommen werden. Als Influencer*innen bieten sie ihren Fans in vielerlei Hinsicht Anregung und Inspiration, viele von ihnen sind jedoch fragwürdige Vorbilder, geht es doch in ihren Beiträgen häufig um Konsum und den schönen Schein. Nicht selten nutzen sie ihre Glaubwürdigkeit bei ihrer jugendlichen Fangemeinde für kommerzielle Zwecke: zur hemmungslosen Selbstvermarktung mit (teils unmarkiertem) Product Placement, bei dem auch höchst Privates öffentlich gemacht wird. Zu grauenvollen Rollenbildern mit fragwürdigen Stereotypen gesellen sich auch immer wieder bedenkliche Aussagen zu gesellschaftspolitischen Fragestellungen. Genügend Stoff also, um lebensweltorientiert Erfahrungen und Einflüsse von Idolen und Idealen auf den Social Media-Plattformen zu hinterfragen.

Was können Pädagogen tun, um die Medienkompetenz der Jugendlichen in diesem Themenfeld zu unterstützen? Wie lernen Jugendliche ihre eigenen Positionen und die ihrer Social Media-Helden zu reflektieren und sich dabei mit Themen wie beispielsweise der Gleichberechtigung der Geschlechter, gesellschaftlich und persönlich relevanten Werten oder dem Sozialverhalten im Netz zu beschäftigen?

Wesentliche Voraussetzung der pädagogischen Arbeit ist dabei ein Dialog auf Augenhöhe, bei dem die Jugendlichen mit ihren Bedürfnissen, Interessen und Kenntnissen ernst genommen werden. Es geht darum, jungen Leuten zuzuhören, ihre Aussagen nicht abzuqualifizieren, ihnen Impulse zum Austausch, zur kontroversen Diskussion und zur Eigenproduktion und Teilhabe zu bieten.

Im Folgenden möchten wir nun einige Ansätze vorstellen, wie man mit spielerischen Methoden und ohne erhobenem Zeigefinger zu kritischen Aspekten der sozialen Medien, gerade im Hinblick auf das Spektrum unterschiedlicher YouTube-Kanäle und des Influencer-Phänomens, mit Jugendlichen ins Gespräch kommen kann. Danach wollen wir zeigen, wie ein erfolgreiches Format auch für andere Inhalte genutzt werden kann, in diesem Fall zur Selbstreflexion und Entwicklung des kreativen Selbstausdrucks.

Das Spektrum erweitern

Simpel, oberflächlich und geschmacklos, aber auch frech, klug und witzig – das Spektrum der YouTuber*innen mit ihren Kanälen ist breit; für jeden Geschmack gibt es zahlreiche Angebote, wobei originelle Produktionen in den Tiefen der Videoplattform schwer zu finden sind. Und auch auf Instagram lassen sich doch bisweilen ein paar ästhetisch und inhaltlich anspruchsvolle Perlen entdecken.

Raus aus der Filterblase! In digitalen Zeiten, in denen wir uns rund um die Uhr ausschließlich mit Medienangeboten und News beschäftigen können, die unserem Weltbild und einer uns bekannten Machart entsprechen, ist es immer befruchtend, neue Impulse zu bekommen. Jugendliche stellen sich im Jugendzentrum ihre Lieblings-Stars mit ihren Videos auf den Plattformen vor oder – am besten realisierbar in Schulklassen oder Workshopgruppen – recherchieren spannende, originelle Künstler*innen auf YouTube und Instagram. Und wenn die Erwachsenen die Angebote der Jugendlichen nicht abqualifizieren und selber Sachkenntnis haben, können sie den Jugendlichen auch ihre Favoriten vorstellen und ihnen beispielsweise frische Clips der *Datteltäter* oder von *Coldmirror* präsentieren.

Bewusstsein schärfen

Wahrheit und Lüge, Kommerzialität, der konstante Wettbewerb um das schönste Produkt, das schönste Bild, die zum Teil unsäglichen Rollenbilder, Fragen der Erlösgenerierung und der Zuschauerbindung – es gibt eine Fülle an Diskussionsthemen mit Jugendlichen. Hier ein paar Methoden, die sich in der Arbeit mit Jugendlichen bewährt haben:

Viral oder Egal: Klickhit oder Videoloser. Das Team von Jan Böhmermanns *Neo Magazin Royale* hat das Format erfunden: Eine Rateshow mit typischen YouTube-Videos, mit lustigen Tieren, Stimmen-Imitatoren, Pleiten, Pech und Pannen. Wie viele Klicks haben die Videos jeweils? Die Videos können von Pädagog*innen, aber natürlich auch von den Jugendlichen zusammengestellt werden. Macht garantiert Spaß, lässt staunen über die weite Social Media-Welt und kann vielfältige Diskussionen – z.B. über ethische Fragen – anregen. Das Quiz lässt sich auch auf Instagram übertragen.

Soziometrische Übung: Sie überlegen sich zehn Fragen, bei denen kontroverse Antworten zu erwarten sind: Z.B. „Ich halte Bianca Heinecke von *Bibis Beauty Palace* für ein problematisches Vorbild für Jugendliche" oder „YouTube unterstützt keine werbeunfreundlichen Inhalte mehr (viele YouTuber*innen können kein Geld mehr durch Werbung verdienen) – ist das Zensur?" „Wie schätzt du den Einfluss von Instagramer*innen auf deine Vorstellung von Schönheit ein?" „Instagram – nur eine oberflächliche Scheinwelt?" Am Veranstaltungstag kleben sie dann mit Kreppband eine lange Linie, an deren Ende sich jeweils ein Plus (= stimme zu) und ein Minus (= stimme nicht zu) befindet. Nach jeder Frage verteilen sich die Teilnehmenden auf dieser Linie; die Frage an Teilnehmer*innen, warum sie sich an den Polen oder in der Mitte platziert haben, führt unweigerlich zur Diskussion.

Unter Einfluss – Kahoot Quiz: Kahoot (http://kahooit.it) ist ein interaktives Quiztool für eine größere Gruppe. Die Fragen werden mittels Beamer an die Wand geworfen und die Schüler*innen können mit ihren mobilen Endgeräten antworten. Der Punktestand der Teilnehmenden wird nach jeder Frage sichtbar. Ein Quiz zu erstellen, braucht ein wenig Zeit, ist aber immer wieder verwendbar und kommt bei Jugendlichen sehr gut an. Es sollten Fragen entwickelt werden, durch die Wissen erweitert und Einstellungen überprüft werden. Einige Beispiele: „Wer hat weltweit die meisten Follower*innen auf Instagram?" „Influencer*innen sind beliebte Werbeträger bei den Warenherstellern. Welche Gründe gibt es dafür?" Man kann Fake Accounts kaufen. Woran kann man erkennen, dass Follower*innen echt sind?"

Kritisieren und Produzieren

Aktive Medienarbeit ist immer wieder eine gute Methode zur Reflexion über Medien und Mediennutzung. Gerade das Faken, Parodieren und Persiflieren macht Jugendlichen viel Spaß. Um erfolgreich produzieren zu können, müssen aber auch vielfältige Kenntnisse erworben werden. Vor der Umsetzung eines Formates und Themas – seien es die Produktion eines Comedy- oder Let's Play-Clips oder auch Fake Instagram-Accounts – stehen vielfältige Fragen im Mittelpunkt der Auseinandersetzung. Beispielhafte Produktionen werden unter die Lupe genommen, Inhalte, Machart und Wirkungen hinterfragt, Muster und Stilmittel herausgearbeitet.

Beim 13. Spinxx-Kritikergipfel zum Thema „YouTube" befassten sich die jungen Medienkritiker*innen in Workshops, Panels und der Video-Lounge mit ihren Videostars. Neben der Doku *Auf den Spuren einer Bloggerin,* einem Musikclip oder einem Let's Play-Video produzierten sie auch eine Persiflage. In *Wie werde ich ein YouTube Star* zeigten sie dabei, wie ein langweiliges Unboxing-Video in fünf Schritten (durch den Einsatz von krassen Namen, Action, Jump Cuts, Effekten und jeder Menge Werbung) trashig-hip wird. Neben Spaß konnten sie eine ganze Menge über die Mechanismen von YouTube erfahren (www.youtube.com/watch?v=DidFO-IQ_yA [Stand: 18.02.2019]).

Erfolgreiches Format – andere Inhalte: Die Kreativhelden

Fake News, Hatespeech, rassistische Angebote, fundamentalistische Ansätze etc. werben bei YouTube und Instagram um Aufmerksamkeit und bieten vermeintlich Orientierungen. Die globale Verflechtung durch die Digitalisierung der Lebenswelten erfordert eine Stärkung der Fähigkeiten, sich in dieser unübersichtlichen Lage zurechtzufinden und Beeinflussungen kritisch zu hinterfragen. Lange Schulzeiten und „always on" verstricken junge Menschen in ständigen Aktionismus und fortwährende Ablenkung, für Selbstwahrnehmung und Orientierung fehlen oftmals Ruhe, Selbstvertrauen und die richtigen Vorbilder.

Bei dem Projekt *Die Kreativhelden* des jfc Medienzentrums geht es daher darum, bei Jugendlichen eine tiefgehende Selbstreflexion in Bezug auf ihre Werte und Interessen anzuregen. Über kreativitätsfördernde Methoden finden sie heraus, welche Themen sie interessieren, wofür sie (wirklich) stehen und wie sie es ausdrücken wollen. Dies soll dazu führen, sich über die Einflüsse der sozialen Netzwerke auf das eigene Selbst bewusst zu werden und sich ggf. von gewählten Gruppierungen zu distanzieren.

Die Verwendung von Social Media spielt bei dem Projekt *Kreativhelden* eine ausschlaggebende Rolle. YouTube und Instagram dienen als pädagogisches Mittel, um mit den Teilnehmer*innen gemeinsam Content zu den oben genannten Themen zu erarbeiten. Social Media fungiert dabei dann nicht nur als Motivator, um sich mit sich selbst zu beschäftigen, sondern auch als Möglichkeit, um technisches Wissen und Handlungskompetenz zu erlangen. Auf der Inhaltsebene reflektieren die Teilnehmer*innen sich selbst, auf der Kompetenz-

ebene erleben sie sich in der Produktion und im Umgang mit Social Media professionell, souverän und sicher.

*Kreativheld*innen kennen sich selbst und sind selbstbewusst. Kreativheld*innen kennen ihre Werte und Ziele. Kreativheld*innen können kreativ mit Social Media umgehen. Kreativheld*innen können mithilfe ihrer Kreativität Lösungen finden und sich weiterentwickeln.*

In dem Projekt werden die jungen Menschen zu Kreativheld*innen „ausgebildet". Kreativheld*innen sind keine „normalen Influencer*innen", sondern junge Menschen, die YouTube für ihre Interessen und ihre Werte kompetent und reflektiert nutzen.

Aktuell beobachten wir, dass sich Jugendliche im Netz teils extrem leidenschaftlich, „moralisch" und auch wenig durchdacht in Bezug auf Werte äußern. Da geht es z.B. um unterschiedliche Auffassungen von Ehre, undifferenzierte Be- und Abwertungen von Verhalten (Cybermobbing) und polarisierte Einstellungen zu Fragen von Religion, Lebenssinn und Moral. Hinter der Vehemenz der Äußerungen zeigt sich oft Unsicherheit und der Wunsch nach Orientierung.

Die Themen, mit denen die Jugendlichen sich beschäftigen – teils ohne sich dessen aktiv bewusst zu sein – sind: Selbstfindung und Selbstdarstellung, Reflexion, Kreativität, Persönlichkeitsentwicklung und Berufs- sowie Lebensziele. Dafür dienen die projekteigenen YouTube- und Instagram-Channel, die von den Jugendlichen befüllt werden.

Entwicklung einer eigenen Position

Was ist mir wichtig? Warum? Wie entstehen Werte? Wer bin ich (in Abgrenzung zu anderen)? Wie sollen andere mich sehen? Und wer will ich sein? Was sind meine Träume und Ziele? Umgesetzt mit sozialpädagogischen Methoden wie kreatives Schreiben, Malen, Fotografie, spielerischen Aktionen, Gesprächen/Diskussionen, Rollenspiele, Selbsterfahrungen,

Methoden zur Selbst- und Fremdwahrnehmung.

Unserer Wahrnehmung bzw. unseren Recherchen nach werden Themen rund um Selbstvertrauen, Persönlichkeitsentwicklung und Wachstum mittlerweile in Form von Meditationskursen und Achtsamkeitsworkshops zwar intensiv an Erwachsene vermittelt (bspw. in diversen Vlogs und/oder Podcasting-Blogs[1]), allerdings wenig bis kaum an Kinder und Jugendliche.

Daher erarbeiten die Kreativheld*innen des Projekts eigene YouTube-Videos. Von der Erarbeitung der Inhalte zu Themen wie Stress, Selbstbewusstsein oder persönlicher Weiterentwicklung bis hin zur Produktion und Nachbereitung des Videomaterials. Dadurch vermittelt das Projekt auch Wissen über den Umgang mit Social Media:

- ■ Was muss ich (persönlich) beachten, wenn ich mich in sozialen Netzwerken zeige (Rechtliches, Cybermobbing, Big Data etc.)?
- ■ Wie erstelle ich hochwertigen Content?
- ■ Wie funktioniert Social Media eigentlich (Reichweite, Abos, Werbung, Klicks, Fake Accounts usw.)?

Die Ergebnisse sind unter www.youtube.com/channel/UCIE18Q2BDpd28HP6sxon-zQ [Stand: 18.02.2019] und www.instagram.com/diekreativhelden/ [Stand: 18.02.2019] einzusehen. Doch wie wird das konkret in der Praxis umgesetzt?

Mit medienpädagogischen Methoden ...

Eine beispielhafte Einstiegsmethode mit dem Titel „How to be an influencer" besteht darin, dass sich die Jugendlichen (meistens) zum ersten Mal in ihrem Leben in eine „richtige" Videokulisse stellen. Zwei Kameras, drei große Scheinwerfer, ein Mikrophon… Hier werden neue Rollen durchlebt und anschließend reflektiert. Wie hab ich mich dabei gefühlt? War es unangenehm oder hab ich mich wohl gefühlt? Hab ich mich geschämt oder gefreut, so im Mittelpunkt zu stehen? Was habe ich zu sagen und was würde ich gerne anderen mitteilen? Dabei geht es nicht nur um die Rolle des „Influencers" bzw. der „Influencerin", der/die vor der Kamera steht, sondern ebenso um die Rolle der Regisseur*in, Tontechniker*in oder des Kameramanns/der Kamerafrau.

Da digitale Medien ein zentraler Weg und gleichzeitig Werkzeug sind, Werte und Orientierungen zu transportieren, zu manipulieren und zu kommunizieren, nehmen sie eine zentrale Rolle im Projekt ein.

YouTube fungiert im Projekt als pädagogisches Medium für den kreativen Selbstausdruck und hilft den Jugendlichen, sich mit ihren persönlichen Werten und Potentialen zu beschäftigen. Über die zwei Rubriken #heldsein und #kreativsein werden im zweiwöchentlichen Rhythmus Inhalte an die junge Community vermittelt.

Jugendliche werden von uns dabei unterstützt, Kreativität in den Dienst ihrer eigenen Interessen und Sehnsüchte, ihres eigenen Mitgefühls und Engagements zu stellen, ihre Kreativität also „von innen heraus" zu stärken.

Die angesprochenen Themen haben meistens keine oder nur sehr wenig Anknüpfungspunkte in (schulischer) Bildung und/oder Erziehung. Sobald bei den jungen Menschen die ersten Hemmschwellen gefallen sind, blühen sie hinter der Kamera auf, probieren sich aus und fühlen sich gesehen im Rampenlicht. So entstehen Kreativheld*innen.

Schließlich lässt sich an bei Jugendlichen erfolgreichen Formaten für die pädagogische Arbeit anknüpfen. Das heißt, man produziert mit Jugendlichen andere Inhalte, aber mit derselben Machart – Learning by Doing: Z.B. geht es beim jfc-Projekt *Kreativhelden* um die Persönlichkeitsentwicklung (*Heldsein*) und die Förderung des eigenen kreativen Potentials (*Kreativsein*) der beteiligten Jugendlichen. Mit Workshops, aber vor allem auch den YouTube-Videos finden Jugendliche heraus, was sie können und was ihre kreativen Möglichkeiten sind. Und entwickeln nebenbei (kritische) Social Media-Kompetenzen.

Autorinnen

Sabine Sonnenschein: seit vielen Jahren Landesgruppensprecherin der GMK in NRW; Medienpädagogin beim jfc Medienzentrum Köln; leitet dort das fotopädagogische Förderprojekt *KameraKinder* und die Redaktion des medienpädagogischen Magazins *MedienConcret*; befasst sich darüber hinaus mit der aktiven wie auch rezeptiven Medienarbeit mit Kindern und Jugendlichen, referiert und publiziert dazu.

Henrike Boy: Medienpädagogin (M.A.) im jfc Medienzentrum; leitet seit 2014 im jfc den Fachbereich Kunst & Kabel, aus dem die Projekte *Fablab mobil, Young Fablab, Fabugee. international* und *Die Kreativhelden* entstanden sind; interessiert sich insbesondere für die Entwicklung kreativitätsfördernder Konzepte rund um Social Media, Maker-Tools, Apps und Big Data, um Kinder und Jugendliche für diese Inhalte zu begeistern; engagiert sich seit vielen Jahren im Bereich der Medienbildung, so auch auf Events und in Initiativen in Form von Vorträgen und Workshops.

Anmerkung

1   https://happydings.net/2017/05/22/10-inspirierende-webseiten-die-du-kennen-solltest [Stand: 18.02.2019]

Isabel Venne / Larissa Brands

Social Media – Musik-Apps in inklusiven Kontexten

„Durchblick im Netz": ein inklusives, medienpädagogisches Projekt zur risikoarmen Teilhabe

TikTok ist eine der zurzeit beliebtesten Social Media-Apps für Kinder und Jugendliche. Sie wird vor allem von einer sehr jungen Zielgruppe genutzt. Mit pro Monat geschätzten 4,1 Millionen Nutzern in Deutschland sind App und Netzwerk aktuell der Hit der Pausenhöfe und Kinderzimmer. TikTok ist ein Medienphänomen, dem man sich in der entsprechenden Altersgruppe kaum entziehen kann. Die mittlerweile weltweit berühmten deutschen Webvideo-Produzentinnen und Influencerinnen Lena und Lisa haben vor nicht mal vier Jahren in einem Alter von gerade einmal 13 Jahren ihre Karriere auf Musical.ly (heute TikTok) begonnen. Mit ihren Lipsync-Videos erreichten sie allein dort – bis zur Trennung von der Plattform Ende März 2019 – bis zu 33 Millionen Fans (Follower) und verdienen so ihr Geld unter anderem über Werbepartnerschaften. Sie sind die Stars einer neuen Generation. Mädchen und Jungen identifizieren sich stark mit dieser neuen Art von Stars, die man nicht mehr auf MTV oder im Kino findet, sondern in der eigenen Hosentasche mit sich trägt. Der Berufswunsch vieler Jugendlicher ist daher mittlerweile „Influencer*in", vor allem für Jugendliche mit wenig Hoffnung auf einen guten Schulabschluss wie auch beispielsweise Schüler*innen mit Förderbedarf.

TikTok birgt jedoch auch einige Gefahren. An die üblichen Warnungen bei Social Media-Plattformen in Bezug auf Datenschutz, Privatsphäre, Cybermobbing und manchmal auch standortbezogene Dienste haben wir uns in den letzten Jahren ja schon gewöhnt und auch die medienpädagogischen Antworten gefunden. Bei Musical.ly (heute TikTok) wurde in der Vergangenheit jedoch immer wieder auf ein ganz anderes Problem aufmerksam gemacht, nämlich „Cybergrooming", sprich die gezielte Anbahnung von Sexualkontakten mit Minderjährigen. Mittlerweile hat die Social Media-Plattform eine traurige Berühmtheit in Bezug darauf erlangt, dass dort vornehmlich sehr junge Mädchen häufig von pädokriminellen Erwachsenen per Privatnachricht kontaktiert oder mithilfe der Kommentarfunktion unter den Videoclips dazu aufgefordert werden, noch freizügigere und aufreizendere Clips zu produzieren und zu veröffentlichen. Vor allem sehr arglose Kinder und Jugendliche mit einem geringen Selbstwert, die auf diesem Weg Lob und Anerkennung erfahren, sind besonders gefährdet, Opfer von Pädokriminellen zu werden. Eltern und Lehrer*innen machen sich daher nicht zu Unrecht Sorgen und formulieren häufig folgende Fragen: Wenn diese Plattform so gefährlich ist, warum wird sie dann nicht einfach vom Gesetzgeber verboten? Oder könnte man den Kindern und Jugendlichen die Nutzung nicht einfach untersagen und sie mithilfe von Sicherheits- und Spionagesoftware kontrollieren? Warum sollte man sich überhaupt medienpädagogisch damit beschäftigen, propagiert man damit nicht noch zusätzlich die Nutzung solcher unsicheren und sogar gefährlichen Angebote?

Zum einen ist es nicht einfach, eine App für den deutschen bzw. europäischen Markt zu „verbieten", solange keine Rechtsverstöße in Bezug auf die App selbst nachzuweisen sind. Die Frage ist also vielmehr, inwieweit ein Unternehmen für die kriminellen Handlungen, in diesem Fall Cybergrooming, ihrer Nutzer*innen verantwortlich gemacht werden kann. Aus diesem Grund steht häufig der Punkt Eigenverantwortung von Unternehmen im Vordergrund. Um ein international agierendes Unternehmen zu mehr Verbraucherschutz (und auch Kinderschutz) zu bewegen, sind oft langwierige

Klagen von Verbraucherschutzorganisationen oder -behörden notwendig. Häufig kommt es dabei zur Zahlung von Abfindungen und zur Einführung einer Altersabfrage innerhalb der App, welche die Nutzung für die nicht vorgesehene Altersgruppe verhindern soll oder sehr unattraktiv macht. Diese Einschränkungen lassen sich jedoch sehr leicht umgehen, indem einfach ein falsches Alter angegeben wird.

Elterliche Kontrolle und Verbote wirken bei manchen Kindern für einige Zeit. Selbst mit Unterstützung von Kontroll- und Spionagesoftwäre hält das jedoch meist nicht lange vor. Ob sie nun andere Geräte verwenden, die technischen Einschränkungen lernen zu umgehen, oder einfach TikTok mit ihrer Freundin zusammen nutzen, wenn Kinder etwas wirklich wollen, finden sie auch meist einen Weg. Doch wenn dann etwas Negatives passiert, die Kinder beispielsweise Nacktfotos zugesendet bekommen oder von einem Erwachsenen unter Druck gesetzt werden, trauen sie sich oft nicht mehr, ihren Eltern davon zu erzählen. Die Angst vor Schuldzuweisungen, Strafen und die eigene Scham sind dann häufig zu groß. In solchen Fällen erhalten Kinder und Jugendliche dann nicht die Unterstützung und Hilfe, die sie bei derartigen Übergriffen brauchen.

Das Internet ist ein integraler Bestandteil unseres Lebens. Daher ist es unumgänglich, Kinder und Jugendliche mit den notwendigen Kompetenzen und dem Wissen auszustatten, welche sie benötigen, um sich dort risikoarm zu bewegen. Der erzieherische Kinder- und Jugendmedienschutz muss mehr bieten als nur Strafen und Verbote. Auch eine lediglich theoretische Auseinandersetzung mit Regeln im Netz greift zu kurz. Medienkompetenzen und Kenntnisse über die unterschiedlichen Risiken sollten spielerisch und alters- bzw. entwicklungsangemessen vermittelt werden. Dazu ist es notwendig, die Kinder und Jugendlichen dort abzuholen, wo sie sich online bewegen, also mit ihnen direkt zu den beliebtesten Apps zu arbeiten. Die so erworbenen Kompetenzen sind übertragbar und befähigen die Mädchen und Jungen zu einer risikoarmen Nutzung von unterschiedlichsten Online-Angeboten. Zu-

dem sind Informationen über ein Hilfesystem mit geschulten Erwachsenen unerlässlich, um bei Betroffenen rechtzeitig zu intervenieren und schlimmere Gewalt zu verhindern.

Medienpädagogische Präventionsarbeit im inklusiven Kontext

Mädchen und Jungen mit und ohne Förderbedarf haben gleichermaßen ein Interesse, aber auch ein Recht, an Jugendmedienkultur zu partizipieren. Kinder und Jugendliche mit einer Behinderung sind Teil unserer Gesellschaft und laut UN-Behindertenrechtskonvention in allen Bereichen des Lebens zu inkludieren. Digitale Medien sind dabei keine Ausnahme. Sie aus einem verfehlten Schutzgedanken heraus von Online-Medien fernzuhalten, ist also nicht der richtige Weg. Für viele der Kinder und Jugendlichen mit einer Behinderung gilt jedoch je nach Förderbedarf, dass sie aufgrund kognitiver oder kommunikativer Einschränkungen oft weniger in der Lage sind, die mit der Mediennutzung einhergehenden Risiken einzuschätzen und sich Hilfe zu holen. Sie sind oftmals argloser und es fällt ihnen schwerer, negative Absichten hinter vordergründig freundlichen Kontaktaufnahmen zu erkennen, was sie eher zu Betroffenen von Online-Gewalt und -Kriminalität macht. Aus diesem Grund brauchen Mädchen und Jungen mit Förderbedarf unsere besondere Unterstützung. Sie benötigen Konzepte, in denen sie mitgedacht werden und die auch auf sie und ihre Bedürfnisse zugeschnitten sind, ohne sie auszugrenzen. Kinder und Jugendliche mit und ohne Behinderung werden durch Wissen und Kompetenzen dahingehend gestärkt, sich selbst und andere vor Gewalt und Missbrauch zu schützen. Die gemeinsame medienpädagogische Auseinandersetzung mit populären und zumeist ohnehin schon barrierearmen Apps gibt uns dabei die Möglichkeit, mit unseren kreativen und vielseitigen Ansätzen Präventionsinhalte modern, alters- bzw. entwicklungsgemäß und mit hohem Aufforderungscharakter zu vermitteln. Die gemeinsame Auseinandersetzung mit den Präventionsinhalten führt dabei nicht nur zu einer Begegnung auf Augenhöhe zwischen den Mädchen und Jungen mit und ohne Behinderung, es erhöht auch die Nachhaltigkeit. Denn das eingebrachte Präventionswissen und die erworbenen Medienkompetenzen können im Peersystem langfristig nachwirken. Das Ziel ist es, bei jedem Teilnehmenden einen individuellen Wissenszuwachs zu erzielen und das trotz unterschiedlicher Vorkenntnisse und Kompetenzen. Durch die Diversität im Peersystem ist auch nach Abschluss des Projektes ein Wissenstransfer innerhalb der Gruppe möglich.

Das Projekt „Duchblick im Netz"[1]

Das Projekt *Durchblick im Netz* zeigt, wie Kinder und Jugendliche mit Unterstützungsbedarf und großem Interesse an der Teilhabe an Jugendmedienkultur in einer risikoarmen Nutzung von Social Media-Angeboten unterstützt und gleichzeitig für Themen wie Cybermobbing und sexualisierte Gewalt on- und offline sensibilisiert werden können. Der Verein EigenSinn – Prävention von sexualisierter Gewalt an Mädchen und Jungen e.V. startete bereits im Sommer 2014 mit einem für diese Zielgruppe der Jugendlichen mit geistigem Unterstützungsbedarf erarbeiteten Konzept und entwickelte dieses kontinuierlich weiter. So wurden spezielle Bausteine für Schüler*innen mit Einschränkungen im Bereich Hören und Kommunikation entwickelt und in der Praxis an einer Förderschule mit entsprechendem Schwerpunkt umgesetzt. Das im Folgenden beschriebene inklusive Projekt rund um verschiedene aktuelle Social Media-Apps und Augmented Reality-Angebote wurde im Schuljahr 2016/2017 durchgeführt und wird auch aktuell noch bei EigenSinn e.V. angeboten. Konzept und Methodik werden dabei kontinuierlich an aktuelle Plattformen und individuelle Bedarfe angepasst und weiterentwickelt. Im hier beschriebenen Projekt arbeiteten Schüler*innen einer Förderschule und eines Gymnasiums gemeinsam. Die gesamte Projektreihe *Durchblick im Netz* wurde von der Aktion Mensch und anderen Spendern finanziert. In seiner dreijährigen Laufzeit

kooperierten wir insgesamt mit zwei Förderschulen und einem Gymnasium, entwickelten und erprobten unterschiedliche Methoden zur barrierearmen Vermittlung von Themen wie Datenschutz, Privatsphäre und Gewaltprävention im Internet. Darüber hinaus entstanden im Projekt auch drei Filme, um das erarbeitete Wissen zu vertiefen und auch über das Projekt hinaus an andere Jugendliche weiterzugeben. Dabei konnten wir feststellen, dass der Ansatz der Themenvermittlung über den Zugang der medienpraktischen Arbeit nicht nur für inklusionsfördernde Projekte sehr bereichernd sein kann. Die weiter unten beschriebene Methode zur App TikTok zeigt beispielhaft, wie die App kreativ eingesetzt werden kann, um daran vielfältige kritikfördernde Informationen zielgruppengerecht und aktionsorientiert zu vermitteln. Im Folgenden werden Erfahrungen, organisatorische Rahmenbedingungen und hilfreiche Tipps zusammengefasst, die ermutigen sollen, Projekte zur Förderung der risikoarmen Teilhabe durchzuführen.

Bevor die inklusiven Workshops starten können, ist zunächst eine Reihe von Vorüberlegungen zu tätigen: Zum einen muss vorab der organisatorische Rahmen festgelegt, zum anderen die inhaltliche Struktur und Konzeption vorbereitet werden.

Kooperation bei nicht inklusiven Einrichtungen

Wenn das Projekt, wie in unserem Fall, nicht an inklusiven Schulen stattfindet, sondern eine Förderschule und eine Regelschule zum gemeinsamen Agieren anregt, steht das Gewinnen von Partnern an erster Stelle. In unserem Fall konnten wir eine Förderschule mit dem Schwerpunkt geistige sowie körperliche und motorische Entwicklung und ein benachbartes Gymnasium für gemeinsame Schülerworkshops gewinnen. Der Umstand, dass diese Institutionen in direkter Nähe zueinander lagen, erleichterte vieles: So fielen z.B. lange Anfahrtswege weg. Für die Teilnehmer*innen der Förderschule, dies war nach einem Vorgespräch mit der begleitenden Lehrkraft deutlich, war es von

Vorteil, in ihnen bekannten Räumlichkeiten bleiben zu können. Es gab den Jugendlichen Sicherheit und war auch für den reibungslosen Heimtransport mit Taxi oder Bus nach Projektschluss eine enorme Erleichterung.

Für die Zusammenarbeit der beteiligten Institutionen sind folgende Fragestellungen zu bedenken:

- Wie können die Zeitrhythmen der beteiligten Institutionen miteinander in Einklang gebracht werden?
- Für welche Zeiträume sind gegebenenfalls Freistellungen möglich?
- Welche Lehrkraft/pädagogische Fachkraft kann die Workshops begleiten?
- Gibt es Überschneidungen mit anderen Angeboten, zum Beispiel eine Sportveranstaltung, welche die Teilnehmer*innen gerne wahrnehmen wollen?

Gruppenzusammensetzung

Unserer Erfahrung nach hat sich bewährt, sich möglichst am Rhythmus der Förderschule zu orientieren und bereits in der methodischen Ausgestaltung entsprechend die hausinternen Pausen einzuplanen. Zusätzlich sollte die Gruppenzusammensetzung geklärt werden. In unseren Workshops waren die Teilnehmenden zwölf bis 14 oder 14 bis 16 Jahre alt, Mädchen und Jungen gemischt. Jeder der beiden Schulen sollte 50 Prozent der Schüler*innen stellen und für ein gleichmäßiges Geschlechterverhältnis sorgen. In unseren Workshops kamen auf zehn Teilnehmende drei pädagogische Fachkräfte, wobei darauf geachtet wurde, dass auch diese geschlechtergemischt sind, um möglichst allen Teilnehmenden eine entsprechende Ansprechperson stellen zu können. Die Gruppengröße sollte der Anzahl der Fachkräfte angepasst werden. Ziel ist es, dass jede Kleingruppe (drei bis vier Teilnehmende) von einer pädagogischen Fachkraft begleitet wird, zum Beispiel beim Ausprobieren neuer Apps. Unsere Projekte dauerten jeweils sechs Tage à drei Stunden; der Zeitrahmen ist aber individuell und an die Kompetenzen und Interessen der Gruppe anpassbar. Innerhalb der sechs Tage hatten wir die Möglichkeit, die Inhalte mit verschiedenen Methoden zu wiederholen und so zu festigen.

Bei der Auswahl der Teilnehmer*innen sind Freiwilligkeit und Interesse die wichtigsten und einzigen Voraussetzungen, die erfüllt werden sollten. Wer nicht das geringste Interesse an Social Media hat, wird wegen mangelnder Motivation kaum profitieren können. Sind interessierte, potenzielle Teilnehmende gefunden, ist zu klären, ob sie und ihre Sorgeberechtigten damit einverstanden sind, dass Fotos und Videos gemacht und ggf. veröffentlicht werden (juristische Einverständniserklärung zum Download auf unserem Blog). Es ist dabei keine Schwierigkeit, einzelne Teilnehmende in der Gruppe zu haben, die nicht gezeigt werden möchten – wenn dies allerdings die meisten Teilnehmenden der Gruppe betrifft, sind manche Arbeitsweisen (wie die später vorgestellte Methode) nur unter erschwerten Bedingungen oder dem Einsatz von Kreativität durchzuführen. Ist die Gruppe gefunden und das Einverständnis der Teilnehmenden geklärt, gilt es, die individuellen Bedarfe abzuklären. Dies ist vor allem wichtig, um die zu planenden Methoden darauf abzustimmen. Hierbei geht es keineswegs um ein „Durchleuchten" der Teilnehmenden, sondern um einen groben Überblick: Gibt es zum Beispiel eine Einschränkung der Gehfähigkeit, sollten laufintensive Methoden modifiziert oder motorische Hilfen einbezogen werden. Hierzu bietet es sich auch an, direkt die begleitende Lehrkraft/pädagogische Fachkraft festzulegen, die an allen Tagen des Projektes teilnimmt. Diese Begleitperson sollte die Teilnehmenden der Förderschule gut kennen, um einerseits eine Brücke zu schlagen und somit leichter in Kontakt zu kommen. Andererseits kann sie die Reaktionen der Schüler*innen einschätzen, bei Problemen Hilfestrategien anbieten und bei Bedarf auch Medikamente verabreichen.

Methodische Gestaltung

Im nächsten Schritt können Methoden entwickelt bzw. angepasst werden. Alle Mate-

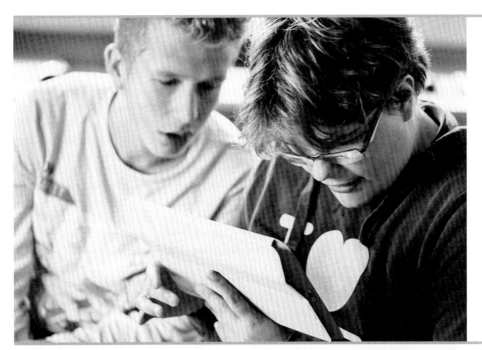

Abb. 1 und 2: Gemeinsam kreativ

rialien sollten möglichst barrierearm sein: Auf Schriftsprache sollte weitestgehend verzichtet und stattdessen auf Bildmaterialien gesetzt werden, die keine Lesekompetenz zum Verständnis voraussetzen. Wird eine App eingeführt und beispielsweise der Anmeldeprozess gemeinsam durchlaufen, ist der Gebrauch von Schriftsprache nicht vollends zu vermeiden; doch auch Teilnehmende ohne Lesekompetenz aber mit Erfahrung in Social Media verstehen mit etwas Unterstützung sehr gut, wie sie derartige Prozesse bewältigen können. Ein

erster Schritt, um eine neue App kennenzulernen, ist es, die Teilnehmenden selbstständig
im Internet recherchieren zu lassen. YouTube
ist zu diesem Zweck gut geeignet, weil die Videos ohne Schriftsprache auskommen. Zudem
verwenden YouTuber*innen Jugendsprache
und vermitteln in einfacher und anschauli-
cher Weise Kompetenzen. Bei Verwendung
von (Schrift-)Sprache ist nach Möglichkeit
auf Leichte bzw. Einfache Sprache zu achten.
Kleingruppenarbeit ermöglicht es, alle in an-
gemessenem Maße zu beteiligen und gleichzeitig Raum zu geben, die Kompetenzen der
einzelnen Schüler*innen einzubringen. Bei der
Bildung von Kleingruppen sollte stets darauf
geachtet werden, dass Schüler*innen beider
Institutionen vertreten sind, um ein besseres
Kennenlernen und die Stärkung des Gruppen-
gefühls zu ermöglichen.

Aufgrund unserer Erfahrungen aus den
integrationsfördernden Projekten an Förderschulen und um der Herausforderung einer
stark heterogenen Gruppe gerecht werden zu
können, haben wir uns beim inklusiven Pro-
jektteil von *Durchblick im Netz* für eine neue
Herangehensweise entschieden: „von der Methode zum Inhalt". Dabei haben wir nicht, wie
sonst üblich, das Projekt nach Themen strukturiert, zu denen wir passende Methoden ge-
sucht haben. Vielmehr lag die Herausforderung
bei dieser Projekteinheit darin, alle beteiligten
Kinder und Jugendlichen mit ihren individuellen Bedürfnissen und Kompetenzen gleichermaßen abzuholen und bei allen einen Wissenszuwachs zu bewirken. Um dieses Ziel zu
erreichen, wählten wir passende, sehr aktuelle
Apps, an denen man zentrale Themen wie Cybermobbing, Cybergrooming (die Anbahnung
sexualisierter Gewalt via Internet), Privatsphäre, Sicherheitseinstellungen etc. erarbeiten und
zum besseren Verständnis wiederholen kann.
So sind die Themen für die Teilnehmer*innen
sichtlich „aus dem Leben gegriffen" und wirken nicht übergestülpt ohne Bezug zur eigenen
Realität. Die Wahl einer sehr populären und
neuen App führt im Sinne des interessenorien-
tierten Lernens zu einer hohen Motivation und
damit zu einem besseren Lernerfolg. Darüber

hinaus macht diese Herangehensweise ein gemeinsames Entdecken und Erleben möglich
– dies erlaubt die Begegnung auf Augenhöhe.
Wenn die Schüler*innen beider Institutionen
möglichst wenig Vorwissen zum gewählten Inhalt haben, also eher Neulinge sind, können
sie gemeinsam herausfinden, welche Funktionen die App bietet und wie sie genutzt werden
kann in möglichst praktischer Medienarbeit.
Dies gewährleistet ebenfalls einen kompetenz-
orientierten Blick auf die Teilnehmenden und
vermeidet die Konstruktion eines Gefälles.

Um diese Herangehensweise zu verdeutlichen, zeigen wir unsere Arbeit beispielhaft an
einer umfangreichen Methode zur App TikTok.

TikTok – von der kreativen Nutzung zum Risikoarmen Umgang mit sozialen Netzwerken

Bei der Social Media-App TikTok filmen sich die
Jugendlichen mit der eigenen Handykamera zu
einem selbst ausgewählten Lied. Dabei können sie unter anderem ihre Lippen synchron
zum Lied bewegen, dazu gestisch und mimisch
agieren, tanzen oder turnen. Verschiedene
Aufnahmegeschwindigkeiten sowie Bearbei-
tungsmöglichkeiten sorgen für ein hochwerti-
ges Ergebnis. Es besteht auch die Möglichkeit,
ein Video zu berühmten Filmzitaten oder eigenen Geräuschen zu erstellen sowie an so genannten „Challenges" teilzunehmen. Diese Vi-
deo-Clips können dann direkt in der App, aber
auch über andere Plattformen geteilt werden.

Die App bietet alle Vor- und Nachteile
eines sozialen Netzwerks. Sie hat eine intuitive Bedienoberfläche, die nur geringe Schrift-
sprachkompetenzen oder aber eine gute
Einführung verlangt. Mit ihrem sehr anspre-
chenden Design und der aktuellen Musik hat
die App einen hohen Aufforderungscharakter.
Sie bietet die Möglichkeit, andere Jugendliche
mit den gleichen Interessen kennenzulernen,
sich auszutauschen und zu vernetzen. Vor allem für die Schüler*innen mit Förderbedarf ist
die Teilhabe an Jugendmedienkultur ein großer, oft unerfüllter Wunsch. Im Rahmen eines
solchen Projektes kann dies erprobt werden.

Abb. 3: Die App TikTok bietet Raum für eigene Performance-Interpretationen zu bekannten Songs.

Als soziales Netzwerk begegnet man auch bei TikTok den Risiken, für die die bekannteren Plattformen wie Facebook oder Instagram oft stark kritisiert werden. Zu nennen sind vor allem: Probleme mit dem Datenschutz und der Privatsphäre der Nutzer*innen sowie Cybermobbing und Cybergrooming. TikTok bietet also die Möglichkeit, über eine Vielzahl zentraler Themen wie sensible persönliche Daten und Sicherheitseinstellungen zu informieren, für Gefahren zu sensibilisieren und mithilfe einfacher Regeln und konkreter Handlungsmöglichkeiten eine risikoarme Teilhabe zu ermöglichen. Gleichzeitig ist die selbstständige Nutzung der Geräte und die Gestaltung eigener Videoclips ein zentraler Teil der Methode. Es stärkt das Gefühl der Selbstwirksamkeit beim Einzelnen, fördert das Zusammenwachsen der Gruppe und macht einfach Spaß. Ziel der „Methode TikTok" sowie des gesamten Projektes *Durchblick im Netz* ist die individuelle Stärkung der Medienkompetenz auf allen Ebenen.

Durchführung

Die „Methode TikTok" wird am zweiten und dritten Projekttag durchgeführt. Die Gruppe hat also bereits am ersten Tag die Möglichkeit, sich kennenzulernen und in das Thema einzusteigen. Der Einstieg beginnt, nachdem durch Rahmen schaffende Methoden sichergestellt ist, dass alle gut angekommen und einbezogen sind. Die App TikTok wird kurz eingeführt. Anschließend wird ein von den pädagogischen Fachkräften selbst erstellter TikTok-Clip gezeigt. So wird anschaulich herausgestellt, dass man auch als Neuling mit TikTok ein verhältnismäßig professionelles Ergebnis erzielen kann. Zugleich werden Hemmungen abgebaut, selbst einen Clip anzufertigen. Anschließend recherchieren die Jugendlichen in Kleingruppen zum Thema TikTok im Internet und schauen sich YouTube-Tutorials von Gleichaltrigen zur Funktion und zum selbstständigen Erstellen der Videoclips an. Die Schüler*innen sollen so ihre Recherchekompetenzen schulen und auch in Zukunft bei neuen Apps ihre Anwendungskompetenzen eigenständig durch den Einsatz von Tutorials verbessern können.

TikTok-Clips erstellen

Zum Produzieren der TikTok-Clips werden Gruppen von drei bis vier Schüler*innen aus beiden Schulformen gebildet. Hierzu werden vereinseigene Tablets genutzt und nicht die Smartphones der Jugendlichen. Das hat den Vorteil, dass die Schüler*innen sich erst einmal gemeinsam in einem geschützten Raum bzw. auf einem fremden Gerät ausprobieren können. Bei der gemeinsamen Anmeldung werden unterschiedliche Punkte zum Thema Datenschutz knapp und in Einfacher Sprache angesprochen. Gemeinsam wird überlegt, wie der sicherste Weg der Anmeldung aussehen kann und wie es vermeidbar ist, seine sensiblen persönlichen Daten zu streuen. Nach dem gleichen Prinzip geht man auch bei der Wahl des Konto-Namens oder des Profilfotos vor. So kann man an unterschiedlichen Stellen schon beim Anmelden wichtige Prinzipien des Datenschutzes einfach und praxisnah einüben und vertiefen. Ebenso notwendig ist die Kontrolle der Voreinstellungen der App zum Schutz der Privatsphäre. Hier stehen sich häufig der Wunsch nach möglichst einfacher Nutzung sowie einem maximalen Funktionsumfang auf der einen Seite und Bedenken in Bezug auf Datenschutz sowie Privatsphäre auf der anderen Seite gegenüber. Viele Jugendliche entscheiden sich wider besseren Wissens häufig für die einfachere, aber weniger sichere Lösung, da das Sammeln von Daten oft als obligatorischer Preis der Online-Nutzung gesehen wird. Unerwünschte Kontakte, wie z.B. beim Cybermobbing oder Cybergrooming, sind für die Mädchen und Jungen ein sehr viel greifbareres Problem, das man mithilfe von Datenschutz und Privatsphäreneinstellungen besser kontrollieren kann. So wird es für sie nachvollziehbar, zumindest für den Anfang, die Einstellungen so eng wie möglich vorzunehmen. Die gemeinsame Bearbeitung der Einstellungen bietet viel Raum für konkrete Fragen rund um die bereits angesprochenen Themen. Doch auch weiterführende Themen wie Rechte im Netz oder Handlungsstrategien bei Grenzüberschreitungen von Online-Kontakten können kurz angesprochen werden, um sie zu einem späteren Zeitpunkt zu vertiefen.

Anschließend können die Mädchen und Jungen ihr im bereits erwähnten YouTube-Tutorial erworbenes Wissen über die Navigation innerhalb der App, die Suche nach ihren Lieblingsliedern und das Erstellen und Bearbeiten von Videoclips gemeinsam selbstständig austesten. Dem Prozess der kreativen Medienarbeit sollte ausreichend Zeit eingeräumt werden. Die Teilnehmenden wünschen sich ein Produkt, das den Ansprüchen aller Kleingruppenmitglieder genügen muss und vor der großen Gruppe mit Freude gezeigt werden kann. Es braucht mehrere Anläufe, bis die erste Scheu abgelegt und der Umgang mit der Technik eingeübt ist. Nicht alle wollen vor die Kamera, hier ist der schmale Grat zwischen freundlicher Unterstützung und der Überschreitung individueller Grenzen zu beachten. Die erstellten TikTok-Clips werden *nicht* veröffentlicht, sondern auf dem Tablet gespeichert und per E-Mail verschickt, mit dem Hinweis, dass sie für weitere Veröffentlichungen nicht freigegeben sind. Auch an dieser Stelle bietet sich wieder die Möglichkeit, wie beim Anmelden und der Anpassung der Einstellungen, die zuvor eingeführten Themen zu wiederholen und zu vertiefen.

Cybergrooming

Am nächsten Projekttag werden die TikTok-Clips mit Einverständnis der Teilnehmenden und mit viel Stolz und Freude in der großen Gruppe vorgestellt. Nach einer Wiederholung der zentralen Themen des Vortags beginnt die Einheit Cybergrooming. Dabei wird bildgestützt die Geschichte eines realen TikTok-Stars Jacob und seines weiblichen Fans Aly erzählt. (Die detaillierte Beschreibung der Methode sowie die Präsentationen finden sie auf dem bereits erwähnten Blog). Die 13-Jährige veröffentlichte im März 2016 einen Chatverlauf per Twitter, in dem der vermeintliche, ebenfalls 13-jährige Jacob, sie nachdrücklich auffordert, ihm ein Nacktfoto zu schicken. Anhand dieses Chatverlaufs lassen sich sehr gut die klassischen Strategien des Cybergrooming erklären und auch zeigen, wie schwer es für Betroffene sein kann, diesen Druck auszuhalten und bei ihrem „Nein" zu bleiben. Die Perspektive und die Gefühle der betroffenen Aly werden zur Empathieförderung im Sinne der Opfer- sowie der Täterprävention besonders hervorgehoben. Auch hier ist es wieder wichtig, eine möglichst einfache Sprache zu wählen und die Vorkommnisse nach Möglichkeit prägnant darzustellen. Das Beispiel hat ein positives Ende und Aly schafft es bei ihrem „Nein" zu bleiben. Abschließend stellt sich die Frage, ob der „Täter" wirklich der echte TikTok-Star Jacob war oder ob durch Identitätsdiebstal ein Pädokrimineller einen Facebook-Account in seinem Namen erstellt und zum Cybergrooming genutzt hat.

Cybermobbing

Nach einer Pause wird die Geschichte mit Jacob und Aly fortgesetzt. Der reale Jacob hat auf die Anschuldigungen reagiert, indem er seine Fans dazu aufgerufen hat, Aly zu „roasten", sie also mit negativen und abwertenden Kommentaren zu bombardieren. Danach hat er bekannte YouTuber*innen, mit denen er befreundet ist, gebeten, ebenfalls dazu aufzurufen, Aly zu „roasten". Das Mädchen bekam in kürzester Zeit tausende Hass-Kommentare und reagierte darauf vorbildlich. Sie veröffentlichte ein Video, indem sie die Konversation mit dem vermeintlichen Jacob auf ihrem Handy zeigte, um zu beweisen, dass diese nicht in einem Bildbearbeitungsprogramm von ihr gefälscht wurde. Anschließend stellte sie ihren Twitter-Account auf privat und löschte alle Hass-Kommentare. Daraufhin wartete sie ein halbes Jahr, bis sich die Stimmung beruhigt hatte und öffnete ihren Account wieder. Die Posts zum Thema Jacob löschte Aly jedoch nicht, sie hat die Anschuldigungen folglich nicht zurückgenommen und sich lediglich für einige Zeit aus der Öffentlichkeit zurückgezogen. Die Jugendlichen in unseren Projekten empfanden Alys Verhalten als sehr mutig und stark. An diesem Beispiel konnte man gut erklären, was im Falle von Cybermobbing empfehlenswerte erste Schritte sind, um den Angriff zu beenden. Darüber hinaus wurde den Jugendlichen erklärt, wie wichtig es ist, mit solchen Problemen nicht allein zu bleiben und sich immer Erwachsenen anzu-

vertrauen. Abschließend wurden ihnen Hilfsangebote offline wie online aufgezeigt. Auch die Tatsache, dass sowohl Cybermobbing als auch Cybergrooming strafbar sind, war für die Jugendlichen von großem Interesse und wurde ausgiebig diskutiert.

Nach der Einheit TikTok folgt im Projekt *Durchblick im Netz* die Einheit *Pokémon Go*. Auch diese App wählten wir aus den gleichen Gründen wie TikTok aus. Des Weiteren besteht auch hier die Möglichkeit, die bereits oben beschriebenen, zentralen Themen mit praktischer Medienarbeit zu verbinden. Daraus ergeben sich zwei Vorteile: Zum einen werden die zentralen Punkte häufig wiederholt, was vor allem für die Schüler*innen mit Förderbedarf sehr hilfreich ist. Zum anderen ermöglicht die praktische Medienarbeit einen sehr niedrigschwelligen und spielerischen Zugang zu sehr komplexen oder auch, für sich betrachtet, eher trockenen Themen.

Resümee

Zum Zwecke einer internen Evaluation haben wir – ebenfalls medienpraktisch und mithilfe eines eigens erstellten bildlichen und sprachgestützten BIPARCOURS – den Wissenszuwachs der Jugendlichen erfasst. Erste Bedenken, man könnte mit dieser Konzeption die Regelschüler*innen nicht ausreichend fordern, haben sich nicht bestätigt. Die bildgestützte Kommunikation sowie die Verwendung von einfacher Sprache waren für alle Beteiligten gut geeignet. Der Aufbau der Apps bietet sowohl einen barrierearmen Zugang als auch Komplexität durch vielfältige Funktionen. Weiterführende Fragen wurden selbstverständlich von den pädagogischen Fachkräften beantwortet. Dementsprechend waren die Rückmeldungen aller Teilnehmenden sowie die der begleitenden Lehrkräfte durchweg positiv. Auch wir als medienpädagogische Fachkräfte nahmen teil am gemeinsamen Erleben und Erfahren und hatten in unseren Workshops, neben all der organisatorischen und konzeptionellen Arbeit, viel Spaß!

Anmerkung der Herausgeberinnen

Dieser Artikel basiert auf einem Beitrag von Isabel Venne und Larissa Brands aus dem Sammelband *Inklusive Medienbildung – Ein Projektbuch für medienpädagogische Fachkräfte,* einer kostenlos zu beziehenden Veröffentlichung der Bundeszentrale für gesundheitliche Aufklärung (BZgA, 2018). Da es bislang nur wenige Beispiele medienpädagogischer Arbeit zum Thema Social Media in inklusiven Kontexten oder dem Kontext Förderschulen gibt, freuen wir uns, dass wir den aktualisierten Beitrag mit einer neuen Einführung in diesen Themenband integrieren konnten. *Durchblick im Netz* erhielt zudem den Dieter Baacke Preis 2017. Im Dieter Baacke Handbuch 13 (von Gross/Röllecke 2018: 117ff.) gibt es zusätzlich ein ausführliches Interview.

Autorinnen

Isabel Venne: Diplom-Pädagogin, Referentin bei Eigensinn.e.V.; realisiert Informationsveranstaltungen und Fortbildungen für Lehr- und pädagogische Fachkräfte im Bereich sexualisierte Gewalt und neue Medien sowie erzieherischer Kinder- und Jugendmedienschutz; medienpädagogische Projekte und Kurse für Mädchen und Jungen; Prävention von sexualisierter Gewalt im Internet.

Larissa Brands: Diplom-Pädagogin, Referentin bei Eigensinn e.V.; realisiert u.a. Informationsveranstaltungen und Fortbildungen für Lehr- und pädagogische Fachkräfte im Bereich sexualisierte Gewalt an Mädchen und Jungen mit und ohne Behinderung sowie im Bereich neue Medien sowie erzieherischer Kinder- und Jugendmedienschutz; medienpädagogische und heilpädagogische Projekte und Kurse für Mädchen und Jungen; Prävention von sexualisierter Gewalt im Internet.

Anmerkung

1 Alle hier genannten und weitere Methoden für förderpädagogische und inklusive Projekte finden sie ausführlich beschrieben auf dem Projekt-Blog www.durchblick-im-netz.de.

Literatur

Bundeszentrale für gesundheitliche Aufklärung (BZgA) (2018): Inklusive Medienbildung. Ein Projektbuch für pädagogische Fachkräfte. Köln. Abrufbar unter: www.bzga.de/infomaterialien/unterrichtsmaterialien/nach-schulform-sortiert/inklusive-medienbildung-ein-projektbuch-fuer-paedagogische-fachkraefte/ [Stand: 19.03.2019].

von Gross, Friederike/Röllecke, Renate (Hrsg.) (2018): Make, Create & Play – Medienpädagogik zwischen Kreativität und Spiel. Dieter Baacke Preis Handbuch 13. München: kopaed.

Iren Schulz, Schau Hin-Coach, im Interview mit Renate Röllecke

Medienaktive Kinder – ratlose Eltern?

Welche Themen stehen im Mittelpunkt der Fragen, mit denen sich Eltern von Tweens und Teens (ca. 9- bis 14-Jährige) an SCHAU HIN! wenden?

Die Themen, die Eltern bewegen, sind vielfältig, konzentrieren sich aber vor allem auf die Herausforderungen der digitalen Medienangebote. Da geht es schon mal grundsätzlich um die Fragen der **Anschaffung von und der Kontrolle mittels Technik**. Mütter und Väter interessieren sich für Empfehlungen im Bereich Kindertablets, -smartphones und Konsolen. Sie fragen bei SCHAU HIN! außerdem nach Jugendschutzprogrammen und technischen Lösungen, um Zeiten und Inhalte der kindlichen Mediennutzung zuverlässig einzugrenzen. Bei **Medienzeiten und Mediensucht** möchten Eltern wissen, wie viel Mediennutzung am Tag in Ordnung ist. Sie fragen sich, was „ungesund" ist und wann von Mediensucht die Rede sein kann. Bei einer zu frühen Smartphone- und Tabletnutzung befürchten sie negative gesundheitliche Auswirkungen, aber auch problematische Umgangsweisen, die sich etablieren können. Und sie kämpfen mit der Einhaltung von zeitlichen Begrenzungen, die im Familienalltag zeitweise nur schwer gelingt. Beim Thema **Games** werfen derzeit Apps wie *Fortnite Battle Royal* Fragen nach dem Umgang mit Gewalt in Spielen und der Einhaltung von Altersbeschränkungen auf. Außerdem verunsichert die Chatfunktion in Spielen, weil Kinder dort auch von Erwachsenen kontaktiert werden, die keine guten Absichten hegen – Stichwort **Cybergrooming**. Und der **Gruppendruck der Peers** ist ein Thema, weil Eltern befürchten, dass es negative Konsequenzen für die soziale Integration ihrer Kinder haben kann,

wenn sie ihnen den Zugang zu *Fortnite* und Co. verwehren. Ein finanzieller Aspekt, der Sorgen macht, ist das Thema **In-App-Käufe.** Eltern erkennen selbst nicht immer, an welcher Stelle in einem Spiel es um „echtes" Geld geht, wie man diese Kostenfallen umgehen kann und wie sie ihre Kinder darüber aufklären und davor schützen können.

Welche Rolle spielen dabei Social Media-Angebote?

Soziale Medien zur Vernetzung und Selbstpräsentation stehen derzeit hoch im Kurs bei den Heranwachsenden. Dementsprechend groß sind die Sorgen und die Verunsicherungen in den Familien, weil die meisten Eltern eben noch nicht mit und in diesen Angeboten groß geworden sind. Demgegenüber steht das aufgeschlossene, neugierige Nutzungsverhalten der Kinder – und daraus erwachsen die elterlichen Sorgen. Mütter und Väter erfahren von ihren Kindern, aber auch aus der Medienberichterstattung, dass über WhatsApp gemobbt wird, dass freizügige Fotos bei Instagram oder Videoclips bei TikTok (ehemals Musical.ly) schlimme Konsequenzen haben können oder dass ein eigener YouTube-Account sehr viel Öffentlichkeit und Angriffsfläche bringen kann. Die Angebote der sozialen Netzwerke bieten eben ein enormes Potential zur Beantwortung von Fragen, die bei Kindern und Jugendlichen anstehen: Wer will ich sein und wie möchte ich mich zeigen? Zu wem gehöre ich und von wem grenze ich mich ab? Wer begeistert mich und wofür stehe ich? Diese Fragen werden schon immer auch mit Medien beantwortet – neu sind die Herausforderungen rund um die Datenspuren, die Kinder eben bei der Antwortsuche im Netz hinterlassen.

Datenschutz und Persönlichkeitsrechte: Welche Fragen haben Eltern dazu und welche Rolle spielt/e die DSGVO dabei?

Rund um das Thema Datenschutz und Persönlichkeitsrechte laufen die Fragen eher vermittelt bei uns auf: Also entlang von Themen wie Fotos auf Instagram oder Spielechats á la *Fortnite*. Direkte Fragen zu rechtlichen Rahmenbedingungen sind eher selten und beziehen sich dann darauf, wie in Familien mit der Heraufsetzung der Altersgrenzen für Social Media-Angebote umgegangen werden soll. Denn immerhin wird beispielsweise WhatsApp auch als Tool für die Organisation des Familienalltags genutzt, das niemand missen möchte. Außerdem wünschen sich Kinder oft schon einen eigenen YouTube-Kanal und wollen genauso „mitmischen" wie ihre Idole. Da fragen Eltern uns, ob das überhaupt okay wäre – und wenn ja, wie sich das sicher gestalten lässt. Andersherum versuchen wir von SCHAU HIN! aber auch, die Eltern selbst zu sensibilisieren, wenn sie Fotos und Videos im Netz posten und darauf auch ihre Kinder zu sehen sind. Denn nicht nur die privaten Daten, sondern auch die Vorbildrolle der Eltern sind da eine wichtige Sache!

Zu welchen Apps, Anwendungen oder Plattformen kommen besonders viele oder besonders dringliche Anfragen?

Besonders viele Fragen drehten sich in letzter Zeit um *Fortnite*: Bei dem Spiel wird man mit anderen Spielenden auf einer einsamen Insel abgeworfen. Ziel ist es, sich mithilfe von Waffen und Ressourcen so lange wie möglich gegen andere zu behaupten und als letzte Überlebende allein oder im Team zu gewinnen. Das gesamte Spiel ist in einem comichaften Stil animiert und erinnert an japanische Manga-Szenarien. Auch wenn Töten als einzige Handlungsoption infrage kommt, ist kein Blut zu sehen und es gibt keine Leichen oder detailreichen Gewaltszenen. Während das Originalspiel *Fortnite* von der USK ab 12 Jahren eingestuft wurde, gibt es für die mobile Version eine pädagogische Altersempfehlung ab 14 Jahren. Fragen, die bei uns eintreffen, werden von Eltern gestellt, deren Jungs schon früher als mit 12 bzw. 14 Jahren spielen wollen, weil es in der Peergroup so beliebt ist. Die Verunsicherung der Eltern entsteht, da es eben um virtuelles Töten als Spielziel geht. Dazu kommt, dass Kinder häufig in ihrer Spielbegeisterung kein Ende finden. Es entstehen viele Konflikte um die Einhaltung der zeitlichen Regeln. Ein weiterer Punkt sind Fälle, in denen die Kinder auf unseriöse Weise im Spielechat angesprochen wurden und die Eltern demzufolge wütend, entsetzt und erstmal ratlos sind.

Gibt es Themen oder Trends, die genderübergreifend relevant sind, und solche, die besonders Mädchen und besonders Jungen betreffen?

Bei dem eben beschrieben Spiel *Fortnite* melden sich eher die Eltern von Jungen. Generell ist das Thema Gaming eher eines für die männlichen Heranwachsenden. Eltern von Mädchen machen sich eher Sorgen um Fotos und Videos, die in sozialen Netzwerken wie Instagram und TikTok kursieren. Sie wollen ihre Kinder vor unseriösen Ansprachen, aber auch vor Mobbing und vor falschen Idealen schützen, denen sie nacheifern: Die Challenges, die sich ums Abnehmen drehen, sind dafür ein Beispiel. Genderübergreifend sind die Fragen nach zeitlichen Regelungen und wie man die darauf bezogenen Konflikte zu Hause in den Griff bekommen kann. Dabei scheinen sich Eltern schwerer auf ihre Rolle als Vorbild und Erziehende besinnen zu können als bei anderen Themen: Wenn es um Ernährung oder um Kleidungsstile geht, sehen sie klarer, was ihre Vorstellungen sind und wie sie argumentieren können. In puncto Medien scheint das „Bauchgefühl" zu fehlen und die Verunsicherung sehr groß: Soll ich hart durchgreifen und alles kontrollieren? Oder gewähren lassen und hoffen, dass alles gutgeht? Dazwischen die Balance zu finden, ist offensichtlich eine große Herausforderung und eine ziemliche Anstrengung für die ganze Familie.

Kommerz, Rollenbilder, Mobbing und problematische Inhalte / Kommunikation: Was bereitet den Eltern besonders Sorgen?

Eltern sind heute generell sehr besorgt und wollen alles richtig machen, wenn es um ihre Kinder geht. Gleichzeitig hält unsere Gesellschaft aber viele Freiheiten und Möglichkeiten und damit eben auch Herausforderungen bereit, die selbstverantwortliches und kritisches Handeln erfordern. Eltern wollen ihre Kinder dafür stärken und ihnen das richtige Rüstzeug mitgeben und das ist nicht leicht – Kindern das Bewegen und Agieren in sozialen Netzwerken erlauben, aber mit der entsprechenden Kompetenz und Vorsicht. Den Zugang zu Spielen wie *Fortnite* oder auch zu sozialen Medien zu ermöglich, aber nur mit den entsprechenden Regeln und Routinen. Mädchen und Jungen sollen ja auch mal Grenzen überschreiten, Besonderes testen und über den Tellerrand schauen – da verlieren Eltern manchmal den Mut und trauen ihren Kindern nicht viel – oder eben auch zu viel zu.

Melden sich auch Kinder selbst bei SCHAU HIN?

Ja, tatsächlich melden sich auch mal die Kinder selbst bei uns – und da geht es im Prinzip um ähnliche Themen wie bei ihren Eltern –, nur eben mit anderer Gewichtung und Zielrichtung: Wie kann ich meine Eltern dazu bewegen, dass sie mir bestimmte Spiele erlauben? Dürfen mir meine Eltern überhaupt Inhalte und Dienste verbieten? Eigentlich ist das sehr positiv zu bewerten, weil es zeigt, dass sich Familien insgesamt ihre Gedanken machen, dass es Austausch und Diskussionen gibt und dass Expertenwissen gefragt ist. Darüber freuen wir uns natürlich!

Werden in den Fragen der Familien auch positive Nutzungsformen, Chancen der sozialen Medien spürbar? Welche?

Generell zeigen die vielen Fragen ja, dass Medienerziehung und die Frage, wie machen wir es richtig in der Familie, viele beschäftigt. Das ist ein wichtiger Weg, um Regeln und Routinen zu finden, die in puncto Smartphones, Games und Co. gelten sollen. Und dann werden die Potentiale digitaler Medien auch zu Chancen, die Heranwachsende im Sozialisationsprozess gut nutzen können. Positiv ist auch, dass sich bestimmte Regeln in vielen Familien schon ganz gut etabliert haben – zum Beispiel die Abwesenheit digitaler Tools bei gemeinsamen Mahlzeiten. Ein konkretes Thema sind aber zum Beispiel auch Lern-Apps und Lernspiele. Eltern sind sehr interessiert daran, zu erfahren, welche empfehlenswerten Anwendungen es gibt und an welchen Kriterien man die erkennen kann.

Wie soll denn eine gelingende Medienerziehung idealerweise aussehen?

Eltern und Erziehende wünschen sich Orientierung und Sicherheit, wenn es um die Medienerziehung ihrer Kinder geht. Wir versuchen bei SCHAU HIN! nicht nur Informationen zu aktuellen Themen und Angeboten zu vermitteln, sondern Familien bei der Auseinandersetzung mit ihren brennenden Fragen zu begleiten. Und so sollte ja auch eine gelingende Medienerziehung funktionieren: Dass Eltern immer offen bleiben für die Themen und Wünsche ihrer Kinder, sich darauf einlassen können und gemeinsam eine gute Lösung finden. Das heißt aber nicht, dass Mütter und Väter nicht auch Grenzen ziehen sollen und dürfen. Ein „Nein" ist erlaubt, wenn man es gut begründen kann. Generell vermitteln wir den Eltern, dass es wichtig ist, nicht immer perfekt, aber ein gutes Vorbild zu sein. Sie können die Welt der Medien gemeinsam mit ihrem Kind entdecken, nach dem Motto: **„Verstehen ist besser**

als Verbieten". Dabei rät SCHAU HIN! Eltern und Erziehenden, auf ihre erzieherischen Kompetenzen und ihre elterliche Intuition zu vertrauen. Schließlich kennen sie ihre Kinder am besten und haben ein Gefühl dafür, was diese verarbeiten können.

Und was empfehlen Sie beispielsweise Eltern, bei deren Nachwuchs die Smartphone-Nutzung zeitlich aus dem Ruder läuft? Und was denjenigen, deren Kinder sich Inhalten oder sozialen Kontexten zuwenden, die riskant sind? Gibt es da grundlegende Empfehlungen oder muss das immer individuell betrachtet werden?

Hilfreich sind verbindliche Regeln, die als Routine schon frühzeitig im Familienalltag verankert sind. Dabei sollten Eltern konsequent bleiben, als Vorbild vorangehen und sich auch selbst an die Vereinbarungen halten, die sie von ihren Kindern abfordern. Das gilt für Nutzungszeiten und medienfreie Familienzeiten genauso, wie für das Gaming oder Posten von Fotos in sozialen Netzwerken. Dass ältere Kinder auch mal Grenzen überschreiten, Risiken eingehen und sich jenseits der Erwartungen ihrer Eltern bewegen, ist ganz normal und gehört zum Heranwachsen dazu. Wichtig ist, dass in Familien „Dos & Don'ts" etabliert werden, die Kindern den Weg weisen können – sei es das Posten von Fotos und Videos in sozialen Netzwerken oder das Kennenlernen neuer Kommunikationspartner*innen in Messenger-Apps. Sicher gibt es individuelle Unterschiede bei Kindern und Jugendlichen, je nachdem wie sensibel sie sind und wie sie ihre Medienerfahrungen verarbeiten – für alle gleichermaßen bedeutsam ist es aber, einen gesunden und kritischen Umgang mit den Möglichkeiten der digitalen Medien zu entwickeln. Dafür wollen wir von SCHAU HIN! die bestmögliche Unterstützung bieten.

Das Interview führte **Renate Röllecke**, Referentin für Medienpädagogik und Medienbildung in der Gesellschaft für Medienpädagogik und Kommunikationskultur (GMK).

Zur Person

Dr. Iren Schulz: Kommunikationswissenschaftlerin und Medienpädagogin sowie Mediencoach bei der Initiative „SCHAU HIN! Was dein Kind mit Medien macht."; hat an der Universität Leipzig Kommunikations- und Medienwissenschaft schwerpunktmäßig am Lehrstuhl für Medienpädagogik und Weiterbildung sowie Erziehungswissenschaft studiert und an der Universität Erfurt zum Wandel von Sozialisation und digitalen Medien promoviert; verfügt über umfangreiche Projekt- und Forschungserfahrungen im Bereich der Kinder- und Jugendmedienforschung und führt Workshops, Fortbildungen und medienpädagogische Praxisprojekte mit Kindern und Jugendlichen, aber auch Familien und Pädagog*innen durch; inhaltliche Schwerpunkte: Ressourcen und Risiken digitaler Medien sowie die damit verbundene Medienkompetenzförderung in Elternhaus, Schule und Freizeit; mehr Informationen unter www.irenschulz.de.

Über SCHAU HIN!

Die Initiative ist ein Medienratgeber für Familien und informiert Eltern und Erziehende über aktuelle Entwicklungen der Medienwelt und Wissenswertes zu den verschiedensten Medienthemen. SCHAU HIN! bietet Eltern und Erziehenden Orientierung in der digitalen Medienwelt und gibt konkrete, alltagstaugliche Tipps, wie sie den Medienkonsum ihrer Kinder kompetent begleiten können. Neben Informationen auf der Website und den Social Media-Angeboten sowie im Newsletter können sich Interessierte direkt an die Mediencoaches wenden und ihre ganz persönlichen Fragen stellen. Interaktive Instrumente wie das Medienquiz und regelmäßige digitale Elternabende ergänzen das Angebot. Zudem können Interessierte Broschüren und Flyer herunterladen oder online bestellen. „SCHAU HIN! Was Dein Kind mit Medien macht." ist eine gemeinsame Initiative des Bundesministerium für Familie, Senioren, Frauen und Jugend, der beiden öffentlich-rechtlichen Sender Das Erste und ZDF sowie der Programmzeitschrift TV SPIELFILM. Außerdem kooperiert SCHAU HIN! mit mehr als 60 Initiativen und Organisationen aus den Bereichen Pädagogik, Wohlfahrt und Prävention. Ausführliche Informationen unter www.schau-hin.info.

Methoden zum Thema „Social Media"
für Fortbildungen und die medienpädagogische Praxis

Die GMK widmete sich auf der Fachtagung *Influencer or influenced* dem Thema Einflussnahme und Beeinflussung durch und in Social Media-Plattformen. Hier kamen in Workshops auch pädagogische Methoden zum Einsatz, die für die medienpädagogische Praxis, sei es in Multiplikator*innen-Fortbildungen oder auch direkt mit Kindern und Jugendlichen, eingesetzt und adaptiert werden können.

Das Projekt *Die Kreativhelden*, vorgestellt von Sabine Sonnenschein und Henrike Boy (jfc, Köln) in dem Workshop „Wer bin ich eigentlich und was ist mir wichtig im Leben?", zeigt, wie sich aktive Medienarbeit zum Thema YouTube oder Instagram gestalten lässt. Die Jugendlichen setzen sich im Projekt mit ihren persönlichen Werten und Potentialen auseinander und gestalten Beiträge für den projekteigenen YouTube-Channel (siehe Beitrag von Boy/Sonnenschein in diesem Band auf S. 57ff.). Dabei experimentieren sie mit dem Format #personalblogging, indem sie kurze Clips in verschiedenen Formaten mit entsprechenden Stilmitteln (z.B. Opener, Header, Abspann) produzieren. Sie agieren meist zu zweit vor der Kamera und übernehmen gleichzeitig viele Aufgaben hinter der Kamera und im Rahmen der Postproduktion. Zu Beginn und zum Ende des Projektes stellen sie sich der Frage: „Was ist für dich ein Kreativheld?". Im Laufe des Projektes probieren die Teilnehmenden verschiedene Rollen aus, lernen vielfältige Seiten ihrer Persönlichkeit kennen, sammeln Erfahrungen als YouTuber*in und lernen diverse ästhetische und technische Strukturen des Videobloggens kennen. Sie erweitern so ihre Medienkompetenz und lernen kreativ und im Team zu arbeiten. Das Experimentieren mit Selbstdarstellungen und persönlichen Video-Botschaften ist zugleich mit dem weiteren wichtigen

Aspekt der Persönlichkeitsentwicklung verknüpft Die praktische Arbeit an den Filmclips stärkt zudem die Analyse- und Kritikfähigkeit der Jugendlichen im Hinblick auf ihre Social Media-Nutzung. Dieser Praxisansatz lässt sich auch für andere pädagogische Settings adaptieren.

In dem Workshop wurde diskutiert, wie man mit möglichen negativen Effekten im Projekt umgehen kann. Um Mobbing bereits im Vorfeld zu verhindern, bieten sich vor allem zwei Strategien an: 1. die Videos stets von den Jugendlichen selbst abnehmen zu lassen und 2. die Jugendlichen möglichst als Duo (oder Trio) vor der Kamera agieren zu lassen. Teilnehmer*innen regten auch an, Videos zu produzieren, ohne dass dabei Personen öffentlich sichtbar sind. Zudem könnte es eventuell sinnvoll sein, Videos im YouTube-Style zu produzieren, ohne diese im Anschluss zu veröffentlichen. Stattdessen stände bewusst das Experimentieren mit den Stilmitteln und der Selbstdarstellung im Vordergrund.

Als Methoden interaktiver Beteiligung und Wissens- und Meinungsaustausch rund um Social Media kamen im Workshop zum Einsatz:

a. Das Quiz *viral oder egal:* Das Spiel animiert die Teilnehmer*innen, die Reichweite ausgewählter YouTube-Clips zu erraten und darüber in den Austausch zu kommen. Häufig werden wichtige Dynamiken von YouTube dadurch verstanden, z.B. welche Kriterien bei viralen Videos häufig eine Rolle spielen (z.B. eine gute Ton- und Bildqualität). Schlussendlich wird allerdings auch erkennbar, dass häufig Videos viral gehen, deren Qualität nicht zu erkennen ist. Umgekehrt gibt es etliche Videos mit sehr hoher Qualität, die kaum Klicks aufweisen.

b. Eine soziometrische Übung, in der sich die Teilnehmenden zwischen den Polen „plus" (Zustimmung) und „minus" (Ablehnung) aufstellen und sich zu verschiedenen medienpädagogischen Fragen rund um Social Media positionieren. (Beispiele: Taugt Bibi als Rolemodel? Wie problematisch ist das Productplacement für die Kinder/Jugendlichen?) Hierbei werden die Positionierungen der Teilnehmer*innen als Grundlage für eine Diskussion genommen.

c. Ein mit der App *Kahoot* erstelltes Quiz, mit dem sich online über die mobilen Endgeräte der Anwesenden und in Echtzeit Befragungen der Teilnehmenden durchführen lassen. So kann z.B. das Wissen zum Thema „Influencer" anonym abgefragt werden. Richtige und falsche Antworten sind sofort erkennbar. Wie gut kennen sie sich in der medialen Jugendkultur aus? Wer weiß besonders gut Bescheid? Ebenso können Stimmungsbilder abgefragt werden ohne eine Richtig-Falsch-Zuordnung.

Links zum Workshop „Wer bin ich eigentlich und was ist mir wichtig im Leben?":

- http://diekreativhelden.jfc.info/ [Stand: 03.04.2019]
- www.youtube.com/channel/UCIE18Q2BDpd28HP6sxon-zQ/videos [Stand: 03.04.2019]
- www.instagram.com/diekreativhelden/ [Stand: 03.04.2019]
- https://kahoot.com/what-is-kahoot/ [Stand: 03.04.2019]

Arbeitsfolien: www.gmk-net.de/fileadmin/pdf/Praesentationen/nrw-fachtagung_influencer_wsa_folien_kreativhelden.pdf [Stand: 03.04.2019]

In dem Workshop „Wap bap – Doggy – Tanzverbot", geleitet von Markus Gerstmann (Servicebureau Jugendinformation Bremen), wurde auf die zunehmende Bedeutung von Algorithmen innerhalb der Social Media-Kanäle hingewiesen und die inszenierte Authentizi-

tät der Meinungsmacher*innen verdeutlicht. Auch die parasoziale, „vermeintliche" Interaktion in den Chats wurde veranschaulicht: Je berühmter die Instagrammer*innen oder YouTuber*innen, desto wahrscheinlicher sind Redaktionen, die für Kommunikation und Antworten sorgen.

Weil man als Pädagog*in nicht alles kennen kann und muss, was bei den (Pre-)Teens aktuell angesagt ist, empfiehlt Gerstmann, den Jugendlichen Fragen zu stellen, Interesse zu zeigen, offen zu sein gegenüber jugendkulturellen Formaten und Jugendliche als Expert*innen ihrer Lebenswelten ernst zu nehmen. Da Influencer*innen für Jugendliche eine Orientierungsfunktion haben, ist es wichtig, mit Heranwachsenden darüber zu sprechen. Dazu gehört, gemeinsam mit den Jugendlichen Inszenierungsstrategien zu erarbeiten, über (Bild-)Ästhetiken und Selbstdarstellung zu reden, Rollenbilder und Wertevermittlungen zu diskutieren und Monetarisierungsarten aufzuzeigen. Den Jugendlichen muss Raum geboten werden, sich auf spielerische und kreative Art diesem Themenfeld zu widmen. Ebenso relevant ist es, Gegenbeispiele aufzuzeigen und positiven Content bekannter zu machen (vgl. den Beitrag von Witting in diesem Band auf S. 37ff.).

Als Methode interaktiver Beteiligung und Wissens- und Meinungsaustausch rund um das Thema Influencing kam das Spiel *Influencer* zum Einsatz. Dieses bezieht sechs verschiedene Influencer*innentypen ein. Die Spieler*innen schlüpfen als Teams in verschiedene Rollen und bekommen die Aufgabe, innerhalb von kurzer Zeit ein bestimmtes Produkt zu vermarkten. Beraterfirmen, die für ihre Dienste Geld nehmen, stehen zur Seite.

Arbeitsfolien: www.gmk-net.de/fileadmin/pdf/Praesentationen/nrw-fachtagung_influencer_wsb_folien_gerstmann.pdf [Stand: 03.04.2019]

Influencer-Game

Markus Gerstmann/ServiceBureau Jugendinformation Bremen

Das *Influencer-Game* wurde entwickelt, um einen Einblick in die Entscheidungsprozesse von Influencer*innen zu bekommen. Eingebettet in einen Vortrag auf einem Fachtag zur Thematik, regte es die teilnehmenden Pädagog*innen an, ihre erworbenen Kenntnisse gleich umzusetzen. Das Spiel sensibilisiert für die Strukturen des Influencer-Marketings und kann auch für Jugendgruppen adaptiert werden. Basierend auf einer Kategorisierung aus der Studie „Influencer: Die Stars der digitalen Kommunikation – und die psychologischen Mechanismen ihres Erfolgs. Eine Analyse von *Oliver Schrott Kommunikation*" sollen sich die Fachkräfte in Influencer-Gruppen einteilen: *schwelgerische Stil-Inspirationen, Selbstdarsteller*innen und Unterhalter*innen, Erklärer*innen, Expert*innen, Coaches* und *Missionare*. Die Gruppen überlegen, welches Produkt sie in welcher Form „bewerben" wollen. Zur Auswahl stehen acht Produkte:

- Waschmittel
- Krankenkasse „Organspende"
- das neuste Smartphone
- Bundeszentrale für politische Bildung / 70 Jahre Grundgesetz
- aktuelle coole Mode
- eigene Idee
- Hotel „Belvedere" an der Cote Azur
- der neue Burgerladen in der eigenen Stadt

Für diese Arbeit bekommen die Gruppen einen Lohn von 1.000 Influencer Dollar.

Wie in Spielen üblich, wird dafür eine knappe Zeit eingeplant sowie eine Störung von der Influencer-Marketing Firma *Wir machen dich berühmt*. Die Kleingruppe *Marketing Firma* versucht, ihre Angebote zu vermitteln:

- eine Beratung (30% der Einnahmen)
- eine Konzeptentwicklung (40%)
- eine Social-Media-Kampagne (50%)
- das Komplettpaket (70%)

Somit werden die Infuencer*innen-Gruppen immer wieder in die Situation eines kleinen Dilemmas gebracht. In der knappen Zeit müssen die Teilnehmer*innen entscheiden: Wollen wir das Produkt selber entwickeln und den Lohn behalten oder weniger Arbeit für Lohneinbußen durch die Unterstützung der Marketing Firma haben?

Nach Ablauf der Zeit stellt jede Gruppe die Ergebnisse vor und gibt einen Einblick, wie die Entscheidungsprozesse verlaufen sind.

Luise Meergans / Sophie Pohle

Von der Medienpädagogik zur Kinderrechtebildung

Über das Verhältnis von Kinderrechten und Medienpädagogik in der digitalen Welt

Abb. 1: „Kinderrechte in der digitalen Welt" bildeten den thematischen Schwerpunkt der Kategorie F des Dieter Baacke Preises 2018.

Kinder haben Rechte

Festgeschrieben sind diese Rechte seit fast 30 Jahren in der UN-Kinderrechtskonvention, die 1989 durch die Generalversammlung der Vereinten Nationen (UN) verabschiedet wurde. Obwohl die UN-Kinderrechtskonvention in Deutschland bereits 1992 ratifiziert wurde, bestehen in Deutschland nach wie vor gravierende Bekanntheitsdefizite. Laut Kinderreport 2018[1] des Deutschen Kinderhilfswerkes antworten nur 12 Prozent der deutschsprachigen Erwachsenen sowie 16 Prozent der Kinder und Jugendlichen, dass sie sich mit den in der UN-Kinderrechtskonvention festgeschriebenen Kinderrechten ganz gut auskennen (vgl. Deutsches Kinderhilfswerk e.V. 2018). Das ist vor allem insofern besorgniserregend, wenn man bedenkt, dass man nur für Rechte einstehen kann, die man auch kennt und versteht. Dementsprechend muss es Ziel sein, eine umfassende und anhaltende Bildungsoffensive in Sachen Kinderrechte umzusetzen, die sowohl Kinder als auch Erwachsene erreicht und eine nachhaltige Kinderrechtebildung über alle Bildungseinrichtungen und -typen hinweg zu verankern.

Für den Bereich der Medienpädagogik ist das eine große Chance und Verantwortung zugleich. Kinder und Jugendliche wachsen heutzutage in einer mediatisierten Lebenswelt auf. Studien zur Medienausstattung und zur Mediennutzung von Kindern und Jugendlichen (vgl. mpfs 2016, 2017, 2018) verdeutlichen seit Jahren den bedeutenden Stellenwert von Medien im Alltag Heranwachsender. Und auch in dieser durch (digitale) Medien wesentlich geprägten Lebenswelt gelten die Kinderrechte. Medien bieten Kindern dabei vielfältige Möglichkeiten der Wahrnehmung ihrer Rechte; zugleich können sie eben diese aber auch gefährden. Dementsprechend eng ist auch die Medienbildung mit der Kinderrechtebildung verschränkt – nicht nur, weil beide Perspektiven idealerweise die Subjektstellung des Kindes in den Mittelpunkt rücken, sondern auch, weil sie sich in ihrer Zielstellung gegenseitig so ähnlich sind – ja fast einander bedingen.

Für ein gutes Aufwachsen in der digitalen Welt fällt neben den klassischen Sozialisationsinstanzen, wie Familie, Kita und Schule, auch der Medienpädagogik eine bedeutende Rolle zu – eine Verantwortung, die bei der rasanten Entwicklung von Technologien und Angeboten immer weiter wächst. Ausgehend von der These, dass Kinderrechtebildung und Medienbildung eng miteinander verschränkt sind – und auch sein müssen – ergibt sich daraus für die Medienpädagogik die Chance und Notwendigkeit zugleich, Kinderrechte einerseits zu vermitteln, andererseits aber auch selbst Kinderrechte umzusetzen und auf dieser Grundlage Kinder auf ihrem Weg zu kompetenten, kreativen und autonomen Mediennutzer*innen zu unterstützen. Wie das gelingen kann, wird der folgende Beitrag diskutieren.

Die UN-Kinderrechtskonvention

Die UN-Kinderrechtskonvention ist die bisher größte Errungenschaft in Bezug auf die Rechtsstellung von Kindern in unserer Gesellschaft. Als Kind gilt laut UN-Kinderrechtskonvention eine Person unter 18 Jahren (Art. 1). Dabei ist die Vorstellung des Kindes als ein Subjekt, welches eigene Rechte braucht und hat, noch gar nicht so alt. Berücksichtigt man, dass erst mit der Einführung der Schulpflicht zu Beginn des

20. Jahrhunderts die Diskussion um Pflichten von Kindern um die über ihre Rechte erweitert wurde, ist es im Gesamtblick doch eine kurze Zeit bis ins Jahr 1989, in dem die Vereinten Nationen das Übereinkommen über die Rechte der Kinder verabschiedeten. Seitdem wurde die Konvention weltweit von allen Staaten – bis auf die USA – ratifiziert. Seit 1992 ist die UN-Kinderrechtskonvention auch in Deutschland geltendes Recht, im Koalitionsvertrag zwischen CDU, CSU und der SPD ist nun erstmals auch die Aufnahme der Kinderrechte ins Grundgesetz als Vorhaben festgeschrieben.[2]

Die UN-Kinderrechtskonvention wurde am 20. November 1989 durch die Generalversammlung der Vereinten Nationen (UN) verabschiedet, kurze Zeit später, im Jahr 1992, ratifizierte die Bundesrepublik Deutschland die Konvention. Damit ist die UN-Kinderrechtskonvention per Zustimmungsgesetz nach Art. 59 Abs. 2 S. 1 GG in Deutschland geltendes Recht im Range eines einfachen Bundesgesetzes (vgl. Cremer 2012).

Vier Grundprinzipien sind für die UN-Kinderrechtskonvention leitgebend: der Schutz vor Diskriminierung, das Recht auf Leben und persönliche Entwicklung, der Vorrang des Kindeswohls und das Recht auf Beteiligung von Kindern. Die insgesamt 54 Artikel der Kinderrechtskonvention lassen sich in drei Gruppen einteilen.[3]

■ Zu den *Schutzrechten* zählen z.B. das Recht auf Schutz vor körperlicher und seelischer Gewalt, vor Misshandlung, vor sexuellem Missbrauch oder wirtschaftlicher Ausbeutung.

■ Die *Förderrechte* schließen das Recht auf bestmögliche Gesundheitsversorgung, auf Bildung, auf soziale Sicherheit und angemessene Lebensbedingungen ebenso ein wie das Recht auf Spiel und Freizeit.

■ Die *Beteiligungsrechte* wiederum garantieren den freien Zugang zu Informationen und Medien sowie das Recht auf freie Meinungsäußerung.

Kinderrechte in der digitalen Welt

Seit der Verabschiedung der UN-Kinderrechtskonvention 1989 hat sich unsere Gesellschaft vielseitig verändert. Computer, Internet, digitale Technologien – all das, was aus unserer Gesellschaft heutzutage nicht mehr wegzudenken ist – gehörten vor nahezu 30 Jahren noch nicht selbstverständlich zur alltäglichen Lebenswelt. Das konkrete Ausmaß der fortschreitenden Mediatisierung bzw. Digitalisierung unserer Lebenswelt, und somit auch der unserer Kinder, war zu diesem Zeitpunkt noch nicht absehbar.

Kinder wachsen heutzutage von Geburt an in einer zutiefst von – vor allem digitalen – Medien geprägten Umgebung auf. Das Angebot der ihnen zur Verfügung stehenden Mediengeräte und -inhalte ist immens und wird rege von ihnen genutzt: Sie surfen im Internet, schreiben sich mit Freund*innen, sehen fern, spielen Games, schauen Online-Videos, streamen Filme und Serien, hören Musik, suchen Informationen, laden Bilder hoch – und vieles mehr. Im Altersverlauf gewinnt die Mediennutzung für Kinder kontinuierlich an Bedeutung, wobei vor allem mobile Endgeräte eine immer größere Rolle spielen und sich ein Großteil ihrer Medienaktivitäten dementsprechend online vollzieht. Insbesondere das Internet ist für Kinder und Jugendliche zu einem bedeutenden Freizeit- und Sozialraum geworden und wird in erster Linie für Kommunikation, zur Informationssuche, zur Unterhaltung und zum Spielen genutzt (vgl. mpfs 2016, 2017, 2018). Die Potentiale, aber auch die Risiken der Nutzung digitaler Medien für Kinder sind dabei vielfältig.

Wenn wir heutzutage in einer durch Digitalisierung und Mediatisierung geprägten Gesellschaft leben und darin auch unsere Kinder aufwachsen, dann muss sich der Wirkungsbereich der Kinderrechte auch auf den digitalen Raum erstrecken. Die oben aufgezeigte Einteilung der Kinderrechte in Schutz-, Förder- und Beteiligungsrechte macht deren Relevanz, auch im digitalen Raum, sehr deutlich: Es geht darum, Kinder in der digitalen Welt zu schützen und sie gleichzeitig zu kompetenten, kreativen und reflektierten Mediennutzer*innen zu befähigen. Es gilt, sie somit aktiv und gleichberechtigt an der Gestaltung ihrer Lebenswelt und gleichzeitig auch an einer freien, vielfältigen, demokratischen Gesellschaft teilhaben zu lassen.

Im Folgenden wird ein Überblick über die verschiedenen Artikel der UN-Kinderrechtskonvention gegeben, die für die digital geprägte Mediennutzung bzw. den digitalen Raum, in dem sich Kinder bewegen, besonders relevant sind. Dabei soll bereits an dieser Stelle auf Artikel 2 der UN-Kinderrechtskonvention verwiesen werden, dieser hält den Geltungsbereich der Kinderrechte fest. So gelten die Kinderrechte eben für jedes Kind,[4] „ohne jede Diskriminierung unabhängig von der Rasse, der Hautfarbe, dem Geschlecht, der Sprache, der Religion, der politischen oder sonstigen Anschauung, der nationalen, ethnischen oder sozialen Herkunft, des Vermögens, einer Behinderung, der Geburt oder des sonstigen Status des Kindes, seiner Eltern oder seines Vormunds" (Übereinkommen über die Rechte des Kindes: Artikel 2).

Das Recht auf Medienzugang

Artikel 17 [Zugang zu den Medien; Kinder- und Jugendschutz]

Die Vertragsstaaten erkennen die wichtige Rolle der Massenmedien an und stellen sicher, dass das Kind Zugang hat zu Informationen und Material aus einer Vielfalt nationaler und internationaler Quellen, insbesondere derjenigen, welche die Förderung seines sozialen, seelischen und sittlichen Wohlergehens sowie seiner körperlichen und geistigen Gesundheit zum Ziel haben. Zu diesem Zweck werden die Vertragsstaaten

a. die Massenmedien ermutigen, Informationen und Material zu verbreiten, die für das Kind von sozialem und kulturellem Nutzen sind und dem Geist des Artikels 29 entsprechen;

b. die internationale Zusammenarbeit bei der Herstellung, beim Austausch und bei der

Verbreitung dieser Informationen und dieses Materials aus einer Vielfalt nationaler und internationaler kultureller Quellen fördern;

c. die Herstellung und Verbreitung von Kinderbüchern fördern;

d. die Massenmedien ermutigen, den sprachlichen Bedürfnissen eines Kindes, das einer Minderheit angehört oder Ureinwohner ist, besonders Rechnung zu tragen;

e. die Erarbeitung geeigneter Richtlinien zum Schutz des Kindes vor Informationen und Material, die sein Wohlergehen beeinträchtigen, fördern, wobei die Artikel 13 und 18 zu berücksichtigen sind.

Spricht man von Kinderrechten in der digitalen Welt, ist insbesondere Artikel 17 der UN-Kinderrechtskonvention zu betrachten. Dieser hält das Recht des Kindes auf Zugang zu Massenmedien fest und betont gleichzeitig die Notwendigkeit eines Kinder- und Jugendmedienschutzes. Zwar waren 1989 – zum Zeitpunkt der Verabschiedung der UN-Kinderrechtskonvention durch die Vereinten Nationen – „Massenmedien" insbesondere Rundfunk, also Fernsehen und Radio sowie Presse, Zeitungen, aber auch Bücher. Dennoch wurde die exakte Definition so offen gelassen, dass sich das Recht auf Medienzugang problemlos auf *das* Massenmedium unserer Zeit – das Internet – übertragen lässt. Darüber hinaus ist hervorzuheben, dass Artikel 17 nicht nur das Recht auf Medienzugang festhält, sondern auch dessen Notwendigkeit manifestiert: Die Rolle der Massenmedien nämlich wird festgehalten vor dem Hintergrund der „Förderung seines [des Kindes] sozialen, seelischen und sittlichen Wohlergehens sowie seiner körperlichen und geistigen Gesundheit" (Übereinkommen über die Rechte des Kindes: Artikel 17).

Artikel 17 stellt insbesondere im Zusammenspiel mit anderen Artikeln der UN-Kinderrechtskonvention – einige von ihnen werden folgend noch näher erläutert – eine „produktive Grundlage zur Gestaltung einer am Kindeswohl bzw. an den besten Interessen von Kindern aus-

gerichteten Mediengesellschaft" (Hanke/Meergans/Rausch-Jarolimek 2017: 336).

Das Recht auf Meinungs- und Informationsfreiheit

Jedes Kind hat das Recht, seine Meinung frei zu äußern. In Artikel 13 der UN-Kinderrechtskonvention heißt es:

> „[D]ieses Recht schließt die Freiheit ein, ungeachtet der Staatsgrenzen Informationen und Gedankengut jeder Art in Wort, Schrift oder Druck, durch Kunstwerke oder andere vom Kind gewählte Mittel sich zu beschaffen, zu empfangen und weiterzugeben." (Übereinkommen über die Rechte des Kindes: Artikel 13)

Gerade das Internet bietet Kindern vielfältige Möglichkeiten, sich nicht nur Informationen zu beschaffen, sondern auch ihre eigene Meinung auszudrücken und zu verbreiten und somit selbst zu Medienproduzent*innen zu werden. Diese Fülle der Möglichkeiten macht es aber gleichzeitig notwendig, sie zu befähigen, sich gezielt Informationen zu beschaffen und diese kritisch zu bewerten. Darüber hinaus bedarf das Recht auf freie Meinungsäußerung auch die Befähigung von Kindern, ihre Interessen und Themen über digitale Medien kreativ auszudrücken und dabei zugleich verantwortungsbewusst und respektvoll zu kommunizieren.

Das Recht auf Schutz vor Gewalt, Missbrauch, schlechte Behandlung und Ausbeutung

Allen Artikeln der UN-Kinderrechtskonvention liegt eine gemeinsame Zieldimension zugrunde: das Wohl des Kindes (vgl. Übereinkommen über die Rechte des Kindes: Artikel 3), für das sowohl Eltern als auch der Staat Verantwortung tragen (vgl. Übereinkommen über die Rechte des Kindes: Artikel 18). Kinder müssen in allen Lebensbereichen vor jeder Form von Gewalt, Missbrauch, schlechter Behandlung und Ausbeutung geschützt werden (vgl. Übereinkommen über die Rechte des Kindes:

Artikel 19, 32 und 34). Das schließt auch den Lebensbereich der digitalen Welt ein. Denn auch hier sind Kinder vielfältigen Gefährdungspotentialen ausgesetzt, vor denen sie geschützt werden müssen, wie z.B. Cybermobbing, Cybergrooming oder Hatespeech.

Der Schutz von Kindern in der digitalen Welt ist elementar und unstrittig wichtig. Gleichzeitig muss der Schutzgedanke immer auch in Abwägung und Beziehung zu den Förder- und Beteiligungsrechten von Kindern gesetzt werden. Begreifen wir Kinder und Jugendliche als eigenständige und eigenverantwortliche Mediennutzer*innen, dann sollten die Zugänglichmachung von Orientierungshilfen bei der Verarbeitung von Inhalten, die im Gegensatz zu den Grundwerten unserer Verfassung und zum gesellschaftlichen Wertekonsens stehen, sowie die Stärkung von Selbstschutzstrategien von Kindern im Fokus stehen und Vorrang vor gesetzlichen oder technischen Zugangsbeschränkungen zur digitalen Welt eingeräumt werden.

Das Recht auf Privatsphäre und Datenschutz

Artikel 16 der UN-Kinderrechtskonvention definiert das Recht eines jeden Kindes auf Privatsphäre und Ehre: „Kein Kind darf willkürlichen oder rechtswidrigen Eingriffen in sein Privatleben [...] oder rechtswidrigen Beeinträchtigungen seiner Ehre und seines Rufes ausgesetzt werden." (Übereinkommen über die Rechte des Kindes: Artikel 16) Demgegenüber stellt sich die Tatsache, dass Kinder, wenn sie sich in der digitalen Welt bewegen, genau wie Erwachsene, wissentlich oder unwissentlich ihre Daten hinterlassen. Ein sensibler, informierter und verantwortungsbewusster Umgang mit persönlichen Daten ist dabei nicht für alle Kinder selbstverständlich. Denn erst im Altersverlauf entwickeln Kinder schrittweise die Fähigkeit zur Reflexion der möglichen Konsequenzen, die aus der Preisgabe personenbezogener Daten resultieren, sowie ein Bewusstsein für Privatheit und die eigene Privatsphäre im Netz (vgl. BITKOM 2014;

DIVSI 2014; Gebel/Schubert/Wagner 2015). Dementsprechend muss der Schutz von Kindern hinsichtlich ihrer Privatsphäre sowie ihrer Daten zum einen im Sinne der Anbieterverantwortung durch eine entsprechende Gestaltung der von ihnen genutzten digitalen Angebote gewährleistet werden. Darüber hinaus gilt es, Kinder für die Risiken der Preisgabe personenbezogener Informationen zu sensibilisieren und sie im Sinne ihres Grundrechts auf informationelle Selbstbestimmung zu befähigen, eine informierte Entscheidung darüber zu treffen, welche Daten über sie erhoben oder auch veröffentlicht werden dürfen und welche nicht. Relevant ist darüber hinaus im Kontext dieses Rechtes auch die Elternverantwortung: Gerade in Zeiten von „Sharenting", dem teils unreflektierten Teilen von Kinderfotos durch die Eltern, ist dies als wachsende (medienpädagogische) Herausforderung zu benennen. Hier wird nicht nur das festgeschriebene Recht auf Privatsphäre und Datenschutz verletzt, in der Ableitung davon ist hier auch das Recht am eigenen Bild betroffen.

Im Kontext der Preisgabe von Daten bei der Nutzung digitaler Medien durch Kinder geht es allerdings noch um mehr als den Schutz von Privatsphäre. In einer Zeit, in der personenbezogene Daten von Nutzer*innen in großem Umfang vor allem für kommerzielle Zwecke gesammelt und verarbeitet werden, muss der Schutz von Kindern ebenso auch unter Berücksichtigung ihres Rechtes auf Schutz vor wirtschaftlicher Ausbeutung (vgl. Übereinkommen über die Rechte des Kindes: Artikel 32) gewährleistet sein.

Das Recht auf Bildung

Jedes Kind hat Anspruch auf gleichberechtigten Zugang zu Bildung, dies hält Artikel 28 der UN-Kinderrechtskonvention fest. Hier wirken digitale Medien sozusagen als Erfüllungsgehilfe par excellence. Digitale Medien eröffnen Zugänge in eine schier unendliche Welt von Wissen und Bildung – Bibliotheken oder gar ganze Museumsarchive sind in digitalisierter Form jederzeit und überall abrufbar. Film-, Musik-

und Kunstgeschichte kann per Mausklick audiovisuell erlebt werden, aber auch der Zugang zu aktuellen gesellschaftlichen und politischen Geschehnissen wirkt hürdenfrei. Insbesondere jedoch die Gleichberechtigung in Bezug auf den Zugang zu Bildung vermögen die digitalen Medien an vielen Stellen besser als manch anderes Medium leisten zu können. Dies gilt beispielsweise für Menschen mit speziellen Bedürfnissen – sei es für blinde oder gehörlose Menschen, für Kinder, die aus unterschiedlichsten Gründen keine Schule besuchen können und ihren Unterricht ins Kinderzimmer gesendet bekommen, oder auch für Menschen aus ländlichen Regionen, in denen klassische Bildungsinstitutionen nicht (mehr) um die Ecke zu finden sind.

Zur Bildung gehört in unserer mediatisierten Lebenswelt immer auch die Förderung von Medienkompetenz. Damit Kinder sicher und verantwortungsbewusst mit den Chancen und Risiken in der sich rasant entwickelnden Medienwelt umgehen lernen, müssen sie begleitet werden. Für die Förderung von Medienkompetenz tragen nicht nur Erziehende, sondern zugleich auch Bildungsinstitutionen sowie Bildungspolitik, aber auch außerschulische Einrichtungen und Akteur*innen, die mit Kindern arbeiten, Verantwortung. Ziel dabei muss es sein, Kinder auf dem Weg zu verantwortungsbewussten, kritischen, reflektierten Mediennutzer*innen und zugleich auch aktiven, kreativen, sich an gesellschaftlicher Öffentlichkeit beteiligenden Medienproduzent*innen zu begleiten. Gleichzeitig gehört auch die Bekanntmachung und Würdigung herausragender medienpädagogischer Projekte, die Kindern und Familien ein kritisches, kreatives Medienhandeln vermitteln – wie zum Beispiel im Rahmen des Dieter Baacke Preises – zu den wichtigen Bausteinen der Förderung von Medienkompetenz. Nicht zuletzt braucht es darüber hinaus auch kindgerechte mediale Bildungsangebote der Anbieter selbst.

Das Recht auf Spiel und Freizeit

„Die Vertragsstaaten erkennen das Recht des Kindes auf Ruhe und Freizeit an, auf Spiel und altersgemäße aktive Erholung sowie auf freie Teilnahme am kulturellen und künstlerischen Leben", heißt es in Artikel 31 der UN-Kinderrechtskonvention (Übereinkommen über die Rechte des Kindes: Artikel 31). Dass bei der Entstehung der Kinderrechtskonvention und der damit vollzogenen Festschreibung des Rechtes auf Spiel eines jeden Kindes nicht in erster Linie der Bezug zu Medien mitgedacht wurde, lässt sich nur vermuten. Vor dem heutigen Hintergrund jedoch ist auch dieser Artikel eben insbesondere im Kontext des Spielens für das Aufwachsen der Kinder im digitalen Zeitalter wichtig. Kinder haben ein Recht darauf, ihre Freizeit und Erholung zu gestalten, und hier eben auch Computerspiele zu spielen. Vor über zehn Jahren brachte der Deutsche Kulturrat im Kontext einer Pressemitteilung zu sogenannten „Killerspielen" einen weiteren Anknüpfungspunkt der Medienpädagogik mit Artikel 31 der UN-Kinderrechtskonvention ins Feld: Computerspiele sind ein Kulturgut.[5] Somit erfüllt Computerspielen nicht nur das Recht auf Spiel, sondern auch das auf die Teilnahme am kulturellen und künstlerischen Leben.

Über Medienpädagogik und Kinderrechte

Mit seiner Begriffsbestimmung von Medienkompetenz als „die Fähigkeit, in die Welt aktiv aneignender Weise auch alle Arten von Medien für das Kommunikations- und Handlungsrepertoire von Menschen einzusetzen" (Baacke 1996: 119) und der handlungsorientierten Medienpädagogik legte Dieter Baacke in den 1970er-Jahren, zu einer Zeit, als von einer UN-Kinderrechtskonvention noch lange keine Rede war, den Grundstein für eine Medienpädagogik, die bis heute in den Leitlinien keinerlei Bedeutung verloren hat und sich mit dem Anspruch einer modernen Kinderrechtebildung hervorragend verträgt.

Im Kapitel „Das Recht auf Medienzugang" (siehe Seite 87) wurde insbesondere der Artikel 17 der UN-Kinderrechtskonvention, welcher das Recht des Medienzuganges regelt, als eine Grundlage zur Gestaltung einer kinderfreundlichen Gesellschaft im digitalen Zeitalter bewertet. Gleichzeitig kann Artikel 17 aber auch als die kinderrechtliche Basis medienpädagogischer Arbeit angesehen werden: Hier vereinen sich das Recht auf Medienzugang, das Recht auf Medienvielfalt und das Recht auf Medienschutz. Diese verleihen medienpädagogischer Arbeit nicht nur einen Rahmen, sondern festigen diese gleichzeitig in ihrer unumgänglichen Notwendigkeit. So lässt sich bereits vor diesem Hintergrund feststellen, dass Medienpädagog*innen in gewisser Weise auch immer Kinderrechts-Erfüller*innen sind. Die Verantwortung der (Medien-)Pädagogik liegt aber nicht allein in der Erfüllung der Kinderrechte.

Die Kinderrechte fallen als Menschenrechtskonvention in das Völkerrecht und somit Staatenrecht. Entsprechend liegt die Verantwortung zur Umsetzung der Konvention bei den Unterzeichnerstaaten (vgl. Gandenberger/Krennerich 2005). Eindeutig liest sich das auch in der UN-Kinderrechtskonvention. An zahlreichen Stellen findet man Verweise auf die Verantwortung der Vertragsstaaten, wenn es um die Umsetzung der Kinderrechte geht. Auch die Bekanntmachung der Konvention wird eindeutig den Vertragsstaaten zugeschrieben. Die Kinderrechte müssen also im staatlichen Handeln, in politischen Prozessen, aber auch in staatlichen Institutionen (wozu auch eine deutliche Mehrzahl der Schulen gehört) Berücksichtigung finden. Unumstritten ist damit die Aufgabe der (Medien-)Pädagogik in Bezug auf die Kinderrechte in dem Moment, wo sie im Kontext von staatlichem Handeln agiert – sei es im Rahmen von schulischen Prozessen (wie Unterricht oder Projekttagen) oder aber auch im außerschulischen Bereich, wenn diese Arbeit beispielsweise durch öffentliche Mittel finanziert ist und damit zu einem Teil staatlichen Handelns wird.

Die Umsetzung und Bekanntmachung der Kinderrechte jedoch ausschließlich als Aufgabe staatlichen Handelns zu betrachten, ist insbesondere dann zu kurz gegriffen, wenn man bedenkt, dass eine kinderfreundliche Gesellschaft zwar Recht und Gesetz als Basis benötigt, aber darüber hinaus eben auch eine Frage von kinderfreundlicher Haltung ist (vgl. Probst 2006: 11). Beiderlei muss also gewährleistet sein: Die Unterzeichnerstaaten schaffen durch politische Maßnahmen (Gesetzgebung, Verwaltungsrichtlinien, Finanzierung) die Rahmenbedingungen zur Umsetzung von Kinderrechten im Land. Gleichzeitig müssen Zivilgesellschaft, Wirtschaft, Privatpersonen diese Rahmenbedingungen nutzen, unterstützen und durch eigene Haltung mit Leben füllen, um eine gesellschaftlich umfassende Umsetzung von Kinderrechten in den Unterzeichnerstaaten zu erwirken.

Das Institut für Menschenrechte fasst unter der Fragestellung „Was bringt der Menschenrechtsansatz in der Praxis?" weitere wichtige Aspekte in Bezug auf nicht-staatliches Handeln im Menschenrechte- (und somit auch Kinderrechte-) Kontext zusammen: So wäre die Arbeit auf Basis der Menschenrechte hilfreich für Organisationen, um Vorhaben „konsequent und auf allen Ebenen auf Verbesserungen für benachteiligte Gruppen hin auszurichten" (Deutsches Institut für Menschenrechte). Wirkungen seien nachhaltiger, und insbesondere erlaube ein menschenrechtlicher Ansatz, „alle Akteure – staatliche Institutionen, zivilgesellschaftliche Organisationen als Vertretungen von Rechtsinhaber*innen sowie den privaten Sektor – an einen Tisch zu bringen und Übereinstimmungen über die verbesserte Erfüllung der jeweiligen Rechte und Pflichten herbeizuführen" (ebd.).

In Bezug auf die Aufgabe von (Medien-)Pädagogik bedeutet das zusammengefasst:

1. Findet Pädagogik im Kontext staatlicher Institutionen oder Maßnahmen statt, ist die Verantwortung auch von Medienpädagogik in Bezug auf Kinderrechtearbeit unstrittig. Da, wo mit Kindern gearbeitet

wird, sind Kinderrechte umzusetzen. Auch Gesetzgebungs- und Verwaltungsprozesse, die Rahmenbedingungen für (medien-) pädagogisches Handeln setzen, wären entsprechend auf die Umsetzung der UN-Kinderrechtskonvention hin auszurichten.

2. Aber auch im nicht-staatlich organisierten Handeln muss Verantwortung für die Umsetzung der Kinderrechte wahrgenommen werden: Nicht nur auf der Ebene von moralischen Implikationen, die sich aus menschenrechtlichen Vereinbarungen für das Handeln aller ergeben, sondern auch durch die verbesserten Kooperationsmöglichkeiten, für das Formulieren gemeinsamer Ziele und Vorhaben zwischen staatlichen und zivilgesellschaftlichen Akteur*innen, ist eine kinderrechtliche Orientierung hier nicht nur als vorteilhaft anzusehen, sondern darf in den Stand einer normativen Handlungsleitlinie erhoben werden, die auch zivilgesellschaftlichen Akteur*innen als Orientierung oder stärker noch als Maßgabe ihres Handelns dienen sollte.

Die bisherigen Ausführungen lassen sich auf alle möglichen Formen pädagogischer Arbeit übertragen. Es gibt aber auch Aspekte der Kinderrechtebildung, die spezifisch im Kontext von Medienpädagogik heranzuziehen sind.

Mit der *Oslo-Challenge* widmete sich das UN-Kinderhilfswerk UNICEF gemeinsam mit der Norwegischen Regierung im Jahr 1999 in einem Workshop dem Verhältnis von Kindern und Medien. Sherry Wheatley Sacino stellte hierbei umfassende Handlungsaufforderungen an die verschiedenen Akteur*innen, die im Bereich Kinder und Medien forschend, entwickelnd, begleitend und mitwirkend tätig sind.[6] Diese Sichtweise lässt sich auch auf das Aufgabenspektrum von Medienpädagog*innen übertragen und hat trotz der rasanten Entwicklungen der letzten 20 Jahre, insbesondere was die digitalen Medien angeht, nichts an Aktualität eingebüßt: Demnach geht es im Bereich der Medien-Professionen erst einmal darum, ein Bewusstsein für die Existenz von Kinderrechten zu schaffen. Medienarbeit (mit Kindern)

kann danach zwar einerseits Kinderrechte befördern und schützen, in anderen Fällen aber genauso durch unangemessenen Umgang zur Verletzung eben dieser Rechte führen (vgl. Sacino 2011). Dies als Grundlage vorausgesetzt, muss es darum gehen, einen ethischen und professionellen Umgang mit Medien zu entwickeln und in diesem Kontext einen Umgang mit Medien zu entwickeln, der insbesondere Sensationsgier, Reproduktion von Stereotypen (auch in Bezug auf Gender) sowie die Marginalisierung von Kinderrechten[7] vermeidet (vgl. ebd.).

Schließlich ist festgehalten, dass es auch Ziel sein muss, die Beziehung zwischen Kindern und Medien zu stärken, zu befördern, und stets den Widerspruch zwischen positiver und negativer Energie – also den Förderungs-, Beteiligungs- oder Schaffensaspekten der Mediennutzung und der Notwendigkeit von Schutz in der Mediennutzung – vor Augen zu haben (vgl. ebd.).

Zusammengefasst ist die Medienpädagogik in Bezug auf Sacino mehr als Erfüllungsgehilfin der Kinderrechte. Gleichzeitig wohnt ihr auch die wichtige Aufgabe der Bekanntmachung und stetigen Bewusstseinsschaffung von Kinderrechten inne.

Unabhängig von all den bisher benannten Verpflichtungen und moralischen Verantwortungen, die also in Bezug auf die UN-Kinderrechtskonvention auch für den Bereich der Medienpädagogik gelten müssen, soll zuletzt ein Aspekt beleuchtet werden, der es vielleicht vermag, dem Thema eine gewisse Schwere zu nehmen: Die Kinderrechte sind eine Bereicherung für jede medienpädagogische Arbeit. Sie bieten nicht nur auf der inhaltlichen Ebene eine höchst relevante Thematik für die Zielgruppe der Kinder und Jugendlichen, mit der es sich lohnt auseinanderzusetzen, sondern sie bilden darüber hinaus auch eine Grundlage für die unabdingbare Notwendigkeit medienpädagogischer Arbeit. Das Recht von Kindern auf Medienzugang und Medienschutz, das Recht auf Privatsphäre und Schutz, welches auch auf Datenschutz im digitalen Kontext zu übertragen ist, und das Recht auf Beteiligung, welches durch digitale Medien völlig neue und bereichernde Möglichkeiten erfährt – eine Umsetzung dieser und vieler anderer Kinderrechte ist heute, knapp 30 Jahre nach Inkrafttreten der UN-Kinderrechtskonvention ohne Medienkompetenz (und zwar von Kindern, Jugendlichen und auch Erwachsenen) nicht mehr denkbar. Für die Umsetzung der Kinderrechte in unserer digitalen Medienwelt ist eine professionelle Medienpädagogik, die sich insbesondere der Thematik eines sicheren Aufwachsens in der digitalen Welt verschreibt, unverzichtbar.

Kinder haben Rechte. Erzählt ihnen davon.

Kinder haben Rechte. Zu wenige aber wissen davon. Die eingangs aufgeführten Zahlen zur Bekanntheit der Kinderrechte in Deutschland – gerade einmal 16 Prozent der Kinder und Jugendlichen kennen sich mit ihren Kinderrechten gut aus – lassen erahnen, dass die Bundesrepublik ihrer Pflicht in den vergangenen 26 Jahren seit der Ratifizierung der UN-Konvention durch die BRD mitnichten nachgekommen ist.

Fest steht: Deutschland muss hier sein Engagement deutlich erhöhen. Die Festschreibung des Vorhabens im derzeitigen Koalitionsvertrag (vgl. CDU/CSU/SPD 2018), Kinderrechte im Grundgesetz zu verankern, ist dabei zwar ein Schritt in die richtige Richtung, kann aber nicht als einzige Maßnahme zur Verbesserung der Bekanntheit der Kinderrechte gelten. Selbst bei erfolgreicher Umsetzung erfordert es weiterer Anstrengungen und eines tiefergehenden Engagements, um die Kinderrechte in Deutschland flächendeckend – und zwar bei Kindern und Erwachsenen – bekannt zu machen.

Um die Situation der Kinderrechte in Deutschland zu verbessern – was einerseits die Bekanntheit angeht, andererseits aber ebenso die Umsetzung und Einhaltung der Rechte – braucht es mehr als einen politischen Willen, Kinder als Träger*innen eigener Rechte anzuerkennen. Es braucht eine gesellschaftliche Haltung und den Willen, Kinderfreundlichkeit auf allen Ebenen politischen und gesellschaftlichen Handelns und Wirkens umzusetzen. Das kann nicht allein Aufgabe des Staates sein, auch die Zivilgesellschaft muss der (wie dargestellt mindestens moralischen) Mitverantwortung gerecht werden. Das schließt auch die Professionen der Medienarbeit und insbesondere die Medienpädagogik als Disziplin der Medienkompetenzförderung mit ein. Die Würdigung, Bekanntmachung und Förderung von medienpädagogischen Projekten auf Basis der Beteiligung von Kindern an Politik und Gesellschaft sowie an der Gestaltung ihrer Lebenswelt – so wie es auch der Dieter Baacke Preis im Jahr 2018 mit der Sonderkategorie „Kinderrechte in der digitalen Welt" zum Ziel hatte – stellt hierbei ein wichtiges Element zur Umsetzung der Kinderrechte in einer Welt, die stärker als je zuvor und zunehmend durch digitale Medien geprägt ist, dar.

Besonders vor dem Hintergrund der fortschreitenden Mediatisierung sowie des Mediennutzungsverhaltens von Kindern und Jugendlichen zeigt sich in der medienpädagogischen Beschäftigung mit dem Themenfeld der Kinderrechte eine besondere Chance: In einer Zeit der annähernden Ausstattung der Familienhaushalte mit Fernseher, Handy bzw. Smartphone, Internetzugang und Computer sowie einer umfassenden Ausstattung der Kinder und Jugendlichen selbst mit digitalen Endgeräten (vgl. mpfs 2016; mpfs 2017; mpfs 2018) wäre das Ignorieren einer so relevanten Thematik mehr als eine vergebene Gelegenheit.

Kinder und Jugendliche leben mit und in den digitalen Medien. Auch dort besitzen sie Rechte, auch dort müssen sie ihre Rechte kennen. Erzählt ihnen davon.

Autorinnen

Luise Meergans: Bereichsleiterin für Kinderrechte und Bildung beim Deutschen Kinderhilfswerk e.V.; beschäftigt sich mit der Vermittlung und Umsetzung von Kinderrechten in formalen und non-formalen Bildungsprozessen; Studium der Kulturarbeit mit den Schwerpunkten kulturelle und ästhetische Bildung sowie Kulturvermittlung.

Sophie Pohle: Mitarbeiterin der Koordinierungsstelle Kinderrechte des Deutschen Kinderhilfswerkes, zuständig für die Themen und Projekte im Bereich Medienkompetenzförderung; Studium der Kommunikations- und Medienwissenschaften an der Universität Leipzig.

Anmerkungen

1   Dem Kinderreport 2018 des Deutschen Kinderhilfswerkes liegt eine repräsentative Umfrage des Politikforschungsinstituts Kantar Public zugrunde. Befragt wurden 620 Kinder und Jugendliche im Alter zwischen 10 und 17 Jahren sowie 1.001 Erwachsene (deutschsprachige Bevölkerung ab 18 Jahren).

2   Vgl. Koalitionsvertrag zwischen CDU, CSU und SPD, 19. Legislaturperiode, S. 20

3   Abgeleitet vom Englischen und bezeichnet als die drei Ps: provision, protection and participation.

4   Ein Kind ist nach Artikel 1 UN-Kinderrechtskonvention „jeder Mensch, der das achtzehnte Lebensjahr noch nicht vollendet hat, soweit die Volljährigkeit nach dem auf das Kind anzuwendenden Recht nicht früher eintritt" (Übereinkommen über die Rechte des Kindes: Artikel 1).

5   „In einer Pressemitteilung am 14. Februar 2007 schrieb ich: ‚Bei der Debatte um Gewalt in Computerspielen darf aber nicht über das Ziel hinausgeschossen werden. Erwachsene müssen das Recht haben, sich im Rahmen der gesetzlichen Bestimmungen auch Geschmacklosigkeiten oder Schund anzusehen bzw. entsprechende Spiele zu spielen. Die Meinungsfreiheit und die Kunstfreiheit gehören zu den im Grundgesetz verankerten Grundrechten. Die Kunstfreiheit ist nicht an die Qualität des Werkes gebunden. Kunstfreiheit gilt auch für Computerspiele'. Ein Sturm der Entrüstung brach über den Deutschen Kulturrat hinein. Denn wenn die grundgesetzlich verbriefte Kunstfreiheit auch für Computerspiele gelten sollte, dann wären Computerspiele Kunstwerke, wie z.B. Filme und Popmusik. Und damit gehöre

die gesamte Branche logischerweise zum Kulturbereich." (Zimmermann 2017)

6   „The Oslo Challenge is a call to action. It goes out to everyone engaged in exploring, developing, monitoring and participating in the complex relationship between children and the media. This includes governments, organisations and individuals working for children, media professionals at all levels and in all media, the private sector including media owners, children and young people, parents, teachers and researchers." (Sacino 2011: 88)

7   Original-Text im Englischen: "[...] to avoid sensationalism, stereotyping (including by gender) or undervaluing of children and their rights; [...]" (Sacino 2011: 88) – Übersetzung durch die Autorinnen.

Literatur

Baacke, Dieter (1996): Medienkompetenz: Begrifflichkeit und sozialer Wandel. In: von Rein, Antje (Hrsg.): Medienkompetenz als Schlüsselbegriff. Bad Heilbrunn: Klinkhardt, 112-124.

BITKOM – Bundesverband Informationswirtschaft, Telekommunikation und neue Medien e.V. (Hrsg.) (2014): Jung und vernetzt. Kinder und Jugendliche in der digitalen Gesellschaft. Berlin. Abrufbar unter: www.bitkom.org/noindex/Publikationen/2014/Studien/Jung-und-vernetzt-Kinder-und-Jugendliche-in-der-digitalen-Gesellschaft/BITKOM-Studie-Jung-und-vernetzt-2014.pdf [Stand: 15.11.2018].

CDU/CSU/SPD (2018): Koalitionsvertrag zwischen CDU, CSU und SPD, 19. Legislaturperiode. Abrufbar unter: www.bundesregierung.de/resource/blob/975226/847984/5b8bc23590d4cb2892b31c987ad672b7/2018-03-14-koalitionsvertrag-data.pdf?download=1 [Stand: 19.11.2018].

Cremer, Hendrik (2012): Die UN-Kinderrechtskonvention. Geltung und Anwendbarkeit in Deutschland nach der Rücknahme der Vorbehalte. Abrufbar unter: www.institut-fuer-menschenrechte.de/uploads/tx_commerce/die_un_kinderrechtskonvention_2_auflage.pdf [Stand: 14.11.2018].

Deutsches Institut für Menschenrechte: Was ist der Menschenrechtsansatz? Abrufbar unter: www.institut-fuer-menschenrechte.de/themen/entwicklungspolitik/basiswissen/menschenrechtsansatz/ [Stand: 20.11.2018].

Deutsches Institut für Vertrauen und Sicherheit im Internet (DIVSI) (Hrsg.) (2014): DIVSI U25-Studie. Kinder, Jugendliche und junge Erwachsene in der digitalen Welt. Hamburg. Abrufbar unter: www.divsi.de/wp-content/uploads/2014/02/DIVSI-U25-Studie.pdf [Stand: 15.11.2018].

Deutsches Kinderhilfswerk e.V. (Hrsg.) (2018): Kinderreport Deutschland 2018. Rechte von Kindern in Deutschland. Abrufbar unter: https://images.dkhw.de/fileadmin/Redaktion/1_Unsere_Arbeit/1_Schwerpunkte/2_Kinderrechte/2.2_Kinderreport_aktuell_und_aeltere/Kinderreport_2018/Kinderreport_2018.pdf [Stand: 19.11.2018].

Gandenberger, Gertrud/Krennerich, Michael (2005): Menschenrechte. Rechte für dich – Rechte für alle! In: Landeszentrale für politische Bildung Baden-Württemberg (Hrsg.): Politik und Unterricht. Zeitschrift für die Praxis der politischen Bildung, 2-2005. Abrufbar unter: www.politikundunterricht.de/2_05/menschenrecht.pdf [Stand: 21.11.2018].

Gebel, Christa/Schubert, Gisela/Wagner, Ulrike (2015): „WhatsApp ist auf jeden Fall Pflicht". Online-Angebote und Persönlichkeitsschutz aus Sicht Heranwachsender. ACT ON! Short Report Nr. 1. Ausgewählte Ergebnisse der Monitoringstudie. München: JFF – Institut für Medienpädagogik in Forschung und Praxis. Abrufbar unter: https://act-on.jff.de/wp-content/uploads/2016/11/act-on_SR1.pdf [Stand: 15.11.2018].

Hanke, Kai/Meergans, Luise/Rausch-Jarolimek, Isabell (2017): Kinderrechte im Medienzeitalter. Ausführungen zum Recht des Kindes auf Medienzugang gemäß Art. 17 UN-Kinderrechtskonvention. In: RdJB – Recht der Jugend und des Bildungswesens, 3/2017, 330-350.

mpfs – Medienpädagogischer Forschungsverbund Südwest (Hrsg.) (2016): KIM-Studie 2016. Kindheit, Internet, Medien. Basisstudie zum Medienumgang 6- bis 13-Jähriger in Deutschland. Stuttgart. Abrufbar unter: www.mpfs.de/fileadmin/files/Studien/KIM/2016/KIM_2016_Web-PDF.pdf [Stand: 21.11.2018].

mpfs – Medienpädagogischer Forschungsverbund Südwest (Hrsg.) (2017): JIM-Studie 2017. Jugend, Information, (Multi-)Media. Basisstudie zum Medienumgang 12- bis 19-Jähriger in Deutschland. Stuttgart. Abrufbar unter: www.mpfs.de/fileadmin/files/Studien/JIM/2017/JIM_2017.pdf [Stand: 21.11.2018].

mpfs – Medienpädagogischer Forschungsverbund Südwest (Hrsg.) (2018): JIM-Studie 2018. Jugend, Information, (Multi-)Media. Basisstudie zum Medienumgang 12- bis 19-Jähriger in Deutschland. Stuttgart. Abrufbar unter: www.mpfs.de/fileadmin/files/Studien/JIM/2018/Studie/JIM_2018_Gesamt.pdf [Stand: 14.12.2018].

Probst, Manuel (2006): Die Menschenrechte als universeller Rechtsmaßstab. Eine ideengeschichtliche Analyse. Arbeitspapier Nr. 2/2006, Universität Hamburg. Abrufbar unter: www.wiso.uni-hamburg.de/fachbereich-sowi/professuren/jakobeit/forschung/akuf/archiv/arbeitspapiere/menschenrechte-probst-2006.pdf [Stand: 20.11.2018].

Sacino, Sherry Wheatley (2011): A Commentary on the United Nations Convention on the Rights of the Child, Article 17: Access to a Diversity of Mass Media Sources. Abrufbar unter: https://brill.com/abstract/book/9789004216921/B9789004216921_011.xml [Stand: 19.11.2018].

Übereinkommen über die Rechte des Kindes. VN-Kinderrechtskonvention im Wortlaut mit Materialien. Herausgeben vom Bundesministerium für Familie, Senioren, Frauen und Jugend – Referat Öffentlichkeitsarbeit (2018). 6. Auflage. Abrufbar unter: www.bmfsfj.de/blob/93140/78b9572c1bffdda3345d8d393acbbfe8/uebereinkommen-ueber-die-rechte-des-kindes-data.pdf [Stand: 26.02.2019].

Zimmermann, Olaf (2017): Kulturgut Computerspiele. Traut Euch endlich, Künstlersein tut nicht weh! Abrufbar unter: www.kulturrat.de/themen/kulturgut-computerspiele/kulturgut-computerspiele/ [Stand: 17.11.2018].

Teil 2

**Prämierte Projekte des
Dieter Baacke Preises**

Beschreibungen & Interviews

Flucht nach Utopia

(Kategorie A – Projekte von und mit Kindern)

„Herzlich Willkommen. Ich darf euch heute beglückwünschen. Ihr wurdet aus vielen Bewerber*innen ausgewählt und dürft die Erde verlassen. Wie ihr wisst, hat sich der Zustand der Erde durch die zunehmende Umweltverschmutzung weiter verschlechtert …"

Solche oder ähnliche Erzählungen sind Teil zahlreicher Science-Fiction-Stories, die in Zeiten von drohendem Klima-Kollaps und technischem Fortschritt der Raumfahrt aus den Gefilden der Fiktion in die Realität der Menschheitsgeschichte herüberzuwandern scheinen. Und so beginnt auch das Alternate Reality-Game, das in das Projekt *Flucht nach Utopia* eingebettet ist. Im weiteren Verlauf werden die Teilnehmenden durch einen Interessenkonflikt in die Situation versetzt, sich mit abweichenden Informationen über die Folgen einer vollautomatisierten Gesellschaft auseinanderzusetzen und eine zukunftsträchtige Entscheidung zu treffen.

Das Konzept verbindet die Vermittlung der Grundlagen von Programmierung und Robotik mit der Auseinandersetzung um ethische Fragen der Automatisierung. Das Ziel ist, auf spielerische Weise zur Mitgestaltung unserer technisierten Umwelt anzuregen und die Schüler*innen zu motivieren, eine eigene Vision ihrer Zukunft zu entwickeln. Das Format berührt darüber hinaus weitere Themen wie Fake News/Manipulation, Umweltzerstörung und Entscheidungsfindung in Gruppen. Dabei werden Problemlösungskompetenz, Teamwork, Selbstvertrauen, Diskussionskultur sowie kreatives, kritisches und logisches Denken gefördert.

Thema

Programmierung, Robotik und ethische Fragen der Automatisierung spielerisch erfahren und kritisch reflektieren

Zielgruppe/n

Kinder und Jugendliche von 10 bis 14 Jahren

Methoden

Das Format ist dem Kontext Schule angepasst und setzt sich zusammen aus einer vielfältigen methodischen Mischung aus interaktivem Input, Kleingruppenarbeit, Peer-Programming, spielerischem Lernen, freier Teamarbeit, Gruppendiskussion und Reflexion. Der Rahmen ist charakterisiert durch eine starke Strukturierung und Anleitung. Der Spiel-Teil wird durch Video-Einspieler, eine vorprogrammierte Anleitung sowie ein Weblog gesteuert und ist stark geprägt von der Dynamik und Selbststeuerung der Gruppen.

Projektlaufzeit

Seit 2016

Ergebnisse

Dank einer Förderung durch den *Code Week Award 2016* konnten drei Pilot-Workshops mit Klassenverbänden durchgeführt, das Konzept weiterentwickelt und OER-Materialien erstellt werden. Weitere sechs Projekttage wurden durch den Förderpreis *Medienkompetenz stärkt*

Brandenburg ermöglicht. Das Format konnte im Rahmen des Deutschen Kinder Medien Festivals *Goldener Spatz* in Erfurt, auf der ersten *Tincon* in Berlin, auf dem Ganztags-Schulkongress in Berlin und der Auftaktveranstaltung von bildung. digital in Würzburg präsentiert werden. bildung. digital hat das Projekt auf ihr Themenportal für Schulen aufgenommen: www.bildung.digital/ artikel/auf-rettungs-mission-im-klassenzimmer.

Ein Erfahrungsbericht, die ausführliche Beschreibung des Ablaufs, die technischen Voraussetzungen und alle nötigen Materialien finden sich zur freien Verfügung (CC-BY-SA) unter: www.fluchtnachutopia.de.

Kontakt

Metaversa e.V.
c/o outreach gGmbH
Axel-Springer-Str. 40/41
10969 Berlin
Michael Lange
E-Mail: lange@metaversa.de

Im Interview

Flucht nach Utopia

Metaversa e.V.

Michael Lange und Susanne Grunewald

Herausragendes und Spezielles

Welches sind die Besonderheiten Ihres Projekts?
Wir greifen mit der Roboterthematik Themen auf, mit denen bereits junge Kinder bestimmte Vorstellungen verbinden. Medial vermittelt verfügen Kinder über eine hohe Sensibilität für die drohenden Gefahren technologischer Entwicklung und nehmen diese sehr ernst. Fragt man sie jedoch, ob und wie sie darauf Einfluss nehmen können, entsteht im besten Fall ratloses Schweigen. Diese Erfahrung in der Arbeit mit Heranwachsenden war Ausgangspunkt für die Entwicklung des Formats. Über diesen Zugang gelingt es uns sehr gut, die Teilnehmer*innen zu ersten Schritten im Programmieren zu motivieren, wie gleichfalls auch, sich gedanklich mit dem Thema Automatisierung und dessen Folgen auseinanderzusetzen.

Das Spiel-Format und die Story motivieren dazu, die Aufgaben zu lösen, sich selbst zu organisieren und miteinander zu verständigen, um das Ziel zu erreichen.

Ziele und Methoden

Welche medienpädagogischen Ziele werden mit welchen Methoden verfolgt?
Die Teilnehmer*innen lernen die Grundbegriffe von Programmierung und Robotik anhand eines interaktiven Inputs mit einem Quiz-Teil kennen. Über ihre Zukunftsvisionen tauschen sie sich in Kleingruppen aus und präsentieren sich diese gegenseitig. Erste Schritte und Grundkonzepte der Programmierung erlernen sie praktisch anhand einer Übung ohne Computer und mit der Software Scratch. Diese Kenntnisse müssen sie selbstständig in Teamarbeit auf die Programmierung der Roboter übertragen, um die Rätsel lösen zu können.

Hier wird neben der Sozial- und Problemlösungskompetenz auch kreatives und logisches Denken gefördert. Der im Spiel-Verlauf provozierte Interessenkonflikt fordert von den Schüler*innen ein hohes Maß an Kommunikations- und Kooperationsfähigkeit. Nicht selten kommt es hier zu Meinungsverschiedenheiten und Konflikten, für die es einen Umgang zu finden gilt. Die an das Spiel anschließende Reflexion zeigt verschiedene Handlungs- und Lösungsmöglichkeiten auf, hinterfragt gegebene Informationen und regt zu kritischem Denken an. Zum Abschluss verständigen sich die Schüler*innen auf ethische Grundlagen für eine automatisierte Umwelt („Roboter-Gesetzte"). Sie überlegen sich individuell, welche Lebensbereiche sie Maschinen überlassen wollen und welche sie den Menschen vorbehalten möchten und werden so zu gesellschaftlicher Mitgestaltung angeregt.

Medienkompetenz und Medienbildung durch Praxisprojekte

*Welche Vorkenntnisse haben die Teilnehmer*innen?*
Nahezu bei allen ist das Thema Robotik/Automatisierung sehr präsent: aus Filmen, Spielen, Nachrichten und Erzählungen von Freunden. Hoffnungen, Roboter könnten in Zukunft beschwerliche Arbeiten übernehmen, Umweltprobleme lösen etc., werden dabei von den Befürchtungen, Roboter machen sich selbstständig und übernehmen die Kontrolle über die Menschheit, übertroffen. Über Vorkenntnisse mit blockbasierten Programmiersprachen verfügt durchschnittlich jede*r zehnte Schüler*in.

Welche Bereiche der Medienkompetenz fördert das Projekt?

Das Format fördert die kritische Analyse des aktuellen gesellschaftlichen Wandels hin zu einer digitalisierten Gesellschaft und bezieht dabei besonders die ethische Dimension der sozialen Konsequenzen einer automatisierten Umwelt mit ein. Medienkunde wird informativ über die Reflexion von Grundbegriffen wie Algorithmus, Programmierung, Robotik und Künstliche Intelligenz und instrumentell über das Erlernen und Anwenden einer Programmiersprache vermittelt, die insbesondere in Form von Scratch darüber hinaus auch zur kreativen Mediengestaltung anregt.

Welche Kenntnisse erwerben die Teilnehmenden?

Die Teilnehmenden lernen durch ihre ersten Programmier-Schritte strukturiert und lösungsorientiert zu denken und Fehler als Möglichkeiten der Weiterentwicklung zu erkennen. Durch den Einsatz der Roboter werden die Effekte ihrer Vorgehensweise physisch erfahrbar. Das „Geheimnis" digitaler Steuerung und Datenverarbeitung wird ein Stück gelüftet, wodurch eine Hemmschwelle abgebaut wird, sich damit zu beschäftigen.

Da das Spiel nicht im Alleingang zu bewältigen ist, wird kooperatives Verhalten gefördert. Für das Lösen der Rätsel gibt es mehrere Möglichkeiten, was die Kreativität der Schüler*innen stimuliert. In der Entscheidungssituation müssen sie Wege der Verständigung finden, argumentieren, nach Kompromissen suchen und Impulse setzen, um den Spielverlauf voranzutreiben. Dabei wird auch der Umgang mit Meinungsverschiedenheiten, unterschiedlichen Ziel- und Handlungsvorstellungen und Konflikten in einer Stress-Situation erprobt. Der reflexive Teil zu den eigenen Vorstellungen einer digitalisierten Zukunft stärkt die Selbstwirksamkeit.

Probleme und Grenzen

Gab es strukturelle oder pädagogische Grenzen und Stolpersteine bei der Vorbereitung oder Durchführung des Projekts? Wie wurden diese Probleme bewältigt?

Je nach Alter und Vorwissen sind die Programmieraufgaben und Rätsel unterschiedlich schwer und werden entsprechend unterschiedlich schnell gelöst. Das muss didaktisch aufgefangen werden, z.B. indem die Kinder mit Vorwissen motiviert werden, die anderen zu unterstützen, oder indem unterschiedliche Schwierigkeitsstufen bereitgestellt bzw. Erweiterungen vorgeschlagen werden.

Der Projekttag ist sehr betreuungs- und materialintensiv und verläuft jedes Mal anders. Das erfordert auch vom Team spontane Problemlösungskompetenz und Kreativität für unvorhergesehene Situationen und technische Störungen.

Das Alternate Reality-Game ist so gestaltet, dass die im Spielverlauf in zwei Hälften geteilte Gruppe mit unterschiedlichen Informationen versorgt wird, um eine Diskussion über Automatisierung anzuregen. Dadurch entsteht zunächst ein Interessenkonflikt, der zu ernstem Streit führen kann. Das Team ist gefordert, moderierend einzugreifen, das Erlebte in der Reflexion emotional aufzufangen und in eine konstruktive Richtung zu lenken. Es empfiehlt sich, im Vorfeld mit dem pädagogischen Personal der Schule das Gespräch darüber zu suchen, zu welcher Dynamik der Klassenverband neigt, ob die Kinder kooperatives Arbeiten gewohnt sind bzw. wie sie bei Bedarf darauf vorbereitet werden können.

Technik

Welche technischen Voraussetzungen müssen für Projekte wie Ihres gegeben sein?

Für die Programmier-Einführung wird ein PC für jeweils zwei Teilnehmende benötigt, mit Internetzugang und aktuellen Browsern, über die Scratch angewendet wird. Im Spiel werden sechs mBots von Makeblock eingesetzt, die mit sechs Laptops programmiert werden. Dafür müssen die (kostenlose) Software mBlock sowie die vorprogrammierten Spiel-Dateien auf den Laptops installiert sein. Für die Spielgeschichte, die vollständig über das Weblog abrufbar ist, werden zwei Rechner oder Tablets mit Internetzugang, zwei Projektoren und Ton benötigt. Außerdem müssen Spielflächen und Zubehör für die Rätsel bereitgestellt werden. Eine genaue Beschreibung der technischen und räumlichen Voraussetzungen findet sich unter www.fluchtnachutopia.de.

Tipps für die Praxis

Welche Ratschläge oder Empfehlungen können Sie Interessierten geben, die ähnliche medienpädagogische Projekte durchführen möchten?
Gerade für jüngere Zielgruppen sollte sehr viel methodische Abwechslung geboten werden. Wir wechseln nach spätestens einer Stunde von Gruppen- zu Einzelarbeit, von Gesprächen zu praktischer Arbeit am PC. Coding-Projekte gewinnen sehr stark dadurch, das physische Gegenstände einbezogen und programmiert werden: Roboter, Mikrocontroller etc.

Für eventuelle technische Ausfälle empfiehlt es sich, mindestens einen zusätzlichen Roboter dabei zu haben. Weitere Tipps finden sich unter www.fluchtnachutopia.de/materialien.

Motivation

Ist es notwendig, die Zielgruppe für das Projekt zu motivieren? Wenn ja, warum und wie?
Die Motivation entsteht in der Regel durch das Thema und das Spielszenario. Vorteilhaft sind eine thematische Vorbereitung und Aufklärung der Teilnehmenden über den Inhalt des Projekttages.

Was hat den beteiligten Kindern und Jugendlichen besonders viel Spaß gemacht?
Der spielerische Zugang über ein Gaming-Format erweckt bei den Schüler*innen ein Wissen- und Verstehen-wollen, also eine intrinsische Motivation, sich mit dem Thema auseinanderzusetzen. Entsprechend werden in der Auswertung das ARG und die Steuerung der Roboter von nahezu allen Teilnehmenden genannt. Einige Schüler*innen nennen auch die Einführung in Scratch, verstehen, was ein Roboter ist, und die inhaltliche Auseinandersetzung.

Und was finden Sie selbst besonders motivierend?
Es ist sehr spannend, mit den Schüler*innen über ihre Hoffnungen und Befürchtungen zur Technologieentwicklung ins Gespräch zu kommen, kritische Punkte mit ihnen gemeinsam zu reflektieren und über Lösungen nachzudenken. Eine große Motivation stellt das Ziel dar, die Heranwachsenden zu eigenen Entwürfen und gesellschaftlicher Mitbestimmung zu ermutigen.

Nachhaltigkeit und Wirkung des Projekts

Welche Veränderungen haben sich durch die Medienprojekte in der Zielgruppe, in Ihrer Einrichtung oder den beteiligten Einrichtungen, im Stadtteil etc. ergeben?
Die Lehrer*innen der Projektklassen erlebten die große Motivation ihrer Schüler*innen, sich mit Programmierung, Robotik und damit zusammenhängenden gesellschaftlichen Fragen auseinanderzusetzen. Zum Teil entstehen dadurch Ideen, sich ebenfalls Robotertechnik anzuschaffen oder eine entsprechende AG in der Schule anzubieten. Die Nachhaltigkeit der Wirkung auf die Zielgruppe kann bei einem Projekttag nicht bestimmt werden und ist abhängig von langfristigerer Förderung des individuellen Interesses.

Läuft das Projekt noch und wenn ja, wie lange? Oder gibt es Anschlussprojekte?
Projekttage können über Metaversa e.V. weiterhin gebucht werden. Für das kommende Jahr bemühen wir uns um eine Förderung, um das Projekt für 8./9. Klassen weiterzuentwickeln.

Themen

Welche Themen (Inhalte) sind im Projekt für Ihre Zielgruppe besonders spannend?
Der niedrigschwellige und intuitive Einstieg in die Programmierung über die blockbasierte Sprache Scratch sowie das Kennenlernen, Ausprobieren und Spielen mit Robotern. Auch das gemeinsame Erschaffen eines Regelsystems für das „Zusammenleben" mit automatisierten Maschinen begeistert die Schüler*innen.

Trends und Interessen der Zielgruppe

Welche neuen Medientrends, medialen Interessen oder Aspekte der Medienkultur sind in ihrer Zielgruppe in jüngster Zeit besonders aktuell?
Die Handynutzung beginnt bekanntlich immer früher. Die beliebtesten Anwendungen in den 5. und 6. Klassen sind WhatsApp und YouTube. Bei Kindern lässt sich feststellen, dass immer mehr elektronische und programmierbare Spielzeuge im Haushalt Einzug halten. Zudem verfügen immer mehr Haushalte über Sprachassistenten.

Wie geht man in Ihrer Einrichtung/wie gehen Sie evtl. darauf ein?
Wir entwickeln entsprechende Konzepte insbesondere für Schulprojekttage und Projektwochen, um möglichst alle Kinder und Jugendlichen gleichermaßen zu erreichen.

Perspektiven

Welche Chancen sehen Sie vor dem Hintergrund Ihres Erfolgs
a) für die medienpädagogische Projektarbeit an Ihrer Einrichtung?
Das Feedback wirkt als Bestätigung, dass wir mit unseren Bildungsangeboten auf einem guten Weg sind. Das motiviert uns, die behandelten Themen zu vertiefen und auch für ältere Zielgruppen oder längere Angebote aufzubereiten. Und wir hoffen natürlich, dass dadurch Institutionen und Fördermittelgeber*innen auf unsere Arbeit aufmerksam werden und uns mit den nötigen Ressourcen dabei unterstützen.

b) für medienpädagogische Projektarbeit generell?
Stärkerer Einbezug von Coding und digitaler Technik in der Medienbildung in Bezug auf Selbstermächtigung, eine kritische Auseinandersetzung und gesellschaftliche Teilhabe.

Struktur und Rahmen

Welche Rahmenbedingungen für Projektarbeit sind wünschenswert? Wie kann man diese schaffen?
Nach wie vor wäre der Aufbau nachhaltiger Strukturen notwendig, die auch die Konzeption und Planung neuer Projekte absichert. Darüber hinaus ist mehr Austausch und Vernetzung nötig, z.B. der Aufbau interdisziplinärer Plattformen zum Austausch zwischen Uni und Schule, die Aufhebung der Trennung zwischen Bildung und Wissenschaft, eine offene Lern- und Fehlerkultur.

Feedback

Gab es abschließend seitens der Zielgruppe Verbesserungsvorschläge, weiterführende Ideen bezüglich Ihres Projektes?
Vor allem jüngere Schüler*innen und solche, die kooperatives Arbeiten im Team nicht gewohnt sind, waren manchmal überfordert, sowohl mit der Situation als auch mit unterschiedlichen Informationen umzugehen und unter diesen Umständen zu einer gemeinsamen Lösung zu gelangen. Diesbezüglich sollte es für den Spielablauf eine Alternative geben, die die Diskussion über Automatisierung auf anderem Wege induziert.

Ergänzungen

Was wurde Ihrer Meinung nach im Fragenkatalog nicht berücksichtigt? Was möchten Sie noch ergänzen?
In den letzten Jahren gab es eine starke Zunahme an Coding- und Making-Projekten mit

Kindern und Jugendlichen. Über die Vermittlung reiner Programmierfähigkeiten sollte die Chance genutzt werden, auch über die Folgen für die Gesellschaft mit Kindern und Jugendlichen ins Gespräch zu kommen und ihnen bewusst zu machen, dass sie diese aktiv mitgestalten können. Hier wäre eine stärkere Überschneidung und Zusammenarbeit von politischer Bildung, Informatik und Medienbildung wünschenswert.

*Interviewpartner*innen*

Michael Lange: Bildungsreferent beim Landesfachverband Medienbildung Brandenburg e.V., für den er Fortbildungsveranstaltungen für Lehrer*innen und Pädagog*innen konzipiert sowie Workshops und Tagungen organisiert; erprobt als freiberuflicher Medienpädagoge in Modellprojekten mit seinem Verein Metaversa e.V. den Einsatz von digitalen Informations- und Kommunikationstechnologien in der Kinder- und Jugendbildung; aktuelle Schwerpunkte: Bildungsprojekte im Bereich Social Media, Robotik, Internet der Dinge und Augmented Reality.

Susanne Grunewald: seit 2011 in der Medienbildung mit Kindern, Jugendlichen und Erwachsenen beschäftigt; seit 2013 freiberuflich für verschiedene Institutionen und Vereine tätig; ihr Schwerpunkt: spielerisch-kreative Auseinandersetzung mit Internet-Technologien in Verbindung mit politischer und geschlechtersensibler Bildung; arbeitet außerdem als Organisatorin, Moderatorin und Mediatorin für Bildungseinrichtungen und emanzipatorische Projekte.

Verein zur Förderung akzeptierender Jugendarbeit e.V. (VAJA)
#rootsnvisions/Wurzeln und Visionen
Geflüchtete und Bremer Jugendliche gestalten gemeinsam eine Videoprojektion
(Kategorie B – Projekte von und mit Jugendlichen)

Ob du aus Aleppo, Kabul, Lomé oder Bremen kommst macht keinen Unterschied – jede*r wird irgendwann erwachsen und sammelt unterschiedliche Erfahrungen, welche unsere Identität bestimmen und unsere Perspektive auf die Welt prägen. Mit dem Kooperationsprojekt erhielten Jugendliche die Möglichkeit, durch interdisziplinäre Kunstformen ihre Wurzeln und Visionen für Interessierte zu gestalten und erlebbar zu machen.

Im Vordergrund von *#rootsnvisions* stand das Schaffen einer audiovisuellen Fassadeninstallation. Anhand dieser sollten die Gemeinsamkeiten der jungen Menschen hinsichtlich ihrer *Wurzeln* und ihrer *Visionen* kenntlich werden. Die Diversität der gesamten Gruppe offenbarte ein enormes Maß an Potentialen und ermöglichte es der Gruppe, alle Aspekte der Installation selbst zu erschaffen.

Thema

Zukunftsgestaltung durch Gemeinsamkeiten

Zielgruppe/n

Junge Menschen im Alter zwischen 14 und 21 Jahren mit großem Interesse an Film, Musik, Tanz, diversen Software-Programmen, Fotografie und Gemeinschaft. Die Teilnehmenden erstellten ein kurzes Bewerbungsvideo, in dem sie ihr Interesse an dem Projekt und ihre eigenen Stärken verdeutlichten.

Methoden

#rootsnvisions ermöglichte einer Gruppe von 25 Jugendlichen einen kreativen Umgang mit ihrer Vergangenheit und Zukunft. Hierzu bündelten die Projektmacher*innen die unterschiedlichen Stärken der Jugendlichen in einer audiovisuellen Installation. Dies konnten sie durch die Kooperation mit Urbanscreen realisieren. Die gegebenen Stärken der Jugendlichen wurden weitergehend verfeinert und weiter professionalisiert. Die gesamte Gruppe Jugendlicher wurde nach vorhandenen Stärken und Interessen – Tanz, Musik, Dokumentation und Interviews, Animation, Darstellung, Schnitttechnik, Zeichnen und Malen – in Kleingruppen aufgeteilt. Innerhalb dieser Kleingruppen konnten sich die Jugendlichen weiter fortbilden und so ihre Ideen noch gezielter in die Installation einbinden. Beispielsweise wurde die Gruppe in die Handhabe professioneller Foto- und Videokameras eingewiesen. Eine andere Gruppe wurde an der Seite der Choreografin Magali Sandersfett im Bereich Performance und Tanz geschult, um so zentrale Elemente der Installation zu gestalten. Eine intensive Arbeitsweise erfuhren auch die Jugendlichen der Musikgruppe, welche eine passgenaue Komposition für die Installation erschufen. Sie wurden durch einen Musiker begleitet und nutzten ein professionelles Tonstudio. Den gesamten Prozess begleitete eine Gruppe, die jede Etappe des Projekts bildlich festhielt und auch Interviews durchführte. Dieses Material wurde genutzt, um eine Dokumentation des gesamten Projekts zu schneiden. In allen Kleingruppen waren die Jugendlichen sehr fokussiert und arbeiteten hart an sich selbst und den einzelnen Bausteinen der Installation. Durch die Freiheit, experimentell zu agieren und so eigene Arbeitsweisen zu schaffen, erfuhren die Jugendlichen ein hohes Maß an Selbstwirksamkeit und Selbstbewusstsein.

Projektlaufzeit

Das Projekt wurde innerhalb eines ganzen Jahres durchgeführt und unterteilte sich in verschiedene Etappen: Bewerbungszeitraum, Artcamps (Workshops), kontinuierliche Kleingruppentreffen, audiovisuelle Installation, Dokumentarfilm, Nachbesprechung.

Ergebnisse

Besonders einprägsam war vor allem das einmalige Live-Event der audiovisuellen Installation an der Fassade des Theater Bremen. Diese stellte die äußerst kreativen, tänzerischen sowie technischen Fähigkeiten der Jugendlichen heraus, welche sie innerhalb des Projekts erworben hatten oder bereits mit in das Projekt (ein)brachten. Das komplette Projekt wurde von den Jugendlichen dokumentarisch aufgearbeitet und in eine finale Film-Fassung geschnitten. Beides – Installation und Dokumentation – kann auf dem YouTube-Channel des VAJA e.V. gesichtet werden: www.youtube.com/channel/UCVd95wFpZ-0viRlzAZsISsg.

Kontakt

Wiebke Jopp, Gunnar Erxleben und Jens Schaller
Verein zur Förderung akzeptierender Jugendarbeit e.V. (VAJA)
Hinter der Mauer 9
28195 Bremen
Tel: 0421/762 66
E-Mail: info@vaja-bremen.de
Web: www.vaja-bremen.de

Im Interview

#rootsnvisions/Wurzeln und Visionen – Geflüchtete und Bremer Jugendliche gestalten gemeinsam eine Videoprojektion

Verein zur Förderung akzeptierender Jugendarbeit e.V. (VAJA)

Wiebke Jopp, Gunnar Erxleben und Jens Schaller

Herausragendes und Spezielles

Welches sind die Besonderheiten Ihres Projekts?
Der interdisziplinäre Ansatz, der sich auf professioneller wie auch kreativer Ebene wiederfand, machte dieses Projekt besonders lebhaft. Die kreativen Kompetenzen der Jugendlichen und die professionelle Begleitung seitens VAJA und Urbanscreen schufen das einmalige Live-Event einer audiovisuellen Fassadeninstallation. Alle Teilnehmenden haben für die Beteiligung an dem Projekt ein Zertifikat von Urbanscreen erhalten.

Ziele und Methoden

Welche medienpädagogischen Ziele wurden mit welchen Methoden verfolgt?
Gemeinsam mit den Jugendlichen erstellten wir ein Drehbuch/Storyboard und förderten so ihr Interesse an der Gestaltung und Realisierung der Installation. Hierzu führte u.a. Urbanscreen die Jugendlichen in die verschiedenen Disziplinen wie Film, Foto, Tanz, Musik und diverse Software-Programme ein. Diese Einführungen verliefen parallel zueinander und waren so jugendaffin und interaktiv gestaltet, dass sich die Jugendlichen in den unterschiedlichen Disziplinen ausprobieren konnten.

Medienkompetenz und Medienbildung durch Praxisprojekte

Welche Vorkenntnisse hatten die Teilnehmer*innen?
Die Jugendlichen brachten in verschiedenen Disziplinen hohe Kompetenzen mit: zum Teil im Bereich diverser Medien und auch auf Gebieten wie Kunst, Musik, Tanz und Performance.

Welche Bereiche der Medienkompetenz fördert das Projekt?
Die Jugendlichen hatten an ihren Interessen orientiert die Möglichkeit, sich individuell kreativ mit unterschiedlichen Medien auseinanderzusetzen. Hierbei handelte es sich vornehmlich um Fotografie, Video, Schnitttechnik und weitere Software-Programme.

Welche Kenntnisse haben die Teilnehmenden erworben?
Die Jugendlichen trafen sich im Plenum, um sich dort gegenseitig über ihre gegenwärtigen Aufgaben auszutauschen. Das Interesse an dem täglichen Plenum war erstaunlich. Hier erwarben die Teilnehmer*innen diverse Kenntnisse der Projektrealisation. Dazu gehört zum Beispiel, sich über die Arbeitsschritte der anderen Teilnehmenden zu informieren, um so ein gemeinsames Ziel zu erreichen. So lernten sie täglich nicht nur innerhalb der Disziplin, der sie zugeordnet waren, sondern auch stets etwas aus den anderen Disziplinen, sodass sie sich auf diese Weise immer wieder gegenseitig unterstützen konnten.

Probleme und Grenzen

Gab es strukturelle oder pädagogische Grenzen und Stolpersteine bei der Vorbereitung oder Durchführung des Projekts? Wie wurden diese Probleme bewältigt?
Die Finanzierung eines derartigen Projekts überstieg die finanziellen Ressourcen des Vereins enorm. Die Akquise von finanziellen Mitteln war vonnöten und bedurfte eines langen Atems. Über mehrere Jahre hinweg wurden an unterschiedliche Fördergeber Projektanträge übermittelt. Schließlich konnten Zuwendungen aus verschiedenen „Fördertöpfen" erreicht

werden. Dies sicherte die Projektdurchführung. Großer Dank gebührt an dieser Stelle der Bremer Landesmedienanstalt – Medienpreis *Das Ruder,* der Bremer start Stiftung sowie der Bremer Volksbank.

Unsere pädagogischen Kompetenzen erreichten an einigen Stellen der Organisation ihre Grenzen. So mussten wir Aspekte des Eventmanagements übernehmen und diese erst einmal erlernen. Auch die Koordination zwischen allen Kooperationspartnern forderte uns immer wieder heraus. Zielführend war hier vor allem ein hohes Maß an Transparenz.

Technik

Welche technischen Voraussetzungen müssen für Projekte wie Ihres gegeben sein?
Zur Umsetzung dieses Projekts konnte dank der Kooperation mit der Bremischen Landesmedienanstalt und Urbanscreen ein Zugang zu professionellem Equipment, wie Videokameras, Fotokameras, Computern und Laptops (inkl. Software), geschaffen werden. Darüber hinaus wurde zur Fertigung einer solchen Installation ein umfangreich ausgestattetes Studio (z.B. mit mobiler Greenscreen/Computer mit hoher Rechenleistung und Speicherkapazität) benötigt, welches Urbanscreen bereitstellte. In den angemieteten Theaterstätten konnte auch auf ein großes Repertoire an Bühnen- und Lichttechnik zurückgegriffen werden.

Tipps für die Praxis

Welche Ratschläge oder Empfehlungen können Sie Interessierten geben, die ähnliche medienpädagogische Projekte durchführen möchten?
Zur Gestaltung eines derartigen Projekts sollte intern eine klare Rollenaufteilung gegeben sein. Des Weiteren ist eine klare Definition der Verantwortungsbereiche zu empfehlen. Dies dient vor allem der Transparenz gegenüber Kolleg*innen und Kooperationspartner*innen.

Für die unterschiedlichen Schwerpunkte innerhalb eines solchen Projekts sollten auch Kooperationspartner involviert werden, die über entsprechende Kompetenzen verfügen.

Motivation

War es notwendig, die Zielgruppe für das Projekt zu motivieren? Wenn ja, warum und wie?
Aufgrund der Vielfältigkeit des Projekts konnten auch ganz unterschiedliche Jugendliche angesprochen werden. Deren Kompetenzen und Stärken mussten individuell hervorgehoben werden, um ihnen so die persönliche Bedeutung für das gesamte Projekt nahezulegen. Dadurch wurden die Jugendlichen motiviert, sich zu beteiligen.

Was hat den beteiligten Kindern und Jugendlichen besonders viel Spaß gemacht?
Der Weg von den eigenen Ideen hin zu deren Realisierung war für die Jugendlichen eine besondere Erfahrung. Sie erfreuten sich sehr daran, ihre Stärken und Kompetenzen, wie Tanz, Gesang, Musik, Foto, Video, etc., in das Projekt einbringen zu können.

Und was fanden Sie selbst besonders motivierend?
Der Zusammenhalt der Gruppe, welcher ab dem ersten Workshoptag zu erkennen war, motivierte uns enorm und bestätigte uns in der Vorstellung eines auf besondere Weise integrativ angelegten Projekts.

Nachhaltigkeit und Wirkung des Projekts

Welche Veränderungen haben sich durch die Medienprojekte in der Zielgruppe, in Ihrer Einrichtung oder den beteiligten Einrichtungen, im Stadtteil etc. ergeben?
Die mediale Berichterstattung (TV und Print) über dieses Projekt schaffte ein breites Echo. Vor allem die Jugendlichen vernahmen dieses Echo und konnten in ihren Freundes- und Bekanntenkreisen sowie in ihren Stadtteilen auf sich aufmerksam machen. Die Jugendlichen konnten vor einem breiten Publikum zeigen,

wie harmonisch und bunt ein Zusammenleben sein kann. Der öffentliche Raum genießt einen hohen Stellenwert in der Lebenswelt von Jugendlichen und sollte geschützt werden. Mit dem Projekt konnten sich die Jugendlichen auf ungewöhnliche Art darstellen und einbringen. Auch ein Jahr nach dem Projekt empfinden die Teilnehmenden und deren jeweiliges soziales Umfeld ein hohes Maß an Partizipationsvermögen. Dies tragen sie nach außen und erreichen besser als wir weitere Jugendliche.

Läuft das Projekt noch und wenn ja, wie lange? Oder gibt es Anschlussprojekte?
Das Projekt ist abgeschlossen und ein Anschlussprojekt ist nicht geplant.

Themen

Welche Themen (Inhalte) waren im Projekt für Ihre Zielgruppe besonders spannend?
Für die Jugendlichen war eine künstlerische Auseinandersetzung mit sich selbst und ihrer Geschichte besonders spannend. Jeden Tag aufs Neue waren sie über sich selbst überrascht und erstaunt. Wir wurden teils zu begleitenden Beobachtern der selbstständigen Arbeit der Jugendlichen.

Trends und Interessen der Zielgruppe

Welche neuen Medientrends, medialen Interessen oder Aspekte der Medienkultur sind in ihrer Zielgruppe in jüngster Zeit besonders aktuell?
Die Etablierung sozialer Netzwerke in der Lebenswelt von Jugendlichen schreitet voran. Einen allgemeinen Trend zu nennen, ist kaum mehr möglich angesichts des reichhaltigen Angebots, welches perfekt auf die Interessen vieler Jugendlicher zugeschnitten ist.

Was wir erkennen, ist der Wille, sich selbst zu engagieren und gestaltend Teil zu haben. Die Jugendlichen sind sehr motiviert, neben dem reinen Konsum sozialer Netzwerke auch persönlich aktiv zu werden. So wächst der Wunsch nach professionellerem technischem Equipment und einer professionelleren Ausgestaltung ihrer Produkte.

Wie geht man in Ihrer Einrichtung/wie gehen Sie evtl. darauf ein?
Zuallererst hören wir den Jugendlichen zu. In ihnen stecken Potentiale, die wir fördern wollen. Und dabei möchten wir ihnen Unterstützung bieten. Durch die neu gewonnenen Kooperationspartner können die Jugendlichen gemeinsam mit uns ihre Wünsche und Ideen verwirklichen.

Perspektiven

Welche Chancen sehen Sie vor dem Hintergrund Ihres Erfolgs
a) für die medienpädagogische Projektarbeit an Ihrer Einrichtung?
Durch das Projekt hatten wir die Möglichkeit, unterschiedliche Kooperationspartner kennenzulernen, die auch für viele andere medienpädagogische Angebote zu begeistern wären. Der Einblick hinter die Kulissen eines solchen Projekts hat uns als pädagogische Fachkräfte weiter inspiriert. Mit dem Wissen um die technischen Möglichkeiten und der Erkenntnis über die Kompetenzen und Fähigkeiten der Jugendlichen sind wir motiviert, weitere Projekte zu realisieren. Unser Anspruch ist es, sich sehr nah an der Lebenswelt der Jugendlichen zu orientieren. Diese Lebenswelt wird zu Teilen durch das Smartphone geprägt, weshalb wir kontinuierlich versuchen, auch hier anzusetzen. So erstellten wir in den Jahren 2015/2016 eine App (unter dem Titel „VAJA" verfügbar für iOS und Android), welche die Interessen der Jugendlichen einbezieht (https://vaja-bremen. de/app). Auch 2018 ist eine App entstanden, die spielerisch das Thema „Vorurteile" behandelt und für den bewussten Umgang mit sozialen Netzwerken sensibilisiert.

b) für medienpädagogische Projektarbeit generell?
Medienpädagogische Projekte kennen keine Grenzen und es werden immer weitere technische Möglichkeiten dazu gewonnen. Nicht nur

Projektarbeit ist hier gefragt. Vielerorts bedarf es einer stabilen Regelangebotsstruktur, die auch an den Interessen der Jugendlichen ausgerichtet sein sollte.

Struktur und Rahmen

Welche Rahmenbedingungen für Projektarbeit sind wünschenswert? Wie kann man diese schaffen?
Es wäre wünschenswert, wenn perspektivisch eine finanzielle Basis geschaffen wird, die auch Großprojekte wie dieses ermöglicht und die von Jugendgruppen genutzt werden kann, um ihre medienpädagogischen Ideen umzusetzen. Hierzu bedarf es technisch hochwertiger Studios und deren professioneller Betreuung. Wichtig ist die Möglichkeit der Einführung in alle Geräte und Programme. So könnten die Jugendlichen auch mit Eigenmotivation ein Projekt auf die Beine stellen.

Feedback

Gab es abschließend seitens der Zielgruppe Verbesserungsvorschläge, weiterführende Ideen bezüglich Ihres Projektes?
Der größte Wunsch der Jugendlichen war es, im Folgejahr noch einmal eine neue Videoinstallation zu gestalten. Idealerweise in selbiger Gruppenkonstellation. Das Projekt ähnlich noch einmal zu machen, wäre sehr reizvoll, da die Jugendlichen jetzt genau wissen, wie eine solche Installation erstellt wird und welche Möglichkeiten sie haben. Die tiefergreifende Auseinandersetzung mit sich selbst, mit sozialen wie gesellschaftlichen Fragestellungen oder auch mit der Politik ist denkbar und realisierbar.

Interviewpartner*innen

Jens Kristoff Schaller: Soziologe (B.A.)/Sozialpädagoge; seit 2016 Koordinator des Teams *connect – Prävention und Integration durch aufsuchende Arbeit mit fluchterfahrenen Jugendlichen* und seit 2013 im Team *spot.*, bis 2018

bekannt als *Akzeptierende Jugendarbeit mit rechten Cliquen* des VAJA e.V. (Verein zu Förderung akzeptierender Jugendarbeit e.V.) in Bremen.

Wiebke Jopp: Diplom-Sozialpädagogin/Theaterpädagogin; seit 2003 beim *Regionalteam Ost* – Schwerpunkt ist die Arbeit mit Jugendlichen mit Migrationshintergrund sowie kulturelle und künstlerische Projekte – des VAJA e.V.

Gunnar Erxleben: Diplom-Sozialpädagoge/Musiker; seit 2002 beim *Regionalteam Ost* – Schwerpunkt ist die Arbeit mit Jugendlichen mit Migrationshintergrund sowie kulturelle und künstlerische Projekte – des VAJA e.V.

Sag Was – eine polyperspektivische und multimediale Arbeitshilfe

(Kategorie B – Projekte von und mit Jugendlichen)

Im Projekt *Sag Was – eine polyperspektivische und multimediale Arbeitshilfe* wurde mit Jugendlichen im Alter von 16 bis 26 Jahren eine Medienbox erstellt, die sich mit der Thematik Mobbing/Cybermobbing befasst. Im Projektjahr gab es im ZDS Berufsinternat zwei schwere Fälle von Cybermobbing. So entstand die Idee, ein Projekt zu starten, das zwei Grundaspekte beinhaltete: Die Situation sollte mittels verschiedener medialer Projekte mit den Betroffenen unmittelbar aufgearbeitet werden. Dabei ist eine Materialsammlung entstanden, die andere Institutionen nutzen können (verfügbar unter: https://sag-was.jimdosite.com).

Thema

Cybermobbing: Wie entsteht es, wie erkennt man Plot-Points und Handlungssituationen, wie geht man damit um, wie kann man helfen?

Zielgruppe/n

- Alle Jugendlichen ab 12 Jahren, die in ihren Lebensumfeldern mit Mobbing konfrontiert werden und nach Hilfe, Unterstützung und Handlungsalternativen suchen.
- Lehrer*innen, Jugendgruppenleiter*innen und andere Pädagog*innen, die in ihren Arbeitsbereichen nach Material suchen, um mit Jugendlichen ins Gespräch zu kommen.
- Eltern, Freunde und Verwandte, die Rat und Hilfe suchen, wie man Situationen erkennen und den Betroffenen helfen kann.

Methoden

Die Grundstruktur jeder Medieneinheit war stets die gleiche und hat sich bewährt. Der Technikteil wurde kurz und vor allem zielorientiert gehalten. Kleine Erfolgserlebnisse haben die Teilnehmer*innen „bei der Stange gehalten", ihnen Zuversicht gegeben, das Ziel umsetzen zu können. So war der Aufbau stets wie folgt:

- Eingangsgespräch und Orientierung, was am Ende in die Box soll.
- Evaluation der Vorerfahrung und softer Einstieg in die technische Materie (Nutzung der Software Gimp, Magix, Audacity etc.).
- Erstellung einer ganz kurzen Sequenz anhand derer man die technischen Möglichkeiten anschneidet. (Nur das wird erklärt, was man wirklich benötigt. Am Ende der Fertigstellung wurde – wenn überhaupt – nur sehr kurz angerissen, was das Programm noch leisten könnte.)
- Transfer des Grundplots auf das jeweilige Medium unter Berücksichtigung der Perspektive (z.B. bei der Fotostory nur die Szenen nutzen, die in der Schule spielen).
- Konkrete Umsetzung: Filmen, Aufnehmen, Schreiben, Fotografieren etc.
- Präsentation vor anderen Gruppen zur Steigerung des Selbstwertgefühls.

Projektlaufzeit

November 2017 bis August 2018

Ergebnisse

Es entstand eine umfangreiche Medienbox mit u.a. folgenden Medien: Buch, Kurzgeschichte, Fotostory, Hörspiel, Hörbuch, Comic, Tagebuch, Podcast, Gamebook, Text-Adventure, YouTube-Videos, Social Media-Fakes etc. Begleitet werden die Medien von einem Handbuch für Eltern, Lehrer*innen, Pädagog*innen und Betroffene, in dem Methoden zur Nutzung vorgestellt werden.

Kontakt

ZDS Berufsinternat
Christoph Hering
De-Leuw-strasse 3-9
42653 Solingen
Tel.: 0212/596 149
E-Mail: c.hering@zds-solingen.de
Web: https://sag-was.jimdosite.com

Im Interview

Sag Was – eine polyperspektivische und multimediale Arbeitshilfe
ZDS Berufsinternat
Larissa Bussmann, Katja Wakeham und Hannes Wiese

Herausragendes und Spezielles

Welches sind die Besonderheiten Ihres Projekts?
Durch die multimediale und polyperspektivische Ausrichtung sowie die Durchlässigkeit der Story mittels unterschiedlicher Medien wurde eine sehr breite vertikale Erzählstruktur geschaffen, die immens viele Möglichkeiten der Nutzung bietet. Man kann z.B. die Mobbing-Geschichte in der Rolle des Opfers (als Tagebuch) beginnen, schaut sich die weiteren Vorfälle als YouTube-Filme an, verfolgt das weitere Geschehen aus der Sicht der Freunde im Hörbuch und beendet die Geschichte aus Lehrerperspektive als Fotostory. So ergeben sich viele Möglichkeiten, miteinander ins Gespräch zu kommen und das Phänomen „Cybermobbing" von unterschiedlichen Seiten zu betrachten.

Ziele und Methoden

Welche medienpädagogischen Ziele wurden mit welchen Methoden verfolgt?
- Inhaltlich: Handlungsalternativen im Falle von Cybermobbing aufzeigen, für das Thema sensibilisieren, Diskussionen anregen und Lösungsansätze entwickeln.
- Technisch: Unterschiedliche Medien einsetzen und lernen, damit kreativ zu gestalten; den Jugendlichen den Umgang und das Handwerkszeug zur Umsetzung näherbringen.
- Kulturell: Jugendliche mit Medien bekannt machen, die sie normalerweise nicht nutzen, z.B. Leser*innen mit Video vertraut machen oder YouTube-Seher*innen mit dem Buch.

Medienkompetenz und Medienbildung durch Praxisprojekte

*Welche Vorkenntnisse hatten die Teilnehmer*innen?*
Die Vorkenntnisse waren sehr unterschiedlich. Es gab Gruppen, die kannten sich gut mit den jeweiligen Techniken aus. In manchen Gruppen waren Teilnehmer*innen dabei, die auch privat Filme schneiden, Musik machen etc. Es gab auch Gruppen, die erst nach einem entsprechenden Technik-Input loslegen konnten.

Welche Bereiche der Medienkompetenz fördert das Projekt?
Adäquat zu Dieter Baakes vier Dimensionen des sogenannten „Bielefelder Medienkompetenzmodells" (vgl. S. 169f. in diesem Band) haben unsere Jugendlichen ihre medialen Fähigkeiten vertiefen und auch erweitern können. Unser Projekt durchlief verschiedene Phasen, in denen der Erwerb von diesen Inhalten gezielt gefördert werden konnte. Von der inhaltlichen Konzeption über kreative Gestaltung sowie die technische Umsetzung bis zum fertigen multimedialen, polyperspektivischen Ergebnis konnte sich jede*r einbringen.

Medienkritik:
Die Azubis haben sich kritisch mit den digitalen Medien auseinandergesetzt. Sie haben die positiven Möglichkeiten der Kommunikation ebenso diskutiert wie die Gefahren, welche die unautorisierte Weitergabe von Inhalten beinhaltet. Gerade am Beispiel von YouTube, WhatsApp, Instagram und Co. konnten sie differenzieren, wo Chancen enden und Missbrauch beginnt.

Medienkunde:
Durch die Beschäftigung mit den unterschiedlichen audio-visuellen Medien, wie Hörspiel, Video, Fotoroman, interaktive E-Books und andere Formate, sowie den damit verknüpften Erstellungsprogrammen, wie Audacity, HTML-Editoren oder Videoprogramme, wurden Qualifikationen im Umgang gefördert und zum Teil vertieft.

Mediennutzung:
Durch die multimediale Gestaltung und die durchlässige Erzähltechnik der verschiedenen Medien haben die Azubis eine Plattform geschaffen, in der man die Inhalte interaktiv erfahren kann.

Mediengestaltung:
Da verschiedene Medien und Erzähltechniken angewandt wurden, konnten sich die Jugendlichen in vertrauten Kulturtechniken entfalten, aber auch Richtungen erproben, die ihnen ganz neu waren.

Welche Kenntnisse haben die Teilnehmenden erworben?
Durch die Einführung in die entsprechenden Programme (Gimp, Magix Video deluxe, Audacity, HTML etc.) konnten einige Jugendliche auch im Anschluss eigene Ideen umsetzen, z.B. kleine Hörspiele selbst erstellen.

Probleme und Grenzen

Gab es strukturelle oder pädagogische Grenzen und Stolpersteine bei der Vorbereitung oder Durchführung des Projekts? Wie wurden diese Probleme bewältigt?
- Der umfangreiche Medieneinsatz kann viel kreatives Potential freisetzen, das unter Umständen auch eingegrenzt werden muss.
- Das Projekt hat sehr viele Spannungsbögen, die es zum einen interessant machen, aber auch die Gefahr der Desorientierung beinhalten. Hier ist vertikales und horizontales Storytelling miteinander in Einklang zu bringen.

- Das Thema ist hoch emotional und muss daher sorgfältig begleitet werden.
- Polyperspektivisches und multimediales Arbeiten ist spannend, kann aber mitunter auch zur Desorientierung führen.
- Das Projekt könnte überfrachtet sein, da der Umfang und die Vielzahl der einzelnen Medien die Nutzer*innen möglicherweise überfordern.
- Durch zu viel Steuerung, die durch den Umfang des Projekts nötig ist, könnte eventuell kreatives Potential eingeschränkt werden.

Technik

Welche technischen Voraussetzungen müssen für Projekte wie Ihres gegeben sein?
Für die Umsetzung in die entsprechenden Medien müssen die Hard- und Softwarevoraussetzungen vorhanden sein. Hierzu gehören PCs, Mikrofone bzw. Soundaufnahmegeräte, Fotoapparate oder Fotohandys und Videokameras bzw. Videohandys. An Software sind Sound-, Video- und Bildbearbeitungsprogramme sowie Textverarbeitungen und ein Internetzugang erforderlich. Außerdem benötigt man Webspace und einen YouTube-Kanal, um die Inhalte hochzuladen.

Tipps für die Praxis

Welche Ratschläge oder Empfehlungen können Sie Interessierten geben, die ähnliche medienpädagogische Projekte durchführen möchten?
Man sollte die Anzahl der Medien eher begrenzen, weil der Arbeits- und Zeitaufwand immens sind.

Motivation

War es notwendig, die Zielgruppe für das Projekt zu motivieren? Wenn ja, warum und wie?
Das Thema hat die Jugendlichen in ihrer unmittelbaren Lebens- und Erfahrungswelt abgeholt. Im Verlaufe des Projekts waren wir

erschrocken, dass nahezu alle Jugendlichen schon einmal mit dem Thema Cybermobbing in Berührung gekommen sind.

Das war auch die Motivation, dabei mitzumachen. Viele schämten sich, in vorangegangenen Situationen geschwiegen zu haben. Nun erhielten sie die Gelegenheit, etwas zu schaffen, was anderen helfen kann, sich gegen Mobbing zu wehren.

Was hat den beteiligten Kindern und Jugendlichen besonders viel Spaß gemacht?
Natürlich war auch der Einsatz der Medien spannend und reizvoll. Insbesondere das Faken von sozialen Netzwerken war sehr begehrt und wurde rege angenommen. Auch die gefälschten YouTube-Videos fanden viel Zulauf. All das, was ihre Lebenswelt sozusagen aus einem anderen Blickwinkel betrachtete, war spannend für sie.

Und was fanden Sie selbst besonders motivierend?
Für uns war es spannend, die Jugendlichen bei diesem Prozess des Hinterfragens zu begleiten und selbst einen Einblick in Twitter, Instagram und Co. zu bekommen.

Nachhaltigkeit und Wirkung des Projekts

Welche Veränderungen haben sich durch die Medienprojekte in der Zielgruppe, in Ihrer Einrichtung oder den beteiligten Einrichtungen, im Stadtteil etc. ergeben?
Durch die Medienbox ist das Thema in unserer Einrichtung präsenter geworden. Gerade mit digitalen Medien wird nun reflektierter umgegangen. Dies merken wir daran, dass Angebote, in denen wir Jugendlichen helfen, ihre Internetprofile auf unterschiedlichen Plattformen wie Facebook und Co. zu schützen, nun deutlich stärker frequentiert werden.

Läuft das Projekt noch und wenn ja, wie lange? Oder gibt es Anschlussprojekte?
Das Projekt wird weiterwachsen, da sich auch die digitale Welt weiterentwickelt. Nach

WhatsApp wird es neue Plattformen geben und auch diese muss man zukünftig kritisch beleuchten.

Themen

Welche Themen (Inhalte) waren im Projekt für Ihre Zielgruppe besonders spannend?
Derzeit ist WhatsApp *der* Kommunikationskanal, ebenso wie Instagram. Twitch ist eine Streaming-Plattform, die unglaublichen Zulauf findet. Dort ist *Fortnite* momentan das beliebteste Spiel. Durch den Live-Chat ist dies eine äußerst beliebte Kommunikationsschiene. Auch Hashtags sind sehr beliebt, da sehr tagesaktuell. Hier tauschen sich Jugendliche viel zu popkulturellen Themen aus.

Trends und Interessen der Zielgruppe

Welche neuen Medientrends, medialen Interessen oder Aspekte der Medienkultur sind in ihrer Zielgruppe in jüngster Zeit besonders aktuell?
Im Bereich Kommunikation sind derzeit die unmittelbaren und schnellen sozialen Plattformen wie WhatsApp, Instagram, Snapchat etc. sehr beliebt. Facebook verliert in unserer Zielgruppe immer mehr Akzeptanz. Im Bereich Unterhaltung werden sämtliche Streaming-Anbieter (Netflix, Amazon Prime, Dazn, Twitch und YouTube sowie Spotify) immer wichtiger und lösen herkömmliche audio-visuelle Medien wie TV, DVD und Kino ab. Im Bereich der Hardware haben die Smartphones mittlerweile nahezu komplett PCs, Laptops, DVD-Player und andere Medienabspielgeräte verdrängt.

Wie geht man in Ihrer Einrichtung/wie gehen Sie evtl. darauf ein?
Medienpädagogik ist in den letzten Jahren durch die zunehmende Mediennutzung immer wichtiger geworden. Kommunikation ist digitaler und findet immer mehr virtuell statt. Getreu dem heilpädagogischen Motto „den Klienten dort abholen wo er steht", müssen wir uns immer mehr in die digitalen Lebenswelten der Jugendlichen begeben, um sie zu erreichen. Grundsätzlich heißt das aber, und das ist die eigentliche Herausforderung, immer aktuell zu sein. Jugendliche ziehen digital von Medium zu Me-

dium. Die Taktzahl der Nutzung wird ständig kürzer. Mediennutzer*innen wechseln immer öfter und schneller ihre Plattformen.

Medienpädagogik heißt für uns aber auch, immer medienkritisch zu bleiben und gemeinsam mit Jugendlichen die Nutzung und die Möglichkeiten zu hinterfragen. Oftmals sind Jugendliche, wenn sie sich wirklich mit Medien auseinandersetzen, kritischer als man denkt. Und gleichzeitig häufig zu bedenkenlos, was App-Nutzung und Datenfreigabe betrifft. Diesen Spagat auszugleichen, ist in unserer Einrichtung mittlerweile Tagesgeschäft.

Perspektiven

Welche Chancen sehen Sie vor dem Hintergrund Ihres Erfolgs
a) für die medienpädagogische Projektarbeit an Ihrer Einrichtung?
Das Projekt hat eine enorme Sogwirkung auf weitere Projekte im Medienbereich gehabt. In der Folge haben wir mehrere Hörspiele und kleine Kurzfilme zu unterschiedlichen Themen produziert, da andere Jugendliche Interesse bekamen, selbst kreativ tätig zu werden. Grundsätzlich ist dies unter der Entwicklung von Storytelling zu sehen. Da wir mit unserem Projekt die Lebenswelt der Jugendlichen (die oft mit Cybermobbing konfrontiert sind) authentisch abgebildet haben, konnten sie sich sehr damit identifizieren und fühlten sich wertgeschätzt.

b) für medienpädagogische Projektarbeit generell?
Die oben beschriebene Akzeptanz der Lebenswelt der Jugendlichen führte bei ihnen zu einem vermehrten Interesse an der Abbildung ihrer Situation und ihres Umfeldes. Die derzeitige Selfie-Mentalität, die im Normalfall größtenteils nur zur Selbstdarstellung genutzt wird, führte und führt hier zu einer tieferen und intensiveren Selbstreflexion durch Nutzung audio-visueller Medien. Insofern hat das Projekt als Initialzündung sowohl im pädagogischen Team als auch beim Klientel Spuren hinterlassen. Gerade was Themenbereiche wie Privatsphäre, Datennutzung und -missbrauch

tangiert, bestand und besteht hier erheblicher Handlungsbedarf.

Der Trend, sich immer kritischer mit Medien auseinanderzusetzen, ist auch bei Jugendlichen, gerade vor dem aktuellen Hintergrund von Datenklau-Skandalen etc., zu spüren.

Unsere Angebote für Jugendliche dazu, wie man sich z.B. im Internet schützt und die Privatsphären-Einstellungen bei Profilen optimiert, werden in letzter Zeit deutlich stärker wahrgenommen. Dies stärkt letztendlich wiederum die wünschenswerte Medienkompetenz unseres Klientels.

Struktur und Rahmen

Welche Rahmenbedingungen für Projektarbeit sind wünschenswert? Wie kann man diese schaffen?
Wir haben das Projekt im Rahmen unserer freizeitpädagogischen Angebotspalette durchgeführt. Je nach Anzahl der Medien kann man dies auch mit weniger Jugendlichen durchführen. Selbst die Reduktion auf ein Medium kann sinnhaft sein und ein Ergebnis erzielen.

Feedback

Gab es abschließend seitens der Zielgruppe Verbesserungsvorschläge, weiterführende Ideen bezüglich Ihres Projektes?
Da wir das Projekt unter einer CC-Lizenz zur Veröffentlichung freigegeben haben, obliegt es nun den Nutzer*innen, Anregungen und Kritik zu äußern. Wir hoffen, dass es zahlreich kopiert, angepasst, verändert und weiterentwickelt wird. Bisher hat es eine befreundete Einrichtung in der Gruppenarbeit eingesetzt. Die Resonanz war sehr positiv, da die Box derzeit sehr aktuell ist und die Lebenswelt der Jugendlichen authentisch abbildet. Mit einer wechselnden Medienlandschaft muss die Box ihre Anpassungsfähigkeit unter Beweis stellen.

Interviewpartner*innen

Larissa Bussmann: Sozialpädagogin mit Theater-, Tanz- und Entspannungszusatzausbildungen; hat unter anderem im Projekt den Bereich der Fotostory angeleitet und die darstellerischen Kompetenzen der Jugendlichen gefördert.

Katja Wakeham: Auszubildende; hat das emotionale Hörbuch aus Sicht der Freundin mitgeschrieben und selbst aufgenommen; macht derzeit, animiert durch das Projekt, eine weitere Ausbildung zur Synchronsprecherin.

Hannes Wiese: Auszubildender; war durch sein schauspielerisches Talent die Projektionsfläche für die Fotos und den Film; auch mit ihm sind weitere Folgeprojekte im Freizeitbereich des ZDS Berufsinternats geplant.

Moviemiento e.V.

Living Legends – Memory in Motion

(Kategorie C – Interkulturelle und internationale Projekte)

Living Legends ist ein generationsübergreifendes Projekt, dessen Ziel es ist, Medienkompetenz bei Jugendlichen zu stärken und gleichzeitig immaterielles Kulturgut zu erhalten. Mit dem Projekt soll eine Brücke zwischen mündlicher Überlieferung und digitaler Kultur geschlagen und dadurch ein Dialog der Generationen angeregt werden. In eigens dafür entwickelten Workshops lernen Jugendliche, regionale Erzählungen und Geschichten zusammenzutragen und diese in animierte Kurzfilme zu transformieren. Sie erlernen den kreativen Umgang mit alltäglichen Tools und setzen sich mit der Kunst des „Story Tellings" auseinander.

Die erste LIVING LEGENDS-Tour war ein internationales Kooperationsprojekt zwischen Deutschland, Estland, Ecuador und Kolumbien und wurde durch Mittel des ERASMUS+ Programms der EU gefördert. Ein internationales Team von jeweils drei Film- und Kulturschaffenden aus jedem Land bereiste von Januar bis Juli 2017 gemeinsam alle vier Länder und veranstaltete dort Trickfilmworkshops für Jugendliche in ländlichen Regionen. Weitere Workshops mit der während des Projekts entwickelten Methodik fanden 2017 und 2018 in Berlin-Neukölln und in der Nähe von Quito (Ecuador) statt. Eine Fortsetzung wird es 2019 im Rahmen des im September in Klein Glien (Brandenburg) stattfindenden Festivals *Flämingsause* geben. Geplant ist außerdem eine Workshopreihe im Winter 2020 im Inselstaat Vanuatu. Alle Filme werden auf der virtuellen Karte der Projektwebseite veröffentlicht. Ziel ist es, die Karte nach und nach mit Geschichten aus aller Welt zu füllen. Ihre Methodik teilen die Projektmacher*innen dafür gerne mit allen, die daran interessiert sind.

Thema

Digitalisierung von mündlich überlieferten Geschichten und Legenden durch Jugendliche (regionale Märchen, Mythen und Legenden aus Ecuador, Kolumbien, Estland und Deutschland werden zu kurzen Animationsfilmen).

Zielgruppe/n

Jugendliche zwischen 14 und 20 Jahren, wie auch Jugendarbeiter*innen oder Medienpädagog*innen, die als Multiplikator*innen das Konzept fortsetzen. Die Tour 2017 konzentrierte sich dabei vor allem auf ländliche Regionen, da die Jugendlichen dort im Allgemeinen im Umgang mit digitalen Medien weniger vertraut sind bzw. der Zugang noch nicht selbstverständlich ist. Zumindest war dies in Ecuador und Kolumbien der Fall, hierbei existieren natürlich große Unterschiede zwischen Nord- und Südhalbkugel sowie auch zwischen Stadt und Land.

Methoden

Das Projekt nähert sich dem Thema mit einem interkulturellen Ansatz. Die Methodik für die partizipativen Filmworkshops wurde in mehreren Vorbereitungstreffen von einem internationalen Team entwickelt. Die Teammitglieder kamen nicht nur aus sehr unterschiedlichen kulturellen Kontexten, sondern brachten auch eine breite Vielfalt an professionellen Kompetenzen ein. Ihre Erfahrungen und Kenntnisse stammen sowohl aus dem professionellen Filmbereich wie auch aus der interkulturellen Jugendarbeit. Gemeinsam stellte man einen Arbeitsplan und Methoden zusammen, die mit jedem durchgeführten Workshop noch verfeinert und an die speziellen regionalen Voraussetzungen und Bedürfnisse angepasst wurden. Nachdem die grundlegenden Kenntnisse auf spielerischem Weg und durch niedrigschwellige Technik vermittelt worden waren, erfolgte die Arbeit an den Geschichten in kleinen Gruppen mit intensiver Betreuung von einem zweiköpfigen, kulturell und professionell heterogenen Tutorenteam. Die fertigen Kurzfilme wurden am letzten Tag des Aufenthalts jeweils der dörflichen Gemeinschaft öffentlich präsentiert.

Projektlaufzeit

Sechs Monate

Ergebnisse

Während der zwölf Workshops in vier verschiedenen Ländern entstanden 35 kurze Animationsfilme in sechs verschiedenen Sprachen. Die Filme sind auf Vimeo und auf der Projekt-Webseite zu sehen. Außerdem verfasste das Team parallel zu den Workshops zwölf kurze dokumentarische Porträts über die Orte, an denen die Workshops stattfanden. Zum Teil befinden sich diese noch in Bearbeitung. Auf der Projekt-Webseite gibt es außerdem in Form eines Tour-Tagebuchs ein Making-off-Video zu jedem Workshop, ergänzt durch Berichte und Fotomaterial. Das Methodenhandbuch ist seit Ende 2018 ebenfalls auf der Projektwebseite online.

Alle Filme finden Sie auf www.livinglegendsproject.org/stories und das Tour-Tagebuch auf www.livinglegendsproject.org/diary.

Kontakt

Julia Schneeweiss
E-Mail: julia@moviemiento.org

Moviemiento e.V.
Grünbergerstr. 73
10407 Berlin
Web: www.moviemiento.org,
www.livinglegendsproject.org

Im Interview
Living Legends – Memory in Motion
Moviemiento e.V.
Julia Schneeweiss

Herausragendes und Spezielles

Welches sind die Besonderheiten Ihres Projekts?
Living Legends war ein Kooperationsprojekt zwischen Deutschland, Estland, Ecuador und Kolumbien. Ein internationales Team aus zwölf Filmschaffenden bereiste gemeinsam alle vier Länder und entwickelte eine eigene Methodik für das Projektanliegen, die Digitalisierung von traditionellen Mythen und Legenden durch jugendliche Projektteilnehmer*innen. Mit dem Projekt sollte eine Brücke zwischen mündlicher Überlieferung und digitaler Kultur geschlagen und dadurch ein Dialog der Generationen angeregt werden. Die Arbeit in einem Team mit so unterschiedlichen kulturellen wie auch professionellen Hintergründen war nicht immer einfach, aber auf jeden Fall sehr inspirierend. Die Workshops verliefen nach einer kurzen Kennenlernphase sehr eingespielt und harmonisch, während das ununterbrochene Zusammenleben und -reisen das Team zum Teil viel Kraft kostete und das Zurückstellen persönlicher Befindlichkeiten abverlangte.

Der generationsübergreifende Ansatz machte die Workshops für alle Beteiligten zu einem ganz besonderen Erlebnis. Auf der Suche nach geeigneten Geschichten begleiteten wir die Jugendlichen zu den älteren Dorfbewohner*innen, die ihre Erinnerungen gerne mit uns teilten. Die Jugendlichen erlernten so Interviewtechniken, während die Älteren sich geschmeichelt fühlten und sichtlich bewegt waren, an dem Interesse der jungen Generation.

Ziele und Methoden

Welche medienpädagogischen Ziele werden mit welchen Methoden verfolgt?
Durch unsere partizipativen Filmworkshops sollen Jugendliche den kreativen Umgang mit alltäglichen Tools wie Smartphone und Computer lernen. Wir benutzen die Stop-Motion-Technik in 2D und 3D, um einfache Trickfilme herzustellen. Die Funktionsweise der Technik können die Teilnehmer*innen mit einer kostenlosen App auf ihren Smartphones testen und sich durch diverse praktische Übungen mit Parametern wie Zeit, Raum und Bildausschnitt vertraut machen. Die Umsetzung von der erzählten Geschichte über das Storyboard zum Trickfilm erfolgt meist mit professioneller Technik, wie Spiegelreflexkamera und Animationssoftware, so dass in allen Bereichen Erfahrungen gesammelt werden können. Positionen im Team werden regelmäßig getauscht. Die Teilnehmer*innen treffen alle kreativen Entscheidungen selber und fertigen auch das komplette Set-Design selbst an, die Workshopleiter*innen geben lediglich Tipps aus dem Hintergrund, bedienen aber die Technik nicht. Wir versuchen dabei so oft es geht natürliche Materialien aus der Gegend zu benutzen, damit die Filme auch einen regionalen Touch bekommen. Auch die Vertonung nehmen die Jugendlichen selbst in die Hand, nur selten wird auf Sounddatenbanken zurückgegriffen.

Am Ende haben die Jugendlichen alle Phasen der Filmproduktion durchgemacht und zusätzlich noch einfache Interviewtechniken gelernt. Auch die Präsentation der Filme wird am Ende, wie bei einer richtigen Filmpremiere, von den Jugendlichen selber vorgetragen.

Ein weiteres Projektziel, einen Austausch zwischen den Generationen herzustellen, wird durch die Suche nach Geschichten und durch den Interviewtag erreicht. Die Erzähler*innen sind im Vor- oder Abspann der Filme immer kurz zu sehen und werden selbstverständlich zu den Präsentationen geladen.

Medienkompetenz und Medienbildung durch Praxisprojekte

*Welche Vorkenntnisse haben die Teilnehmer*innen?*
Je nach Land und Region bringen die Teilnehmenden unterschiedliche Voraussetzungen mit. Während in Europa die Verbreitung von Smartphones und die Nutzung von digitalen Medien in unserer Zielgruppe im privaten Bereich selbstverständlich sind, gibt es dagegen in Südamerika noch große regionale Unter-

schiede. Für die Teilnahme an den Workshops sind Vorkenntnisse allerdings nicht notwendig.

Welche Bereiche der Medienkompetenz fördert das Projekt?
Das Projekt fördert vor allem eine kreative Mediennutzung und damit die Fähigkeit, selbst gestaltend tätig zu werden. Durch den Prozess der Filmherstellung werden gleichzeitig bestimmte Wirkungen, z.B. Kameraeinstellungen und Filmmusik, reflektiert und somit der Grundstein für eine bewusstere Medienwahrnehmung gelegt.

Welche Kenntnisse erwerben die Teilnehmenden?
Die Teilnehmer*innen lernen, wie Trickfilme hergestellt werden und welche immense Arbeit dahintersteckt. Das fördert zum Beispiel die Geduld und den Teamgeist. Weiterhin ler-

nen die Jugendlichen über das Storyboard und den kreativen Prozess des Set-Designs, eine erzählte Geschichte in ein audiovisuelles Produkt zu verwandeln.

Probleme und Grenzen

Gab es strukturelle oder pädagogische Grenzen und Stolpersteine bei der Vorbereitung oder Durchführung des Projekts? Wie wurden diese Probleme bewältigt?
Die Sprachbarriere erschien im Vorfeld des Projekts als großes Hindernis, zeigte sich aber in der Umsetzung als weit weniger problematisch. Jedes Tutorenteam war mit einer/einem Muttersprachler*in besetzt, die gemeinsamen Projektsprachen unter den Tutor*innen waren Englisch und Spanisch. So konnte die/der Muttersprachler*in zwischen den Jugendlichen und der/dem anderen Tutor*in vermitteln. Am Ende der siebentägigen Workshops funktionierte die Kommunikation dann meist auch so. Schwierigkeiten ergaben sich eher aus dem zeitintensiven Anspruch der Workshops, die aufgrund der Projektbeschaffenheit ja auch an einem Stück stattfinden mussten. Die Zusammenarbeit mit Schulen oder kompletten Schulklassen in Form einer Projektwoche erwies sich in Europa als effektiver, während in Lateinamerika die Jugendlichen den Workshop nachmittags nach der Schule in ihrer Freizeit besuchten.

Technik

Welche technischen Voraussetzungen müssen für Projekte wie Ihres gegeben sein?
Die Workshops sind mit verschiedenen technischen Voraussetzungen durchführbar. Bei minimalem Aufwand werden lediglich Smartphones, die entsprechenden kostenfreien Apps und ein Stativ benötigt. Für einen komplexeren Aufbau und eine höhere technische Qualität der Ergebnisse verwenden wir Spiegelreflexkameras und Computer mit Schnitt und Animationssoftware sowie Audiorecorder.

Tipps für die Praxis

Welche Ratschläge oder Empfehlungen können Sie Interessierten geben, die ähnliche medienpädagogische Projekte durchführen möchten?
Gerne stehen wir für konkrete Fragen und Anregungen jederzeit zur Verfügung. Wir würden uns freuen, wenn das Konzept von *Living Legends* auch in anderen Teilen Deutschlands oder der Welt umgesetzt würde und teilen alle Geschichten auf unserer virtuellen Karte. Wenn der Workshop, wie in unserem Fall, nicht im eigenen „Kiez" durchgeführt werden soll, ist es essentiell, mit kompetenten Partnern vor Ort zusammenzuarbeiten. Diese kümmerten sich dann vor Ort um die Teilnehmerakquise und stellten die Workshopräume zur Verfügung.

Motivation

War es notwendig, die Zielgruppe für das Projekt zu motivieren? Wenn ja, warum und wie?
Eigentlich nicht, das Genre Trickfilm ist an sich sehr attraktiv.

Was hat den beteiligten Kindern und Jugendlichen besonders viel Spaß gemacht?
Die Jugendlichen hatten besonders an den praktischen Übungen mit dem Smartphone sehr viel Spaß. Ebenso begeisterten sie sich für die Tonaufnahmen, da sie dazu tatsächlich komplett alleine unterwegs sein konnten. Der Animationsprozess konnte zum Teil etwas langatmig werden und die Geduld der Teilnehmer*innen herausfordern. In diesen Fällen haben wir die entsprechenden Kandidat*innen, die nicht mehr still sitzen konnten, dann meist mit dem Aufnahmegerät losgeschickt, um Tonaufnahmen zu besorgen.

Und was fanden Sie selbst besonders motivierend?
Uns motivierten vor allem die regionalen und kulturellen Unterschiede der Orte, die wir besuchten. Nicht nur die Geschichten, sondern natürlich auch die Bewohner*innen variierten dabei sehr. Besonders positiv waren in den

meisten Fällen auch die sich entwickelnde Gruppendynamik und das Vertrauensverhältnis untereinander und zu uns, sowohl in den Kleingruppen wie auch in der gesamten Gruppe. Waren wir zu Beginn meist alle Fremde, reiste man am Ende oftmals mit neuen Freundschaften weiter.

Nachhaltigkeit und Wirkung des Projekts

Welche Veränderungen haben sich durch die Medienprojekte in der Zielgruppe, in Ihrer Einrichtung oder den beteiligten Einrichtungen, im Stadtteil etc. ergeben?
Schwer zu sagen. Wir hoffen bei der/dem einen oder anderen Teilnehmer*in einen bewussteren Umgang mit Medien bzw. eine bewusstere Medienrezeption stimuliert und eventuell sogar ein Interesse sowie Kompetenzen für eine spätere kreative Tätigkeit im Medienbereich geweckt zu haben. Auf jeden Fall zeigt das Projekt niedrigschwellig Möglichkeiten auf, Medieninhalte kreativ zu gestalten.

Läuft das Projekt noch und wenn ja, wie lange? Oder gibt es Anschlussprojekte?
Die *Living Legends*-Tour durch Ecuador, Kolumbien, Estland und Deutschland ist abgeschlossen. Ein elementarer Aspekt des Konzepts liegt aber in der Wiederholbarkeit der Methode bzw. in ihrer Multiplikation. Weitere Workshops haben in Ecuador und Deutschland bereits stattgefunden. Eine Fortsetzung wird es 2019 im Rahmen des im September in Klein Glien (Brandenburg) stattfindenden Festivals *Flämingsause* geben. Geplant, aber auch noch unsicher in der Finanzierung, ist außerdem eine Workshopreihe im Winter 2020 im Inselstaat Vanuatu. Anfragen von Jugendeinrichtungen, Schulen, Gemeinden oder Vereinen, die sich für einen *Living Legends*-Workshop interessieren, werden von Moviemiento gerne entgegengenommen.

Themen

Welche Themen (Inhalte) waren im Projekt für Ihre Zielgruppe besonders spannend?
Besonders unterhaltsam waren für die Jugendlichen zum Beispiel die praktischen Übungen mit der Smartphone-App. Viele haben damit dann direkt zu Hause weitergemacht und eigene kleine Filme produziert. Auch die Recherche nach Geschichten und die Interviews mit den älteren Menschen sind jeweils ein sehr emotionaler und aufregender Teil des Projekts, sozusagen die Feldforschung.

Trends und Interessen der Zielgruppe

Welche neuen Medientrends, medialen Interessen oder Aspekte der Medienkultur sind in ihrer Zielgruppe in jüngster Zeit besonders aktuell?
Der selbstverständliche Besitz eines eigenen Smartphones und die tägliche Nutzung der angesagtesten Apps sind Trends, die sich weltweit ausbreiten. Die tägliche Mediennutzungszeit von Jugendlichen (und auch Erwachsenen) ist dadurch enorm gestiegen, schon von jungem Alter an spielt sich ein großer Teil des Soziallebens online ab.

Wie geht man in Ihrer Einrichtung/wie gehen Sie evtl. darauf ein?
Wir versuchen in unseren Workshops darauf einzugehen, indem wir Smartphones als Technologie verwenden und den kreativen Umgang damit schulen.

Perspektiven

Welche Chancen sehen Sie vor dem Hintergrund Ihres Erfolgs
a) für die medienpädagogische Projektarbeit an Ihrer Einrichtung?
Moviemiento wird sich auch in Zukunft auf die Entwicklung origineller medienpädagogischer Projekte im Rahmen der interkulturellen Projektarbeit konzentrieren. Durch den Erfolg des Projektes *Living Legends* hoffen wir natürlich

auf Folgeprojekte in weiteren Regionen und die Multiplikation unseres Workshopkonzepts.

b) für medienpädagogische Projektarbeit generell?

Wir hoffen, andere im medienpädagogischen Bereich tätige Organisationen zu inspirieren und teilen unsere Methodik sowie unsere Projektwebseite gerne mit ihnen.

Struktur und Rahmen

Welche Rahmenbedingungen für Projektarbeit sind wünschenswert? Wie kann man diese schaffen?

Für die interkulturelle Projektarbeit ist eine funktionierende Kommunikation mit den Partnerorganisationen in der Projektvorbereitung grundlegend. Realisiert haben wir diese zum Beispiel durch die Nutzung von Online-Projektmanagement-Tools. Ein gut organisiertes Kick Off-Event, bei dem die Organisator*innen persönlich zusammentreffen und das Projektformat sowie bestimmte Inhalte gemeinsam erarbeiten, ist für ein erfolgreiches interkulturelles Projekt ebenso ratsam.

Feedback

Gab es abschließend seitens der Zielgruppe Verbesserungsvorschläge, weiterführende Ideen bezüglich Ihres Projektes?

Natürlich wurden wir oft gefragt, wann wir wiederkommen und weitermachen. In dem Rahmen der einmaligen Projektförderung kann man diese Frage natürlich nie wirklich ehrlich beantworten. Gerne würden wir natürlich über die finanzielle Sicherheit verfügen, Strukturen für die langfristige Arbeit in bestimmten Regionen aufbauen zu können.

Interviewpartnerin

Julia Schneeweiss: studierte Kulturwissenschaften und Dokumentarfilm in Berlin und Barcelona; gründete während des Studiums mit Freunden das reisende Kurzfilmfestival *Moviemiento – Short Films on the road,* für das sie bis heute als Projektkoordinatorin tätig ist.

Moviemiento schafft temporäre Begegnungsräume durch die kreative Nutzung von öffentlichem Raum. Ob als Wanderkino per Bus, Boot oder Fahrrad unterwegs in ganz Europa oder in Form von Filmworkshops für Jugendliche – Moviemiento nutzt Medien, um interkulturellen Austausch anzuregen und einen sinnvollen Dialog zu gesellschaftlich relevanten Themen zu schaffen.

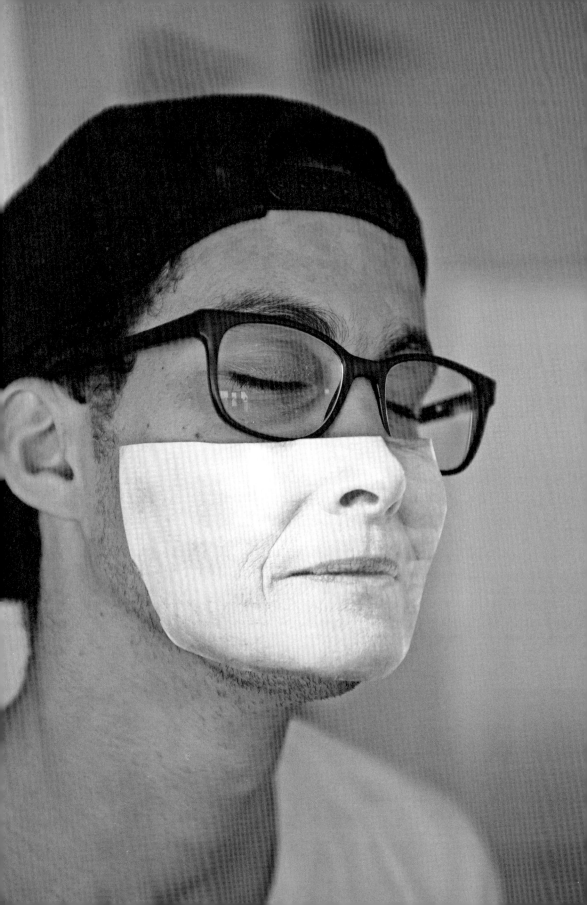

LAG Kunst und Medien NRW e.V. und Selfiegrafen

NeoEnkel – generationsübergreifendes Fotoprojekt mit Geflüchteten und Senior*innen

(Kategorie C – Interkulturelle und internationale Projekte)

Alte Fotoalben treffen auf Handydisplays. In diesem modellhaften Wohnprojekt ist ein Patchwork-Bildband der Kulturen und Generationen entstanden. In der Amalie-Sieveking Wohngemeinschaft in Hamm leben geflüchtete junge Männer aus verschiedenen Ländern mit Senior*innen unter einem Dach. Gemeinsam nutzen sie Wirtschafträume, haben aber jede*r ein eigenes kleines Appartement. Diese heterogene Gruppe hat innerhalb von fünf Monaten wöchentlich in einem Fotografie-Projekt zusammengearbeitet. Die Senior*innen und die „neu angenommenen Enkel" haben sich aufeinander zubewegt. Durch die Anwesenheit der Senior*innen leben die jungen Geflüchteten in einer Art Großfamilie, die sie aus ihrer Kultur kennen und durch ihre eigenen sozialen Kompetenzen im Umgang mit älteren Menschen bereichern. Die Senior*innen wiederum helfen bei der Verselbstständigung der jungen Männer und haben ein offenes Ohr für die Sorgen der Jüngeren. Im Gegenzug bekommen sie dafür eine helfende Hand. Nach dem Auszug aus dem Haus kehren die jungen Männer gerne ab und zu in die dort gelebte Geborgenheit zurück. Ergreifende Momente, Erinnerungen, aber auch das spielerische Entdecken des Gegenübers und gemeinsames Lachen helfen über den Projektzeitraum hinaus, Toleranz aufzubauen und Berührungsbarrieren zu überwinden.

Thema

Das Projekt setzte sich zum Ziel, Kommunikationsräume zu schaffen zwischen Jung und Alt. Die Menschen konnten sich in diesem schon vorhandenen und geschützten Raum neu begegnen, die Besonderheiten ihrer Kulturen erklären und durch die kreative Auseinandersetzung bestehende Berührungsängste dem Fremden gegenüber abbauen. Das entstandene Patchwork-Fotobuch ist das Produkt vieler Nachmittage und fotografischer Aufgaben, die zusammen gelöst wurden.

Zielgruppe/n

Sechs junge Geflüchtete zwischen 13 und 17 Jahren (durchgehende Teilnahme) und ca. 15 Senior*innen

Methoden

Fotografie, Magazin, Smartphone-Fotografie, Collage

Projektlaufzeit

Fünf Monate (wöchentliche Treffen)

Ergebnisse

Magazin, Ausstellung

Kontakt

LAG Kunst und Medien NRW e.V.
Web: www.lag-km.de

Selfiegrafen
Web: https://selfiegrafen.de

Im Interview

NeoEnkel – generationsübergreifendes Fotoprojekt mit Geflüchteten und Senior*innen

LAG Kunst und Medien NRW e.V. und Selfiegrafen

Fleur Vogel, Iris Wolf und Jörg Meier

Herausragendes und Spezielles

Welches sind die Besonderheiten Ihres Projekts?
Die jungen Flüchtlinge stammen aus Eritrea, Syrien und dem Iran. Einige der Senior*innen sind „Vertriebene" aus Oberschlesien und Pommern. Auch wenn ihre persönlichen Lebensgeschichten lange zurückliegen, verbindet das Erlebte beide doch sehr, was besonders spür- und sichtbar an einem Projekttag wurde, an dem sich beide Parteien Fotografien aus ihrer Heimat zeigten und plötzlich klar wurde, dass ihre Erfahrungen viele Ähnlichkeiten aufweisen. Innerhalb einer Fotoschnitzeljagd arbeitete z.B. ein junger Mann mit einer Seniorin zusammen. Sie haben als Duo gemeinsam Dinge „ausgeheckt" und diese dann nachher vorgestellt. Nicht wenige Senior*innen sagten im Anschluss „LOL" und wussten was eine WhatsApp ist.

Ziele und Methoden

Welche medienpädagogischen Ziele wurden mit welchen Methoden verfolgt?
In erster Linie wurde Medienkunde vermittelt. Die jungen Teilnehmer waren vor Beginn natürlich in der Lage, ihr Smartphone zu bedienen, am Ende jedoch waren sie auch in der Lage, dieses Wissen weiterzureichen an die Senior*innen. Die jungen Teilnehmer haben den Umgang mit einer Spiegelreflexkamera erlernt und auch den Zusammenhang zwischen Zeit/ Blende und Lichtempfindlichkeit. Sie konnten mit einer Blitzanlage hochwertige Studioaufnahmen anfertigen. Bildbearbeitungsprogramme waren bereits bekannt – die Kenntnisse konnten ausgeweitet werden. Immer stellt sich die Frage nach der Wahrheit und der Lüge, von dem Ausschnitt und dem Ganzen. Wie kann man damit in der Fotografie umgehen?

Mediengestaltung wurde durch das Mitspracherecht um die Form und die Entstehung des Fotobuchs vermittelt. Es wurde eine gemeinsame Auswahl der Fotografien getroffen. Die Bilder wurden hierbei kreativ überdacht, auf ihren Kontext und ihre Ästhetik hin untersucht und zusammengefügt.

Medienkompetenz und Medienbildung durch Praxisprojekte

*Welche Vorkenntnisse hatten die Teilnehmer*innen?*
Smartphones waren bekannt, um zu kommunizieren, aber auch um kurze Videos oder Fotografien zu machen.

Welche Bereiche der Medienkompetenz fördert das Projekt?
- Medien wie Zeitschriften (Selbstdarstellung, Selbsteinschätzung): Es wurden bspw. Interviews, aber auch Portraits von Menschen analysiert. Fragen wie „Was gebe ich von mir preis? Wie möchte ich mich/meinen Gegenüber darstellen?" wurden in der Gruppe behandelt. Außerdem dienten Zeitschriften als Inspiration.
- Mediennutzung
- Recherche und Einsatz (vergleichender Mediengebrauch)
- Medienkritik

Welche Kenntnisse haben die Teilnehmenden erworben?
Wenn hier auf einen konkreten „Output" abgezielt werden soll: Umgang mit der Digital- und Smartphonekamera, Bildkomposition,

Bildredaktion (welche Bilder passen zusammen, bilden eine interessante Gruppe etc.).

Probleme und Grenzen

Gab es strukturelle oder pädagogische Grenzen und Stolpersteine bei der Vorbereitung oder Durchführung des Projekts? Wie wurden diese Probleme bewältigt?

Die Selfiegrafen, in diesem Fall die Akteur*innen bei der Umsetzung des Projekts, haben zahlreiche Erfahrungen in der Vergangenheit machen können. Bei der Durchführung des Projekts *NeoEnkel* gab es nichts zu beklagen. Pädagogische Grenzen sind bekannt und Probleme werden in Projekten von den begleitenden pädagogischen Fachkräften der Partnereinrichtung aufgefangen, so dass die Referent*innen keine Aufgaben übernehmen müssen, die sie nicht bewältigen sollen oder können.

Technik

Welche technischen Voraussetzungen müssen für Projekte wie Ihres gegeben sein?

Keine – die Jugendlichen arbeiten in der Regel mit ihren Smartphones – bei Bedarf setzen die Fotopädagog*innen eigenes Equipment ein.

Tipps für die Praxis

Welche Ratschläge oder Empfehlungen können Sie Interessierten geben, die ähnliche medienpädagogische Projekte durchführen möchten?

Das wesentlich Interessante lag in der Zusammenführung zweier so unterschiedlicher Gruppen mit verschiedenem Kenntnisstand. Beide Gruppen konnten stark voneinander profitieren, menschlich und auch medienpädagogisch. Die aktive Kommunikation wurde stark gefördert durch die spielerische Herangehensweise bei der Durchführung. Die Empfehlung liegt also im Ausprobieren und Wagen.

Motivation

War es notwendig, die Zielgruppe für das Projekt zu motivieren? Wenn ja, warum und wie?

Die Zielgruppen sind natürlich beide unterschiedlich anzusprechen, was aber kein Problem darstellt. Senior*innen arbeiten sehr gerne an einem Projekt, wenn man sie langsam heranführt. Sie haben eine Bandbreite von Erfahrungen und eine lange Geschichte. Junge Menschen stehen im Hier und Jetzt und schauen auf die Methoden so, dass sie etwas für sich übernehmen, weiterentwickeln und etwas neues Eigenes daraus machen wollen. Beide Gruppen finden am Medium Fotografie ihren „gemeinsamen Nenner". Erfahrung, Erinnerung, den Mut zum Scheitern und ein bisschen Abenteuerlust tun ihr Übriges.

Was hat den beteiligten Kindern und Jugendlichen besonders viel Spaß gemacht?

Spielerisch zu arbeiten; Überraschungen; neue Methoden, sich darzustellen, zu entdecken und auszuprobieren; etwas direkt aus dem Fotografieren zu lernen – Kreativität multipliziert sich.

Und was fanden Sie selbst besonders motivierend?

Wenn ein Projekt gelingt, merkt man das in den ersten Minuten. Das war in diesem Projekt der Fall. Dann öffnet man sich und kann alles ausprobieren, was man sich vorgestellt hat, weil auch menschlich die Gruppe zusammenpasst. Ein Scheitern gibt es nicht, es ist dann nur ein weiterer Versuch. Wenn dann die Umsetzungen der Aufgabenstellungen weit über das reichen, was man sich zum Ziel gesetzt hat, dann ist man sehr motiviert durch den Tiefgang der Ergebnisse und durch die Kommunikation im Raum.

Nachhaltigkeit und Wirkung des Projekts

Welche Veränderungen haben sich durch die Medienprojekte in der Zielgruppe, in Ihrer Einrichtung oder den beteiligten Einrichtungen, im Stadtteil etc. ergeben?
Die beiden Gruppen können nun noch besser aufeinander zugehen und kommunizieren. Sie haben zusammen gearbeitet, auch in Zweierteams, und sich gegenseitig erkannt als „gleich". Der Unterschied besteht lediglich in den verschiedenen Lebensabschnitten, in denen sie sich befinden.

Läuft das Projekt noch und wenn ja, wie lange? Oder gibt es Anschlussprojekte?
Genau dieses Projekt wird nicht wiederholt, aber wir knüpfen an unsere Erfahrungen, die wir mit dem Projekt gemacht haben, an.

Themen

Welche Themen (Inhalte) waren im Projekt für Ihre Zielgruppe besonders spannend?
Manipulationen von Fotografien sind immer spannend. Aussagen verschieben sich, je nachdem wie Bilder zueinander gelegt werden. Gefühle und andere Wahrheiten entstehen. Geschichten können erzählt werden.

Trends und Interessen der Zielgruppe

Welche neuen Medientrends, medialen Interessen oder Aspekte der Medienkultur sind in ihrer Zielgruppe in jüngster Zeit besonders aktuell?
Da das Projekt abgeschlossen ist, können wir keine Aussage dazu machen.

Perspektiven

Welche Chancen sehen Sie vor dem Hintergrund Ihres Erfolgs für medienpädagogische Projektarbeit generell?
Insbesondere Fotografie bietet die Chance, Menschen mit unterschiedlicher Lebenserfahrung zusammenzubringen. Unabhängig von Alter, Geschlecht, Herkunft und Bildungsniveau finden die Teilnehmer*innen eine gemeinsame (neue) Bildsprache.

Struktur und Rahmen

Welche Rahmenbedingungen für Projektarbeit sind wünschenswert? Wie kann man diese schaffen?
Viel Zeit; ein zweiter Teil, sprich eine Fortsetzung des Projektes, um den Teilnehmenden eine Vertiefung ihrer Erfahrungen zu ermöglichen und Neues auszuprobieren; Aufmerksamkeit, …

Feedback

Gab es abschließend seitens der Zielgruppe Verbesserungsvorschläge, weiterführende Ideen bezüglich Ihres Projektes?
Das ist immer wünschenswert, aber nicht realisierbar.

Interviewpartner*innen

Fleur Vogel: Bildungsreferentin der LAG Kunst und Medien; Web: https://lag-km.de.

Iris Wolf: Selfiegrafen; Web: https://selfiegrafen.de.

Jörg Meier: Selfiegrafen; Web: https://selfiegrafen.de.

Medienprojekt Berlin e.V.

Wahl inklusiv – Ein Videoworkshop für Menschen mit und ohne Behinderungen

(Kategorie D – Intergenerative und integrative Projekte)

Wahl inklusiv ist ein Videoworkshop für Menschen mit und ohne Behinderungen. Die Teilnehmenden produzierten anlässlich der Bundestagswahl unter Anleitung Kurzfilme zum Thema „Politik und Inklusion". Die Filmideen wurden gemeinsam von den Teilnehmenden geplant und umgesetzt. Dabei wurden sie von drei Medienpädagog*innen und Filmemacher*innen angeleitet. Es entstanden 18 Kurzfilme mit einer Gesamtlänge von 92 Minuten. Die Ergebnisse dienen ihnen damit als Sprachrohr, um ihre Wünsche, Hoffnungen und Ängste breiter in der Öffentlichkeit bekannt zu machen.

Thema

Menschen mit und ohne Behinderungen drehen Filme zum Thema „Inklusion und Politik".

Zielgruppe/n

Menschen mit und ohne Behinderungen

Methoden

Die Teilnehmenden entwickelten im Rahmen eines zeitlich begrenzten Videoworkshops eigene Filmideen und setzten diese mit Unterstützung von Filmemacher*innen und Medienpädagog*innen um. Das Ziel war, ein bestmöglichstes Produkt im Rahmen des gegebenen Zeitraumes zu erarbeiten, angepasst an die persönlichen Fähigkeiten und Grenzen der Teilnehmenden. Dabei wurden die Teilnehmer*innen sowohl theoretisch in Filmgestaltung und Filmbildung als auch praktisch im Umgang mit dem Kameraequipment und dem Schnittprogramm geschult. Die Dreharbeiten wurden unter Anleitung nach der Methode „Learning by Doing" durchgeführt.

Projektlaufzeit

Ca. sechs Wochen.

Ergebnisse

18 einzelne Kurz-Filmbeiträge von insgesamt 92 Minuten Länge:

- **Der Musiker:** Der blinde Olaf singt und musiziert seit zehn Jahren gemeinsam mit seiner Duo-Partnerin im *Duo Lebensgeister.* Er hat einen Inklusionsreggae komponiert.
- **Die Blindenwerkstatt** in Steglitz soll geschlossen werden. Die Arbeiter sind sauer.
- **Die Fotografin:** Luna fotografiert Kamerateams und veröffentlicht sie auf ihrem Blog.
- **Der Kanalarbeiter:** Linus hat einen eigenen YouTube-Kanal. Auf der Seite „Handicap-Lexikon" behandelt er alles, was Menschen mit Behinderungen betrifft.
- **Die Leichte Sprache taz:** Die Berliner taz veröffentlicht einzelne Artikel zu politischen Themen in leicht verständlicher Sprache. Eine Autorin der Redaktion erklärt den Grund dafür.
- **Der Specht der Woche:** Christian Specht malt in der taz Bilder zu selbst bestimmten Themen. In der Rubrik „Specht der Woche" werden die Bilder veröffentlicht. Christian ist politisch interessiert und wurde in den Vorstand der Lebenshilfe gewählt.
- **Der verkappte Regisseur:** Christian B. spricht über schlechte Erfahrungen und persönliche Wünsche.

- **Die engagierte Malerin:** Heidi ist 73 Jahre alt. Sie setzt sich im Beirat für Menschen mit Behinderungen in Berlin-Lichtenberg für die Rechte von Menschen mit Beeinträchtigungen ein. Und sie malt.
- **Die Behindertenwerkstatt:** Innenansichten aus dem Alltag eines Arbeiters und einer Gehörlosen in einer Werkstatt.
- **Sozialolympia**: Ein Interview bei einem inklusiven Sportfest.
- **Der Rapper:** Adrian hat Sprachschwierigkeiten. Durch das Rappen seiner eigenen Texte überwindet er seine Sprachbarrieren.
- **Das Teilhabegesetz:** Ulrike Pohl erklärt Vor- und Nachteile des Gesetzes.
- **Der Werber:** Alexander arbeitet in einer Werbeagentur. Der Film zeigt seinen Alltag. Er spricht über die Probleme, als Mensch mit Behinderung einen Ausbildungsplatz zu bekommen.
- **Wheelmap.org:** Eine interaktive Karte zeigt barrierefreie Kneipen, Kinos und Restaurants.
- **Der Geflüchtetenhelfer:** Nauar ist in der Obdachlosenhilfe engagiert und hilft Geflüchteten. Der gebürtige Iraker übersetzt Texte für sie und hat ein eigenes Hilfsprojekt gestartet. Er sammelt Rollstühle und möchte sie in den Irak bringen.
- **Leidmedien.de:** Kampf gegen Klischees über Menschen mit Behinderungen in den Medien.
- **Die engagierte Rentnerin:** Helga ist EU-Rentnerin und engagiert sich in Frauenprojekten und einer Anwohnerinitiative.
- **Ganzhaben statt Teilhaben – Pride Parade 2017:** 1600 Menschen haben in Berlin „behindert und verrückt gefeiert". Wir haben Teilnehmende nach ihrer Meinung zum Thema „Politik und Inklusion" gefragt.

Kontakt

Medienprojekt Berlin e.V.
c/o Brandt/Hoffmann
Richard-Sorge-Str. 66
10249 Berlin

Volker Hoffmann (Medienpädagoge und Projektleitung)
Ingrid Brandt (Vorstand Medienprojekt Berlin e.V.)
Tel.: 030/755 255 63

Web:
www.medienprojekt-berlin.de
www.facebook.com/medienprojektberlin1
www.youtube.com/medienprojektberlin
www.vimeo.com/medienprojektberlin
www.instagram.com/medienprojektberlin

Im Interview
Wahl inklusiv
Medienprojekt Berlin e.V.
Volker Hoffmann

Herausragendes und Spezielles

Welches sind die Besonderheiten Ihres Projekts?
Menschen mit und ohne Behinderungen im Alter von 17 bis 63 Jahren haben im Juli 2017 in Berlin unter medienpädagogischer Anleitung 18 kurze Filme rund um das Thema „Politik und Inklusion" gedreht. Menschen mit Behinderungen zählen in unserer Gesellschaft leider immer noch als Randgruppe, die in der Öffentlichkeit kaum wahrgenommen und akzeptiert wird. Ein Ziel war, vor der Bundestagswahl Probleme, Wünsche und Hoffnungen von Menschen mit Behinderungen filmisch festzuhalten und somit als Sprachrohr für die Interessen dieser Zielgruppe zu wirken und damit eine größere Akzeptanz zu erzeugen.

Die Gruppe hat eigene Filmideen entwickelt und diese dann in Kleingruppen entsprechend ihren individuellen Fähigkeiten umgesetzt. Die Teilnehmenden bildeten dabei, ähnlich einer TV-Redaktion, ein Team und besetzten die verschiedenen Rollen: Journalist*innen, Kamera- und Tonleute, Cutter*innen. Dabei wurden die jeweiligen Beeinträchtigungen der Teilnehmenden individuell berücksichtigt.

Um eine größtmögliche Öffentlichkeit zu erreichen, organisierte das Medienprojekt Berlin mehrere öffentliche, kostenlose Filmvorführungen. Die öffentliche Premiere fand in Anwesenheit aller Beteiligten im Kino *Zukunft am Ostkreuz* in Berlin-Friedrichshain statt. Sechs weitere Aufführungen mit teilweise ausführlichen Diskussionen unter Mitwirkung der Beteiligten folgten.

Darüber hinaus sind die Filme auf Videoplattformen wie YouTube, in sozialen Netzwerken wie Facebook und auf den jeweiligen Webseiten der Veranstalter und Kooperationspartner veröffentlicht.

Ziele und Methoden

Welche medienpädagogischen Ziele wurden mit welchen Methoden verfolgt?
- Durch das kooperative, arbeitsteilige Produzieren wurde eine Auseinandersetzung mit dem Thema „Inklusion" zwischen den Beteiligten geschaffen. Eine praktische Umsetzung des Themas fand durch die gemeinsame Produktion von Kurzfilmen und Reportagen statt.
- Förderung des kreativen Ausdrucks und der Medienkompetenz von Menschen mit und ohne Beeinträchtigungen.
- Das Filmprojekt unterstützte die Teilnehmenden bei der Entwicklung einer demokratischen Persönlichkeit. Menschen mit Behinderungen wurden vom Objekt zum Subjekt, also von überwiegend „Behandelten" zu aktiv Handelnden.
- Förderung der Artikulation von Menschen mit Behinderung, also der Kommunikations- und Dialogfähigkeit. Die produzierten Filme dienten ihnen zugleich als Bühne und Sprachrohr, um sich ihrem Lebensumfeld und gegenüber der Politik sowie der Öffentlichkeit mitzuteilen. Eigene Wünsche und Forderungen wurden gegenüber Politiker*innen formuliert. Wichtige Belange und Themen, wie z.B. Barrierefreiheit, Teilhabe und Inklusion, konnten durch die Präsentationen bei den Filmveranstaltungen und auf den verschieden Kanälen im Internet in die Öffentlichkeit gebracht werden.

Auf dem ersten Planungs- und Kennenlerntreffen sammelten die am Projekt Interessierten nach der Methode „Brainstorming" Themen, die sie filmisch bearbeiten wollten. Dabei sollten unter anderem Probleme behandelt werden, die Menschen mit Behinderungen an einer Teilhabe am gesellschaftlichen Leben behindern. Und es stellte sich die Frage, wo es im alltäglichen Leben Barrieren gibt, die noch abgeschafft werden könnten.

Das Projekt sollte unter anderem vermitteln, wie man als Team – ähnlich wie eine TV-Redaktion – zusammenarbeitet, und zusätzlich sollte es Einblicke in die Berufsfelder Journalismus, TV-Kamera, Tonassistenz und Videoschnitt geben.

Medienkompetenz und Medienbildung durch Praxisprojekte

Welche Vorkenntnisse hatten die Teilnehmer*innen?

Die meisten Teilnehmenden besaßen keine Vorkenntnisse im Bereich Film und Video. Ein Teilnehmer hatte Kenntnisse im Drehen und Filmschnitt. Er organisiert in seiner Freizeit eine eigene Homepage bzw. Facebook-Seite und einen YouTube-Kanal. Auf www.facebook.com/handicap.lexikon behandelt er alle Themen, die Menschen mit Behinderungen betreffen. Eine Teilnehmerin fotografiert mit ihrer Kamera auf Veranstaltungen und Pressekonferenzen Reporter und Kameraleute und stellt die Bilder in ihren Blog: http://lunasfotografen.tumblr.com.

Welche Bereiche der Medienkompetenz fördert das Projekt?

Das Projekt fördert den Bereich der Videoproduktion. Im Speziellen erwerben die Teilnehmenden Medienkompetenz sowohl durch die Vermittlung theoretischer Grundlagen, wie z.B. Bildgestaltung, Kameraeinstellungen- und Perspektiven, Kamerabewegungen und Interviewtechnik, als auch durch die praktische Ausübung der verschiedenen Schritte zur Herstellung von Kurzfilmen, kurzen Reportagen und Dokumentationen: von der Ideenfindung und Planung in der Gruppenarbeit über die Durchführung der Dreharbeiten und Interviews in kleinen Drehteams sowie die Postproduktion (Schnitt) am Computer bis hin zur öffentlichen Präsentation der Ergebnisse.

Welche Kenntnisse haben die Teilnehmenden erworben?

Die Teilnehmenden haben in gewissem Maße mehr oder weniger alle Fähigkeiten erworben bzw. bewusst wahrgenommen, die für eine Kurzfilmproduktion nötig sind: Bildgestaltung, Kameraeinstellungen, Kameraperspektiven und Interviewtechnik, das Verhalten am Aufnahmeset vor Ort, der Aufbau des Kameraequipments, die praktische Durchführung der Dreharbeiten mit Kamera und Stativ, die aktive Rolle als Reporter mit Mikrofon, der die

Fragen stellt, sowie die Sichtung des Materials und die Auswahl der gelungenen Szenen für den Schnitt des jeweiligen Beitrags am Schnittcomputer.

Probleme und Grenzen

Gab es strukturelle oder pädagogische Grenzen und Stolpersteine bei der Vorbereitung oder Durchführung des Projekts? Wie wurden diese Probleme bewältigt?

Die intellektuellen Fähigkeiten und Möglichkeiten innerhalb der Gruppe waren zwar sehr unterschiedlich, aber es gelang, die Beteiligten dort „abzuholen", wo sie sich befanden, so dass ein für alle zufriedenstellendes Ergebnis entstand.

Durch die einzelnen Beeinträchtigungen und die damit verbundenen notwendigen Termine, wie Arzt oder-Therapeutenbesuche, konnten nicht immer alle Teilnehmenden bei allen Drehterminen dabei sein. Einige Personen benötigten eine persönliche Assistenz, die aber nicht durchgängig gewährleistet werden konnte. Dadurch übernahmen einzelne Medienpädagog*innen auch mal die Assistenz, z.B. beim Essen oder bei Toilettengängen. Eine weitere Schwierigkeit war der Transport. Menschen, die z.B. im Rollstuhl sitzen, müssen ihre Termine sehr frühzeitig planen, um dann einen Platz in einem speziell ausgerüsteten Taxi zu bekommen. Dadurch konnten einzelne Teilnehmer*innen einige Drehtermine nicht wahrnehmen. Bei der Nutzung öffentlicher Verkehrsmittel übernahmen die Filmemacher*innen und Medienpädagog*innen teilweise die Begleitung und Hilfe beim Transport, sowohl bei den Dreharbeiten als auch bei einigen Vorführungen und Festivalbesuchen. Durch die Berücksichtigung der jeweiligen Beeinträchtigungen – es mussten beispielsweise viele notwendige Pausen eingeschoben werden – dauerten die Dreharbeiten entsprechend länger. Als Fazit lässt sich ziehen, dass das Projekt zur Zufriedenheit aller gut und erfolgreich durchgeführt werden konnte und auf die Belange der Einzelnen eingegangen wurde. Manchmal konnten sogar kurzfristig Termine

doch wahrgenommen werden, die zuvor entweder vonseiten der Verantwortlichen einer Organisation oder eines Teilnehmenden abgesagt worden waren. Einige der Beteiligten haben bei dem Projekt auch viel über Behinderungen erfahren, die sie nicht selbst betrafen, und dazu gelernt.

Technik

Welche technischen Voraussetzungen müssen für Projekte wie Ihres gegeben sein?

Es sollte möglichst zumindest ein komplettes Kameraequipment mit Mikrofon und Stativ in HD-Qualität vorhanden sein. Zur Not geht die Videoproduktion aber auch mit guten Smartphones oder Tablets. Geschnitten wurden die Filme mit den Programmen Final Cut Pro und Adobe Premiere. Alternativ können auch kostenfreie und frei verfügbare Schnittprogramme, wie z.B. Windows Movie Maker, iMovie, DaVinci Resolve, genutzt werden. Für Einzelne wäre eine speziell angepasste Technik sinnvoll, damit sie beispielsweise die Tastatur bei der Nachbearbeitung selbst bedienen können.

Tipps für die Praxis

Welche Ratschläge oder Empfehlungen können Sie Interessierten geben, die ähnliche medienpädagogische Projekte durchführen möchten?

Eine Vernetzung und Zusammenarbeit mit anderen Organisationen, die mit Menschen mit Behinderungen arbeiten, ist sinnvoll. Viel Geduld und Einfühlungsvermögen mit den Teilnehmenden sind sicherlich eine Grundvoraussetzung. Den Teilnehmenden sollte man auf jeden Fall auf Augenhöhe begegnen.

Man sollte sich vorher Gedanken machen, was an Ergebnissen in der begrenzten Zeit mit den begrenzten (finanziellen) Mitteln realistisch möglich und machbar ist und was nicht, und das Gespür dafür bekommen, die eigenen Mitarbeiter*innen möglichst nicht zu überfordern. Das zweite ist uns leider nicht immer gelungen. Also von daher ist manchmal die Devise „weniger ist mehr" ratsam. Man benötigt außerdem einen ruhigen Ort, der behindertengerecht ausgestattet und mit öffentlichen Verkehrsmitteln gut erreichbar ist.

Motivation

War es notwendig, die Zielgruppe für das Projekt zu motivieren? Wenn ja, warum und wie?

Die Zielgruppe konnte dadurch motiviert werden, dass die Teilnehmenden ihre eigenen Inhalte in den Filmen behandeln und praktisch ihre filmischen Fähigkeiten verbessern und ausbauen konnten. Es war sicherlich motivierend, dass sie mit Ihren Inhalten hinterher durch die öffentlichen Präsentationen eine mehr oder weniger große Öffentlichkeit mit ihren Belangen erreichen konnten. Während des Projektes lernten sie Menschen mit anderen Behinderungen und Beeinträchtigungen kennen und tauschten sich über ihre Erfahrungen aus.

Was hat den beteiligten Kindern und Jugendlichen besonders viel Spaß gemacht?

Die Dreharbeiten und die damit verbundenen gemeinsamen Fahrten zu den Drehorten in verschiedene Bezirke Berlins haben den Beteiligten großen Spaß gemacht. Besondere Erlebnisse waren auch die öffentlichen Aufführungen der Workshop-Ergebnisse, bei denen die Teilnehmenden ein direktes, positives Feedback vom Publikum bekamen sowie die Auftritte auf der Bühne bei zwei Filmfestivals.

Und was fanden Sie selbst besonders motivierend?

Für mich war es spannend, die Menschen mit ihren jeweiligen Beeinträchtigungen kennen und schätzen zu lernen und mit ihnen gemeinsam bei den Arbeiten an dem Filmprojekt an ihre körperlichen und geistigen Grenzen zu gehen und dabei mitzuerleben, wie einige Teilnehmende über sich hinausgewachsen und über ihren Schatten gesprungen sind. Motivierend war auch, dass Menschen mit Behinderungen durch die gemeinsam produzierten Filme etwas sichtbarer in der Öffentlichkeit

werden, stolz auf ihre Filme sind und sich darüber freuen können.

Nachhaltigkeit und Wirkung des Projekts

Welche Veränderungen haben sich durch die Medienprojekte in der Zielgruppe, in Ihrer Einrichtung oder den beteiligten Einrichtungen, im Stadtteil etc. ergeben?

Durch das gegenseitige Kennenlernen haben die Beteiligten viel Verständnis für Beeinträchtigungen der jeweils anderen entwickelt.

Konkret wurde z.B. in den Räumen unseres Kooperationspartners Café OMA gGmbH extra für das Projekt eine breitere Eingangstür in den Caféraum eingebaut, um rollstuhlfahrenden Menschen den Zugang zum Projekt zu ermöglichen.

Die produzierten Filme sind auf ein relativ großes Interesse gestoßen. Es wurde nicht nur eine geplante öffentliche Premieren-Veranstaltung durchgeführt, sondern sechs weitere fanden in verschiedenen Stadtteilen Berlins statt. Bis heute gibt es Anfragen für weitere Vorführungen. Bei den Vorführungen gaben vor allem Menschen mit Behinderungen positives Feedback und äußerten den Wunsch, dass die Filme weiterhin möglichst breit gezeigt werden sollten.

Einige der entstandenen Beiträge wurden auf verschiedenen Filmfestivals zum Teil in Anwesenheit der Beteiligten öffentlich präsentiert, auf der Bühne diskutiert und teilweise ausgezeichnet. So wird der sechsminütige Kurzbeitrag *Der Kanalarbeiter* einen Monat lang in einem Berliner Kino als Vorfilm gezeigt.

Den Zusammenschnitt aller 18 Filme (92 Min.) mit dem Titel „Wahl inklusiv" gibt es hier auf YouTube: https://youtu.be/Bw9Je5NY8zM [Stand: 01.02.2019].

Die entstandenen Filme sind auch einzeln auf der Playliste „Wahl inklusiv" verfügbar: www.youtube.com/playlist?list=PL4 YXueJI0gwhdnWLx9DQobrIpsRbMjnxO [Stand: 01.02.2019].

Einige Videoworkshops rufen auch individuelle Reaktionen hervor. So erzählte eine

Frau, dass sie sich erst nach dem Ansehen eines unserer Filmbeiträge über junge Geflüchtete in die dort gezeigte Notunterkunft getraut hätte, um dann seitdem dort ehrenamtlich zu helfen.

Läuft das Projekt noch und wenn ja, wie lange? Oder gibt es Anschlussprojekte?
Das Projekt ist zwar offiziell abgeschlossen, es besteht aber nach wie vor Kontakt zu den Beteiligten durch eine Facebook-Gruppe und per E-Mail. Es kommen auch mehr als ein Jahr nach Abschluss des Projektes immer noch vereinzelt Anfragen für öffentliche Vorführungen der Projektergebnisse.

Ein Folgeprojekt ist bereits abgeschlossen. Mit einem Teilnehmer wurde auf seine Initiative hin ein Kurzfilmprojekt über einen befreundeten Fotografen, der mit dem Fuß fotografiert, realisiert.

Ein Anschlussprojekt ist konkret geplant. Der Videoworkshop ALLES FÜR ALLE wird voraussichtlich zwischen März und August 2019 realisiert und von der Aktion Mensch gefördert. Fast alle Teilnehmenden des abgeschlossenen Projektes haben wieder Interesse, bei dem Folgeprojekt dabei zu sein (siehe www.facebook.com/events/293282881386099 [Stand: 01.02.2019]).

Themen

Welche Themen (Inhalte) waren bzw. sind im Projekt für Ihre Zielgruppe besonders spannend?
Für die Teilnehmenden waren verschiedene Themen wichtig, die Menschen mit Behinderungen betreffen, wie z.B. Wohnen, Arbeit, Freizeit, Berufsausbildungen. Politiker*innen sollten sich bei ihren Entscheidungen oder vor Gesetzentwürfen mehr in die Lebensumstände von Menschen mit Behinderungen einfühlen.

Ein Ziel war es, Missstände im Umgang mit Menschen mit Behinderungen öffentlich zu machen, wie z.B. die Schließung einer Blindenwerkstatt oder fehlende Möglichkeiten, außerhalb einer Behindertenwerkstatt zu arbeiten oder eine Berufsausbildung zu machen. Deswegen waren die beiden Drehtermine in der Blindenwerkstatt und in der Behindertenwerkstatt sicherlich besonders spannend.

Dass manche Menschen mit Behinderungen nicht wählen dürfen, war für viele in der Gruppe auch neu.

Wie können Menschen mit Behinderungen besser akzeptiert und in der Öffentlichkeit sichtbarer werden? Dieser zentralen Frage folgte das gesamte Projekt.

Spannend war es auch, mit allen Teilnehmenden kurze filmische Portraits an verschiedenen Orten zu drehen, bei denen sie sich mit ihren besonderen Fähigkeiten und ihrem jeweiligen Engagement darstellen konnten.

Trends und Interessen der Zielgruppe

Welche neuen Medientrends, medialen Interessen oder Aspekte der Medienkultur sind in ihrer Zielgruppe in jüngster Zeit besonders aktuell?
In unserer Projektgruppe waren soziale Netzwerke wie Facebook und die Nutzung von Videoplattformen sowie WhatsApp wichtige Bestandteile der Mediennutzung.

Wie geht man in Ihrer Einrichtung / wie gehen Sie evtl. darauf ein?
Alle filmischen Produkte, die wir mit Kindern, Jugendlichen und jungen Erwachsenen in unseren Videoworkshops produzieren, werden nach Abschluss des jeweiligen Projektes auf verschiedenen Kanälen veröffentlicht, um eine möglichst große Öffentlichkeit zu erreichen: auf unserem YouTube-Kanal www.youtube.com/medienprojektberlin, auf der Videoplattform Vimeo https://vimeo.com/medienprojektberlin und auf unserer Facebook-Seite www.facebook.com/medienprojektberlin1. Außerdem haben wir eine Instagram-Seite www.instagram.com/medienprojektberlin, auf der Fotos der Dreharbeiten oder unsere Projektplakate und kurze einminütige Videos von einzelnen Projekten veröffentlicht werden.

Perspektiven

Welche Chancen sehen Sie vor dem Hintergrund Ihres Erfolgs
a) für die medienpädagogische Projektarbeit an Ihrer Einrichtung?

Durch die Verleihung des Dieter Baacke Preises fühlen wir uns in unserer medienpädagogischen Arbeit bestätigt und erhoffen uns dadurch eine noch erfolgreichere Zusammenarbeit mit Kooperationspartner*innen und möglichen Förderern. Durch die öffentlichen Präsentationen wurde unser Projekt in Teilen der Berliner Szene der Menschen mit Behinderungen bekannt. Durch das durchweg positive Feedback dürfte es künftig auch einfacher sein, mehr mögliche Interessierte für Folgeprojekte zu gewinnen.

b) für medienpädagogische Projektarbeit generell?

Durch erfolgreiche Projekte bekommen Jugendliche, die sonst gerne mal über ihre Defizite auffallen, ein positives Feedback für ihre selbst produzierten Produkte.

Struktur und Rahmen

Welche Rahmenbedingungen für Projektarbeit sind wünschenswert? Wie kann man diese schaffen?

Es fehlen vor allem Planungssicherheit und feste Anstellungen für Medienpädagog*innen. In der Regel ist die medienpädagogische Arbeit stark abhängig von den einzelnen Projekt-Förderungen. Das bedeutet praktisch sehr viel investierte Zeit und Aufwand für die jeweiligen Antragsstellungen, die dazu oftmals leider erfolglos verlaufen, weil zu viele soziale Organisationen um die nur begrenzten Fördergelder konkurrieren.

Außerdem wären eigene, behindertengerechte Räumlichkeiten für unsere medienpädagogische Arbeit sinnvoll.

Wünschenswert wäre, dass die Projekt-Förderer selbst die Ergebnisse der Projektarbeit öffentlicher zugänglich machen. Das ist manchmal ein bisschen schade. Viele Schulen trauen sich leider oft nicht, tolle Filme ihrer Schüler*innen öffentlich auf ihrer Webseite zu zeigen, aus Angst, sie könnten gegen irgendein Gesetz verstoßen oder negative Reaktionen von Eltern hervorrufen.

Feedback

Gab es abschließend seitens der Zielgruppe Verbesserungsvorschläge, weiterführende Ideen bezüglich Ihres Projektes?
Mehrere Teilnehmende waren so begeistert und bewegt von den Dreharbeiten und von den Ergebnissen, dass sie starkes Interesse an weiteren Videoprojekten geäußert haben.

Ergänzungen

Was wurde Ihrer Meinung nach im Fragenkatalog nicht berücksichtigt? Was möchten Sie noch ergänzen?
Das Medienprojekt Berlin bietet seit 2011 Videoworkshops zu unterschiedlichen Themen für Kinder, Jugendliche und junge Erwachsene an. Ein weiterer Schwerpunkt ist die interkulturelle Arbeit, z.B. mit Kindern und Jugendlichen mit Fluchthintergrund.

Interviewpartner

Volker Hoffmann: Diplom-Sozialpädagoge/ freier Medienpädagoge bei Medienprojekt Berlin e.V.; seit 1989 freier Dokumentar-Filmemacher; von 1996 bis 2009 freier TV-Journalist für WDR und ZDF; 2011 Gründungsmitglied des Medienprojekt Berlin e.V.

Spieleratgeber-NRW

(Kategorie E – Projekte mit besonderem Netzwerkcharakter)

Unter Anleitung erfahrener Medienpädagog*innen werden mit dem Spieleratgeber NRW gemeinsam mit Kindern, Jugendlichen und jungen Erwachsenen aktuelle und interessante digitale Spiele getestet und beurteilt. Das Angebot gibt es seit 2005, seitdem hat es sich kontinuierlich weiterentwickelt. Derzeit beteiligen über 30 Institutionen aus NRW, darunter Einrichtungen der Kinder- und Jugendhilfe, Kindertagesstätten, Bibliotheken und Schulen, sich mit eigenen Gruppen an diesem Netzwerk. Ziel ist es, die Kritikfähigkeit von jungen Gamer*innen weiter auszubilden und sie in redaktionelle Prozesse und aktive Medienarbeit mit einzubinden. Das Ergebnis dieser Beurteilungen und Video-Rezensionen sowie die Meinungen der jungen Spieletester*innen finden sich auf der Webseite www.spieleratgeber-nrw.de wieder. Eltern und Pädagog*innen erhalten hier verständliche Informationen sowie eine ergänzende pädagogische Einschätzung zu den Alterskennzeichen der USK. Unter Einbeziehung der Kinder und Jugendlichen entstehen Projekte zum Thema „Coding", „Let`s Play", „Machinima", „Making" u.v.m. Zudem wird immer wieder die Brücke zwischen analoger und digitaler Lebenswelt geschlagen. Mit dem CTRL-Blog.de besteht auch eine Jugendredaktion, in der sich über 20 Jungen und Mädchen ab 14 Jahren beteiligen. Ohne Vorgaben, aber mit pädagogischer Unterstützung, können die Jugendlichen selbst ihre Themen einbringen, sich in journalistischen Formaten ausprobieren und auf Events als Expert*innen wahrgenommen werden.

Der Spieleratgeber-NRW ist in zahlreichen überregionalen Netzwerken aktiv, darunter Eltern-LAN, GMK-Fachgruppe Games, Netzwerk Inklusion mit Medien und Gamescamp. Gefördert wird das Projekt vom Ministerium für Kinder, Familie, Flüchtlinge und Integration des Landes Nordrhein Westfalen.

Thema

Gamespädagogik, Journalismus

Zielgruppe/n

Kinder und Jugendliche bis 25 Jahre; am Netzwerk selbst partizipieren Einrichtungen der Kinder- und Jugendhilfe, ferner auch Bibliotheken und Schulen.

Methoden

Die Methode „Spieletest" orientiert sich an dem bei Kindern und Jugendlichen beliebten Berufsbild des Games-Journalisten. Dabei werden aktuelle Computer-Videospiele und Apps kritisch geprüft, die Meinungen und Eindrücke besprochen und anschließend wird ein Test in Text- oder Video-Format erstellt.

Die Methode „Jugendredaktion" vertieft die journalistischen Skills der Jugendlichen. Mitglieder des sogenannten „Ctrl-Blog" kommen oft aus den Spieletestergruppen und verfassen selbstständig Artikel zu Themen, in denen ihr Hobby Games im Vordergrund steht. Hier sollen junge Menschen älteren Generationen einen Einblick in ihre Welt ermöglichen und dies soll das Verständnis der Erwachsenen und eine Kommunikation miteinander fördern. Zudem sollen besondere Begabungen und Engagement der Jugendlichen pädagogisch gefördert werden.

Weitere Methoden entwickeln sich individuell im Netzwerk und werden durch den Spieleratgeber-NRW zielgerichtet unterstützt. Dazu gehören verschiedene spiel-, theater-

und erlebnispädagogische Methoden sowie medienspezifische Ansätze wie Game Design oder Let's Plays.

Projektlaufzeit

Das Projekt läuft seit 2005 mit Förderung des Landes NRW, aktuell dem Ministerium für Kinder, Familie, Flüchtlinge und Integration des Landes Nordrhein Westfalen und wird auch im Jahr 2019 fortgesetzt.

Ergebnisse

Die Ergebnisse werden als pädagogische Beurteilungen in Text und Video-Format auf der Internetseite www.spieleratgeber-nrw.de veröffentlicht. Weiterhin geben Praxisberichte und Methoden Aufschluss über medienpädagogische Aktionen und besondere Projekte in den einzelnen Gruppen.

Kontakt

Fachstelle für Jugendmedienkultur NRW
Weinsbergstraße 190
50825 Köln
E-Mail: info@spieleratgeber-nrw.de
Tel.: 0221/677 741 922
Web: www.Spieleratgeber-NRW.de

Im Interview

Spieleratgeber-NRW
Fachstelle für Jugendmedienkultur NRW
Linda Scholz und Daniel Heinz

Herausragendes und Spezielles

Welches sind die Besonderheiten Ihres Projekts?
Der Spieleratgeber-NRW greift eines der liebsten Hobbys von Kindern und Jugendlichen auf. Hierbei werden die Spieletester*innen von medienpädagogischen Fachkräften begleitet, um gemeinsam digitale Spiele zu beurteilen. Die Arbeit in den Gruppen findet auf Augenhöhe statt, den Tester*innen wird ein geschützter Raum geboten, in dem ihre Expertise ernstgenommen wird und mit in die Beurteilungen einfließt. Die Ausgestaltung des jeweiligen Angebots obliegt der kooperierenden Einrichtung und ist zudem abhängig vom Alter der Teilnehmenden, von den technischen Voraussetzungen, dem pädagogischen Konzept und den räumlichen Gegebenheiten vor Ort.

Eltern, aber auch Pädagog*innen und Lehrer*innen profitieren hingegen von den hier entstehenden pädagogischen Beurteilungen: Eine pädagogische Alterseinschätzung sowie Informationen zu Inhalt, Präsentation, Kosten, Anforderungen, Umfang, Wirkung und Bindungsfaktoren unterstützen sie im Erziehungsalltag oder in der pädagogischen Arbeit.

Ziele und Methoden

Welche medienpädagogischen Ziele werden mit welchen Methoden verfolgt?
Zieldimension des pädagogischen Handelns ist die Vermittlung von Medienkompetenz (siehe unten). In den auf Präsenz und Konstanz ausgelegten Gruppen geht es um Beziehungsarbeit. Kinder und Jugendliche können sich hier als selbstwirksam und gleichsam als Teil einer Gemeinschaft erleben.

Medienkompetenz und Medienbildung durch Praxisprojekte

*Welche Vorkenntnisse haben die Teilnehmer*innen?*
Um an einer Testergruppe teilzunehmen, sind keinerlei Vorkenntnisse notwendig. Vielmehr ist ein Spieletester-Angebot so ausgelegt, dass sich jede*r einbringen und an Vorwissen anknüpfen kann. In den meisten Fällen besteht bei den teilnehmenden Kindern und Jugendlichen eine gewisse Affinität gegenüber digitalen Spielen.

Welche Bereiche der Medienkompetenz fördert das Projekt?
Im Sinne des Medienwissens lernen Jugendliche die Funktionsweisen und die Produktvielfalt von digitalen Spielen und den jeweiligen Plattformen wie Konsolen und PCs kennen. Die Medienbewertung findet gleich in doppelter Form statt. Einerseits wird das Spiel als Gegenstand kritisch reflektiert, andererseits setzen sich die Jugendlichen auch mit produktübergreifenden Aspekten wie Trends, Communitys und rechtlichen Gesichtspunkten auseinander. Durch das produktive Medienhandeln in Form von Video-Rezensionen, Podcasts, Game Design o.ä. erlernen sie zudem wertvolle technische und kommunikative Kompetenzen für die selbstbestimmte Partizipation in einer digital geprägten Gesellschaft.

Welche Kenntnisse erwerben die Teilnehmenden?
Wie bereits erwähnt, lernen Kinder und Jugendliche Medienangebote kritisch zu hinterfragen. Dazu gehören neben (kommerziellen) Interessen der Publisher auch Qualitätsaspekte digitaler Spiele. Bindungsfaktoren, Jugend-,

Daten- und Verbraucherschutzaspekte werden von den Teilnehmenden im Laufe der Zeit erkannt und besser verstanden. Zentral sind auch journalistische Fähigkeiten, die in solchen Gruppen weiter ausgebildet werden.

Probleme und Grenzen

Gab es strukturelle oder pädagogische Grenzen und Stolpersteine bei der Vorbereitung oder Durchführung des Projekts? Wie wurden diese Probleme bewältigt?
Jede Gruppe ist anders, daher sind auch die Stolpersteine durchaus unterschiedlich gelagert. Mal ist der Andrang zu groß, die Altersstruktur sehr divergent oder die technische Ausgangssituation nicht optimal. Hier hilft der Austausch bei regelmäßigen Treffen mit anderen Gruppenleiter*innen.

Mitunter finden sich die Kinder und Jugendlichen zunächst nicht in das Konzept des Testens ein und sind nur mit hohem Aufwand zum Ausprobieren von unbeliebten Games zu bewegen. Hier ist es förderlich, den Teilnehmenden ihre journalistische Rolle und die Wichtigkeit ihrer Tätigkeit zu verdeutlichen.

Auch der Konflikt um Alterskennzeichen ist bei Jugendlichen allgegenwärtig. Hier helfen das Festlegen einer verbindlichen Regel und die Bewerbung von Gruppen mit dem jeweiligen Kennzeichen.

Technik

Welche technischen Voraussetzungen müssen für Projekte wie Ihres gegeben sein?
Zu den Voraussetzungen gehört eine der Gruppengröße angemessene Auswahl an Konsolen wie Sony PlayStation, Microsoft Xbox, Nintendo Switch oder Gaming-PCs, Tablets und Handhelds wie Nintendo 3DS. Weiterhin ist Breitband-Internet vorteilhaft. Dabei müssen kooperierende Einrichtungen nicht zwingend über alle hier genannten Geräte verfügen und können ihr Angebot frei gestalten. In manchen Testergruppen verfügt jede*r Teilnehmende über ein eigenes Gerät, in anderen Einrichtungen wird gemeinsam am Beamer gespielt

und diskutiert. Stellenweise werden auch Retro-Spiele auf älterer Hardware getestet.

Bei Bedarf kann der Spieleratgeber-NRW auch Technik als Leihgabe zur Verfügung stellen, um medienpädagogische Projekte zu unterstützen oder den Start einer Gruppe überhaupt erst zu ermöglichen.

Tipps für die Praxis

Welche Ratschläge oder Empfehlungen können Sie Interessierten geben, die ähnliche medienpädagogische Projekte durchführen möchten?
Interessierte können sich beim Spieleratgeber-NRW melden und Teil des Netzwerks werden. Hierdurch erhalten pädagogische Einrichtungen und deren Mitarbeiter*innen wertvolle Unterstützung in vielfältiger Weise. So werden Informationen für den optimalen Start einer Spieletestergruppe zusammengestellt und erste Schritte werden entsprechend den individuellen Bedürfnissen gemeinsam geplant. Weiterhin besteht die Möglichkeit, sich mit anderen Einrichtungen und Pädagog*innen auszutauschen und voneinander zu profitieren.

Motivation

Ist es notwendig, die Zielgruppe für das Projekt zu motivieren? Wenn ja, warum und wie?
Kinder und Jugendliche fühlen sich erfahrungsgemäß wertgeschätzt, wenn ihr Hobby im pädagogischen Kontext aufgegriffen wird und sind meist voller Eifer dabei. Allerdings – auch das gehört zum Alltag von Spieletester*innen – stehen auch mal unbeliebte Games auf dem Programm wie diverse Simulatoren oder Produkte mit schlechter Qualität. Hier muss dann schon mal Überzeugungsarbeit geleistet werden.

Was hat den beteiligten Kindern und Jugendlichen besonders viel Spaß gemacht?
Die Erfahrung, dass der eigene Test auch auf dem Spieleratgeber-NRW veröffentlicht wird, sie als Expert*innen eine wichtige Funktion einnehmen, schafft Selbstwirksamkeitserle-

ben, das maßgeblich zur Motivation beiträgt. Weiterhin sind es das soziale Erleben einer Gruppe aus Gleichgesinnten sowie eine Bindung zur pädagogischen Gruppenleitung, die zur Teilnahme motivieren. Die Kinder und Jugendlichen wachsen meist zu einem festen Team zusammen – dies zeigen unsere langjährigen Erfahrungen.

Und was finden Sie selbst besonders motivierend?
Es ist immer wieder spannend, wenn sich Gruppen auf Initiative der Kinder und Jugendlichen oder der medienpädagogischen Leitung weiterentwickeln, eigene Schwerpunkte setzen oder Projektideen entwickeln. Hier gibt es immer wieder selbstständig konzipierte Games, Podcasts, Videos oder Veranstaltungen in den zum Netzwerk gehörenden Einrichtungen zu bestaunen.

Nachhaltigkeit und Wirkung des Projekts

Welche Veränderungen haben sich durch die Medienprojekte in der Zielgruppe, in Ihrer Einrichtung oder den beteiligten Einrichtungen, im Stadtteil etc. ergeben?
Spieletestergruppen sind für viele Einrichtungen der Jugendhilfe eine wertvolle Bereicherung. Gerade medienaffine Kinder und Jugendliche können durch solche Angebote angesprochen und langfristig pädagogisch begleitet werden. So kommt es vor, dass einige ältere Gruppenmitglieder anschließend Teil der Jugendredaktion werden oder eigene Gruppen für eine jüngere Zielgruppe gründen und leiten. Bei am Netzwerk beteiligten Bibliotheken und Schulen versuchen wir stets die Kooperation mit einer Einrichtung der Jugendhilfe vor Ort zu unterstützen.

Läuft das Projekt noch und wenn ja, wie lange? Oder gibt es Anschlussprojekte?
Der Spieleratgeber-NRW ist ein fortlaufendes Projekt, das hoffentlich noch lange weitergeführt wird. Daran angedockt gibt es aber zahlreiche weitere Projekte und Initiativen, darunter das Gamescamp, die Eltern-LAN, das Next Level Festival, die Fortbildung „Games im Fokus der Jugendhilfe", die teils gesondert finanziert werden.

Themen

Welche Themen (Inhalte) sind im Projekt für Ihre Zielgruppe besonders spannend?
Digitale Spiele sind für die Kinder und Jugendlichen ein wichtiges Thema und sie haben viel Bedarf, darüber zu sprechen und zu schreiben. Auch bei Erwachsenen ein offenes Ohr für ihr Hobby zu finden und den gesellschaftlichen sowie kulturellen Stellenwert herauszustellen, ist stets ein wichtiger Aspekt der Spieletester*innen.

Trends und Interessen der Zielgruppe

Welche neuen Medientrends, medialen Interessen oder Aspekte der Medienkultur sind in ihrer Zielgruppe in jüngster Zeit besonders aktuell?
In den letzten Jahren sind zahlreiche Trends gekommen und teils auch wieder verflogen. So waren vor einiger Zeit Spiele mit Bewegungssteuerung besonders beliebt und noch vor kurzem entstanden zahlreiche interessante Projekte zu dem Kreativspiel *Minecraft*. Mittlerweile gehören Virtual Reality, *Fortnite: Battle Royale* und eSports zu den Trends. Auch die Rezeption des Mediums hat sich mit Streaming-Diensten wie Twitch verändert.

Wie geht man in Ihrer Einrichtung/wie gehen Sie evtl. darauf ein?
In regelmäßigen Treffen und Fortbildungen mit den Gruppenleiter*innen sowie bei Besuchen in den Gruppen gehen wir auf neue Trends ein und zeigen Möglichkeiten auf, diese in den medienpädagogischen Alltag auf sinnvolle Weise einzubinden.

Perspektiven

Welche Chancen sehen Sie vor dem Hintergrund Ihres Erfolgs
a) für die medienpädagogische Projektarbeit an Ihrer Einrichtung?

Durch die Auszeichnung des Spieleratgeber-NRW und der hierdurch entstehenden Öffentlichkeit finden sich hoffentlich weitere interessierte Einrichtungen der Jugendhilfe, die Teil des Netzwerks sein möchten und digitale Spiele in ihrer Einrichtung thematisieren.

b) für medienpädagogische Projektarbeit generell?

Wir hoffen außerdem, dass sich auch Institutionen außerhalb von NRW inspiriert fühlen, gamespädagogische Methoden anzuwenden und eigene Netzwerke zu initiieren.

Struktur und Rahmen

Welche Rahmenbedingungen für Projektarbeit sind wünschenswert? Wie kann man diese schaffen?

Einrichtungen der Jugendhilfe benötigen moderne technische Infrastruktur, Qualifikation von Mitarbeiter*innen sowie Netzwerke vor Ort, um zeitgemäße medienpädagogische Projekte zu initiieren. Hierzu sind finanzielle Mittel notwendig.

Feedback

Gab es abschließend seitens der Zielgruppe Verbesserungsvorschläge, weiterführende Ideen bezüglich Ihres Projektes?

Vor allem Jugendliche wünschen sich noch weitere Möglichkeiten, sich mit digitalen Spielen zu beschäftigen und beispielsweise Let`s Play-Videos oder Podcasts aufzunehmen. Dies steht und fällt nicht nur mit dem Engagement und der vorhandenen Zeit des Gruppenleiters, sondern auch der technischen Infrastruktur. Oftmals haben Jugendeinrichtungen nicht die technischen Kapazitäten oder die erforderliche Internetverbindung. Dies ist jedoch auch Grundbestandteil für gelungene Medienprojekte.

Interviewpartner*innen

Daniel Heinz: Jahrgang 1978; Diplom-Sozialpädagoge, Medienpädagoge (M.A.); Spieleratgeber-NRW der Fachstelle für Jugendmedienkultur NRW; außerdem u.a. Redaktionsleitung bei der Broschüre *Digitale Spiele pädagogisch beurteilt*, Referent bei der Initiative Eltern und Medien sowie den Medienscouts NRW, Jugendschutzsachverständiger bei der Freiwillige Selbstkontrolle der Filmwirtschaft (FSK).

Linda Scholz: Medienkulturwissenschaft/Medieninformatik (B.A.); Masterstudentin Medienkultuwissenschaft an der Universität zu Köln; Spieleratgeber-NRW der Fachstelle für Jugendmedienkultur; außerdem u.a. Fachreferentin für Medienbildung und -kultur, Projektleitung Kulturelle Bildung auf dem Next Level Festival for Games und Jurymitglied für den Kindersoftwarepreis Tommi.

DAS SIND DEINE RECHTE

Aufgaben

◀ ▶

#spielen

Welche Spielplätze findest du in deiner Nähe?

#draußen

Wo können Kinder auf der Straße spielen?

#streetsport

Wo gibt's Platz für Sport auf der Straße?

#treffen

Wo verbringen Jugendliche draußen ihre Freizeit?

#würfelsafari

Woran erkennt man, dass Kinder in der Stadt leben?

#stadtsache. Crossmediale Teilhabe an der Stadt.

(Kategorie F – Projekte zum Sonderthema „Kinderrechte in der digitalen Welt")

Die App *#stadtsache* ist ein niederschwelliges, crossmediales Werkzeug, das den Blick von Kindern und Jugendlichen auf die Stadt sichtbar macht. Die App stellt Forscherfragen, etwa: Wo fehlt ein Zebrastreifen? Welche Spielplätze sind besonders cool? Was sollte verbessert werden und wie? Welche Radwege kannst du empfehlen? Wo gibt es offene WLAN-Netze? Die Antworten werden als Fotos und Videos installierten Sammelthemen hinzugefügt und automatisch auf einer Google Maps-Karte mit einem Marker verortet. Die Bilder können die Kinder und Jugendlichen mit Tonaufnahmen ergänzen und mit verschiedenen Malwerkzeugen bearbeiten und Wichtiges hervorheben.

Die Nutzungsmöglichkeiten der App sind so zahlreich wie es Fragen und Aktionen gibt, welche die Stadt betreffen. Allen gemeinsam ist ein interessantes Ergebnis auf beiden Seiten: Der Fragende erhält Beteiligung, Ideen, Inspiration und Lösungsmöglichkeiten im Sinne der Citizen Science. Wer mitmacht, dem vermittelt sich eine unmittelbare Stadterfahrung: Nicht der Einzelne gestaltet eine Stadt, sondern alle, die darin leben. Dadurch ist die App ein wirksames Kinderrechte-Werkzeug für digitale Partizipation und Bürgerforschung.

Thema

Kinderpartizipation via App

Zielgruppe/n

Alle Kinder ab Kita-Alter, Jugendliche und Erwachsene

Methoden

Damit Kinder und Jugendliche ihre Rechte bei Partizipationsprozessen digital und zeitgemäß ausüben können, ist die App gleichzeitig niederschwellig und attraktiv für alle gestaltet: Die funktionale Ebene der App kommt fast ohne Text aus. Die Forscherfragen sind kurz genug, um auch von Leseanfängern bewältigt zu werden, und können durch Icons ergänzt oder ersetzt werden. Wer seine Kommentare (noch) nicht schreiben kann oder möchte, spricht sie einfach auf. Grundschul- und Kita-Kinder nutzen besonders gern die Malfunktionen, um zu zeigen, was sie meinen. Jugendliche wiederum, die ihr Smartphone bisher rein als soziales Medium kennen, erleben es als effektives Werkzeug.

Projektlaufzeit

Partizipation mit der *#stadtsache*-App ist ein skalierbarer Prozess. Er eignet sich für spontane Stadtuntersuchungen auf Kita-, Schul- und OGS-Ebene sowie für offene Kinder- und Jugendgruppen. Genauso gut funktioniert er auf Stadtteil- und Stadtebene bei größeren und großen kommunalen Beteiligungsprojekten. Zeitlich variieren die Projekte zwischen einem halben Tag und dauerhaft verankerten Einrichtungen.

Ergebnisse

Rund 50 Gruppen waren seit Ende 2017 in ganz Deutschland und der Schweiz unterwegs. Dabei haben ungefähr 1.000 Kinder und Jugendliche ihr unmittelbares Umfeld untersucht. Sie waren im Auftrag ihrer Kommunen unterwegs, um bestimmte Viertel unter die Lupe zu nehmen, die nach ihren Wünschen und Ideen verändert werden sollten. Sie haben gemeinsam mit Lehrer*innen Schulgebäude und Pausenhöfe geprüft und verbessert. Darüber kamen sie oft mit den Bürgermeister*innen in Kontakt, so dass sie auch die politische Dimension ihres Engagements erleben konnten. Innerhalb offener Jugendgruppen, oftmals initiiert durch die Jugendämter, wurden Spielplätze, Parks und Verkehrssituationen dokumentiert.

Kontakt

Anke M. Leitzgen
Anne Lachmuth
Bruno Jennrich
tinkerbrain. Institut für Bildungsinitiativen GmbH
Dahlhauser Str. 25
53797 Lohmar
E-Mail: anke@stadtsache.de
Web: https://tinkerbrain.de und https://stadtsache.de

Im Interview

#stadtsache. Crossmediale Teilhabe an der Stadt.
tinkerbrain. Institut für Bildungsinitiativen GmbH
Anke M. Leitzgen

Herausragendes und Spezielles

Welches sind die Besonderheiten des Projektes?
Die App nutzt das Smartphone, auf das die meisten Kinder und Jugendlichen Zugriff haben, als digitales Werkzeug, um ihnen in ihrer gebauten Umwelt eine eigene Stimme zu geben. Gleichzeitig lädt sie dazu ein, aktiv zu werden und die eigene Stadt spielerisch zu erobern. Hirnforscher*innen wissen heute, dass das Experimentieren mit den realen Bewegungserfahrungen, wie Balancieren und Buden bauen, notwendiger Bestandteil des Entwicklungsprozesses der Kinder ist. Sich bewegen heißt, das Fundament fürs Denken zu legen. Dafür sind Bewegungs- und Handlungsspielräume nötig.

Obendrein fördert die intensive Beschäftigung mit der unmittelbaren Umgebung die Identifikation aller Projektbeteiligten mit ihrer Stadt. Das wirkt sich emotional positiv aus und verstärkt das Gefühl: „Das ist mein Zuhause". Langzeitstudien belegen, dass aus Kindern, deren Meinung ernst genommen wird, engagierte Bürger*innen werden.

Ziele und Methoden

Welche medienpädagogischen Ziele werden mit welchen Methoden verfolgt?
Es geht darum, dass man sehr früh schon versteht, dass man mit einem Handy mehr tun kann als Spiele spielen und sich unterhalten. Ein Handy ist auch ein Werkzeug, um gemeinsam zu forschen und demokratische Prozesse anzustoßen. Das Thema „Stadt" eignet sich dabei für Beteiligung in Schule und außerschulischer Kinder- und Jugendarbeit wie kein zweites. Es ist Spielfeld für eigene Beobachtungen und Meinungen, praktisches Mithel-
fen und theoretisches Fachsimpeln – und zwar egal, wie klein oder groß man ist. Denn Kinder, Jugendliche und Erwachsene kommen spielerisch miteinander ins Gespräch. Dabei begegnen sich alle auf Augenhöhe, denn jede*r ist Stadt-Experte in eigener Sache. Und weil wirklich jede/r praktisches Wissen zur Stadt besitzt, mischen auch diejenigen mit, die sich sonst selten einbringen.

Medienkompetenz und Medienbildung durch Praxisprojekte

*Welche Vorkenntnisse haben die Teilnehmer*innen?*
Um an den Projekten teilnehmen zu können, sind keinerlei Vorkenntnisse erforderlich.

Welche Bereiche der Medienkompetenz fördert das Projekt?
Der Fokus liegt hier auf Mediennutzung und Mediengestaltung, denn die App wird als Forschungs- und Kommunikationstool eingesetzt.

Welche Kenntnisse erwerben die Teilnehmenden?
Über Fragen und Aktionen vor Ort lernen Kinder und Jugendlichen theoretisch und praktisch die eigene Straße, das Wohnviertel, den Schulweg und alle Orten, die sie in der Stadt nutzen, besser kennen. Dabei gleichen sie auf spielerische Weise Plätze, Räume und die damit verbundenen Erfahrungen bewusst mit ihren Bedürfnissen ab, formulieren ihre Beobachtungen, Wünsche und Ideen gegenüber unterschiedlichen Adressaten. So entsteht erfahrbare Selbstwirksamkeit und gleichzeitig ein Verständnis für Zuständigkeiten und Prozesse.

Probleme und Grenzen

Gab es strukturelle oder pädagogische Grenzen und Stolpersteine bei der Vorbereitung oder Durchführung des Projekts? Wie wurden diese Probleme bewältigt?

Das gute an einem digitalen Produkt ist, dass man daran ständig weiterarbeiten kann. Die wertvollen Erfahrungen der teilnehmenden Kinder und Jugendlichen einerseits und der Projektleiter und Multiplikator*innen andererseits helfen mit, die App ständig zu optimieren.

Technik

Welche technischen Voraussetzungen müssen für Projekte wie Ihres gegeben sein?

Tablet oder Smartphone, idealerweise mit regelmäßiger Software-Aktualisierung. Unterwegs wird kein Internet benötigt, später jedoch zum Hochladen der Ergebnisse eine gute WLAN-Verbindung.

Tipps für die Praxis

Welche Ratschläge oder Empfehlungen können Sie Interessierten geben, die ähnliche medienpädagogische Projekte durchführen möchten?

Einfach machen! Wer sich auf das Experiment der Doppelrolle einlässt, gleichzeitig lehrend und lernend zu sein, wird feststellen, wie kompetent die Kinder sind und wie fruchtbar das

Miteinander wird, wenn alle ihr Wissen zusammenwerfen und damit auch vom Wissen der anderen profitieren können.

Motivation

Ist es notwendig, die Zielgruppe für das Projekt zu motivieren? Falls ja, warum und wie?
Nein, absolut nicht. Im Gegenteil: Die Kinder haben Spaß am digitalen Entdecken ihrer Umwelt und schätzen die Diskussion auf Augenhöhe.

Was macht den beteiligten Kindern und Jugendlichen besonders viel Spaß?
Die Erfahrung, mit der eigenen Meinung ernst genommen und gehört zu werden und selbst etwas zum Gemeinwohl beitragen zu können.

Und was finden Sie selbst besonders motivierend?
Der Spaß, den die Kinder dabei haben und die Ernsthaftigkeit, mit der sie an die Aufgaben herangehen. Und immer wieder am Ende eines Projekts zu hören: „Danke, dass ihr diese App für uns gemacht habt!" Dazu die zahllosen Bilder, die immer wieder in allen Gruppen in kurzen Pausen gemalt werden: #stadtsache in der Mitte und ein Herz drumherum. Das ist sehr rührend, macht aber auch sehr nachdenklich: Wo übersehen wir als Gesellschaft, dass wir Kinder teilhaben lassen könnten?

Nachhaltigkeit und Wirkung des Projekts

Welche Veränderungen haben sich durch die Medienprojekte in der Zielgruppe, in Ihrer Einrichtung oder den beteiligten Einrichtungen, im Stadtteil etc. ergeben?
Die Arbeit in den Projekten wirkt sehr vielschichtig nach. Beispielsweise werden die Kinderrechte ernster genommen – speziell die Mitsprache wird über die Arbeit mit der App spielerisch und wirksam trainiert. Bei den Erwachsenen baut sich die Sorge ab, dass Kinder wahnsinnig fordernd sind, wenn man sie mitsprechen lässt. Erlebt wird das Gegenteil: Die Kinder und Jugendlichen sind konstruktiv und wertschätzend total bei

der Sache. Gemeinden und Schulen nutzen die Möglichkeit, ihre Aufgaben, Themen und Fragen zu stellen und gezielt eine authentische und zeitnahe Rückmeldung zu erhalten.

Läuft das Projekt noch und falls ja, wie lange? Oder gibt es Anschlussprojekte?
Ja, das #stadtsache-Projekt läuft weiter auf unbestimmte Zeit.

Themen

Welche Themen (Inhalte) waren bzw. sind im Projekt für Ihre Zielgruppe besonders spannend?
Besonders interessant sind die Themen Verkehr und Sicherheit – wie Zebrastreifen, Ampelübergänge und Angsträume –, eigenes Mobilsein in der Stadt, Gestaltung von Schulhöfen und Freiräume für sich selbst.

Trends und Interessen der Zielgruppe

Welche neuen Medientrends, medialen Interessen oder Aspekte der Medienkultur sind in Ihrer Zielgruppe in jüngster Zeit besonders aktuell?
Zentral ist die Ausrüstung der Schulen, damit Soft- und Hardware sowie WLAN überhaupt zur Verfügung stehen.

Wie geht man in Ihrer Einrichtung/wie gehen Sie evtl. darauf ein?
Wir haben es schon erlebt, dass Lehrkräfte mit ihrer Klasse ins Schnellrestaurant gehen, um Internet nutzen zu können. Es gibt immer noch wahnsinnig viele Hürden, aber zum Glück lassen sich viele Pädagog*innen von den schlechten Voraussetzungen nicht entmutigen und finden total kreative Lösungsansätze. Manche nehmen die Geräte beispielsweise zur Vor- und Nachbereitung privat mit nach Hause oder schaffen sich iPads mit SIM-Karten an, um unabhängig vom Schulnetz zu sein. Positiv ist, dass gerade durch das konkrete Projekt oft Dinge in den Städten angestoßen werden. Da gibt es dann plötzlich einen Anlass, dass die digitale Abteilung mit der Stadtplanung und der Jugendarbeit zusammensitzt, gemeinsam

überlegt, und dass auf dieser Basis dann Geräte angeschafft werden.

Perspektiven

Welche Chancen sehen Sie vor dem Hintergrund Ihres Erfolgs für die medienpädagogische Projektarbeit an Ihrer Einrichtung und für die medienpädagogische Arbeit generell?
Der Dieter Baacke Preis ist ein Gütesiegel und unterstützt diejenigen, die das Projekt an ihrer Einrichtung machen wollen, sich aber gegen Ängste und Vorbehalte durchsetzen müssen. Viele bereits gelaufene Projekte bundesweit in Deutschland, in Österreich und in der Schweiz bieten sich dabei als Referenz an. Die Projekt-Dokumentationen aus 2018 werden nach dem Launch des neuen Updates (vermutlich Ende März 2019) auf der Website www.stadtsache.de stehen. Einen ersten Einblick aus Reinickendorf:

■ www.stadtsache.de/flowpage/publications/
Reinickendorf/renickendorf.php

Und aus Iserlohn:
■ https://flowpage.de/publication/
stadtgestalter_iserlohn/
■ www.iserlohn.de/fileadmin/user_upload/
Bilder/Jugend_Familie/Kinder-_und_
Jugendbuero/_Janke_/2018/_App_
Stadtsache/Suedschule/suedschule2.pdf
■ www.iserlohn.de/fileadmin/user_upload/
Bilder/Jugend_Familie/Kinder-_und_
Jugendbuero/_Janke_/2018/_App_
Stadtsache/Gesamtschule_Seilersee/
seilersee2.pdf

Struktur und Rahmen

Welche Rahmenbedingungen für Projektarbeit sind wünschenswert? Wie kann man diese schaffen?
Wirklich empfehlenswert sind solide technische Voraussetzungen, beispielsweise ein Schulnetz, das nicht sofort zusammenbricht, wenn mehr als fünf Handys online sind.

Feedback

Gab es abschließend seitens der Zielgruppe Verbesserungsvorschläge, weiterführende Ideen bezüglich Ihres Projektes?
Ja, absolut. Viele wünschen sich, Stadtpläne zu machen– also ein einfaches digitales Tool, um die Ergebnisse direkt in einen Stadtplan überführen zu können.

Ergänzungen

Was wurde Ihrer Meinung nach im Fragenkatalog nicht berücksichtigt? Was möchten Sie noch ergänzen?
Die Lebenswelten von Kindern und Erwachsenen sind grundverschieden. Kinder in einem Alter von sieben Jahren erleben zum Beispiel die Stadt aus einer Augenhöhe von durchschnittlich 120 Zentimetern. Dadurch nehmen sie die gebaute Umwelt ganz anders wahr als Menschen, die größer sind. Parkende Autos werden für sie zu einem Sicherheitsproblem, weil sie verhindern, dass sich der Verkehr gut beobachten lässt. Außerdem haben Kinder einen anderen Blick auf die Dinge: Leerstehende Häuser und verwahrloste Parks betrachten sie als Abenteuerspielplätze, eine Sichtweise, die Erwachsene nicht immer teilen. Um eine Verbindung zwischen Kinder- und Erwachsenen-Perspektiven herzustellen, wurde die App #stadtsache entwickelt. Sie gibt Menschen die Möglichkeit, über ihre Wahrnehmung des Stadtraums mithilfe der selbstgemachten Fotos, Videos und Tonaufnahmen ins Gespräch zu kommen – und auf dieser Basis die Stadt besser zu machen. Denn eine Stadt, die für Kinder gut ist, ist für alle gut.

Interviewpartnerin

Anke M. Leitzgen: Geschäftsführerin von tinkerbrain – Institut für Bildungsinitiativen. Die crossmedialen tinkerbrain-Projekte vermitteln komplexe Inhalte auf niederschwellige und lustvolle Weise. Dazu werden immer die besten Elemente aus beiden Welten genutzt: der analogen und der digitalen.

Trickmisch – Deutsch lernen mit Trickfilmen

(Besondere Anerkennung)

TRICKMISCH ist eine von und für Willkommensklassen geschaffene interaktive Sprachschule, die einen kreativen und intuitiven Start in eine neue Sprache bietet. Über 200 Trickfilme, die in Projektwochen in Willkommens- und Regelklassen entstanden sind, laden zum Lachen, Nachdenken, Staunen und gemeinsamen Lernen ein.

Neben jedem Trickfilm sind alle im Film beteiligten Scherenschnitte als „Bildworte" zu sehen und können direkt online zu neuen Filmen animiert werden. Alle von den internationalen Sprachschüler*innen erstellten Scherenschnitte werden im „sprechenden Bildwörterbuch", einem unbegrenzten Materialfundus für neue Animationen, archiviert. So entstehen mit den Trickfilmen neue Kapitel einer von den Schüler*innen geschaffenen, multimedialen Enzyklopädie.

Thema

Kreative Sprachförderung mit visuellen Mitteln durch Trickfilmproduktion; audiovisuelles Bildwörterbuch; Geschichten erfinden; Dramaturgie; Poesie; Recherche vor Ort; interkultureller Austausch; das Bildwörterbuch wird zusammen mit den Sprachschüler*innen in ihre Muttersprachen übersetzt.

Zielgruppe/n

Alle, die gern mit Bildern und Worten spielen, und Menschen, die neu in Deutschland sind.

Methoden

Peer-to-Peer-Methode: Die Sprachschüler*innen erschaffen ihr eigenes Lehrmittel und erfinden in Kleingruppen ihre eigenen Geschichten. Der Transfer von der analogen zur digitalen Animationstechnik veranschaulicht die verschiedenen Verfahren und nutzt die jeweiligen Vorteile der beiden Methoden.

Projektlaufzeit

Seit 2014

Ergebnisse

Über 200 Trickfilme, die innerhalb einer Projektwoche in Kleingruppen entstanden sind, laden auf der Seite der kreativen Sprachschule zum Deutschlernen ein. Das animierbare Bildwörterbuch hat mittlerweile über 4000 Bildwörter und kann mit dem digitalen Tricktisch – das Online-Animationstool – zu weiteren Filmen animiert werden. Über 2500 online erstellte Trickfilme können angeschaut und weiterbearbeitet werden.

Kontakt

Julia Kapelle
E-Mail: julia@trickmisch.de

Im Interview
Trickmisch – Deutsch lernen mit Trickfilmen
Trickmisch – das mobile Sprachlabor
Julia Kapelle

Herausragendes und Spezielles

Welches sind die Besonderheiten Ihres Projekts?
Das Besondere an dem Projekt ist, dass es Phantasie, Medienpädagogik und Sprachförderung kombiniert. Sprache wird immer in Kommunikation gelernt. Die Schüler*innen werden zu Lehrenden und Lernenden, sie erschaffen eine Sprachschule mit ihren eigenen Bildwelten, Ideen und Geschichten. Selbst ohne Deutschkenntnisse finden sie einen unmittelbaren Zugang zum Animationstool. Der spielerische Ansatz des Trickfilmens fördert auch einen spielerischen Zugang zu einer neuen Sprache. Die Schüler*innen erleben, was sie bereits können, und wissen und entdecken, was sie daraus gestalten können.

Ziele und Methoden

Welche medienpädagogischen Ziele werden mit welchen Methoden verfolgt?
Die Schüler*innen verstehen unmittelbar, dass (Trick-)Film aus Einzelbildern besteht. Sie setzen sich mit den Darstellungsmitteln, zum Beispiel mit Formen und Farben, oder dem Bildaufbau auseinander und erfahren deren Wirkung. Sie lernen den Computer als Werkzeug kennen, das auch kreatives und produktives Arbeiten ermöglicht. Die Reduktion, die das Medium fordert, fördert die Konzentration auf das Wesentliche und stellt somit eine wichtige Abstraktions- und Transferleistung dar. Die Schüler*innen arbeiten bei der Trickfilmproduktion in Kleingruppen. Sie organisieren kreative Arbeitsprozesse in der Gruppe, entwickeln gemeinsam Ideen und treffen Entscheidungen, üben technische und handwerkliche Fähigkeiten (zum Beispiel Zeichnen, Formen,

Ausschneiden) und lösen Probleme. Die Verantwortung für Prozess und Produkt fördert enge soziale Interaktion. Der Arbeitsprozess eröffnet Schüler*innen die Möglichkeit, Fähigkeiten und Fertigkeiten, wie Einfallsreichtum, Originalität, Organisationstalent, zu zeigen und zu entwickeln. Vor allem Schüler*innen, die schwache Sprachkenntnisse haben, können sich mit ihren individuellen Stärken bei der Vielfalt der Teilaufgaben innerhalb einer Trickfilmproduktion einbringen.

Medienkompetenz und Medienbildung durch Praxisprojekte

*Welche Vorkenntnisse haben die Teilnehmer*innen?*
Keine.

Welche Bereiche der Medienkompetenz fördert das Projekt?
- Mediengestaltung: Die Schüler*innen schaffen sich ihre eigene multimediale Sprachschule.
- Medienkunde: Die Teilnehmer*innen arbeiten mit dem analogen und digitalen Animationstool.
- Mediennutzung: Die Trickfilmer*innen lernen ein interaktives Animationswerkzeug kennen, indem sie mit den eigenen und kollektiv erstellten Zeichnungen des Bildwörterbuchs Trickfilme produzieren können.

Welche Kenntnisse erwerben die Teilnehmenden?
Sie verstehen, dass ein Trickfilm aus einzelnen Bildern entsteht und beschäftigen sich mit Bildaufbau, Dramaturgie sowie den eigenen Methoden und Möglichkeiten des filmischen Erzählens. Die Teilnehmenden lernen den

Computer bei der Animation am Leuchttisch, im Audiostudio und Filmschnitt als kreatives Werkzeug kennen.

Probleme und Grenzen

Gab es strukturelle oder pädagogische Grenzen und Stolpersteine bei der Vorbereitung oder Durchführung des Projekts? Wie wurden diese Probleme bewältigt?
Die Vorbereitung, Durchführung und Nacharbeit des Projektes ist bisher nur mit zusätzlicher ehrenamtlicher Arbeit umsetzbar.

Technik

Welche technischen Voraussetzungen müssen für Projekte wie Ihres gegeben sein?
Interzugang; aktuellere Browser wie Firefox, Chrome, Mozilla, kein Internet Explorer.

Tipps für die Praxis

Welche Ratschläge oder Empfehlungen können Sie Interessierten geben, die ähnliche medienpädagogische Projekte durchführen möchten?
Unsere Webseite kann jede*r nutzen, um alleine, gemeinsam oder als Anleiter*in einer Gruppe Trickfilme zu produzieren. Viele Lehrer*innen und Erzieher*innen haben *Trickmisch* selbstständig im Unterricht angewandt und waren erstaunt über die beeindruckenden Filmproduktionen. Wir haben mit Schülergruppen und Workshopteilnehmer*innen immer sehr gute Erfahrungen gemacht. *Trickmisch* kann im Deutsch-, Fremdsprachen- und Fachunterricht sowie im außerschulischen Bereich hervorragend eingesetzt werden. Jede Unterrichts- und Präsentationssituation kann durch die *Trickmisch*-Visualisierung bereichert werden. Die Schüler*innen arbeiten sehr selbstständig mit dem *Trixmix*-Animationstool. Wir sind immer wieder erstaunt über die plötzlich eintretende Ruhe und anhaltende und konzentrierte Stimmung. Die kreative Atmosphäre lässt die Schulglocke häufig ungehört.

Motivation

Was hat den beteiligten Kindern und Jugendlichen besonders viel Spaß gemacht?
Teamwork, Zeichnen, Animieren, Audiostudio.

Und was finden Sie selbst besonders motivierend?
Die ansteckende Freude und Begeisterung der Teilnehmer*innen.

Nachhaltigkeit und Wirkung des Projekts

Welche Veränderungen haben sich durch die Medienprojekte in der Zielgruppe, in Ihrer Einrichtung oder den beteiligten Einrichtungen, im Stadtteil etc. ergeben?
Wir konnten in mehreren Berliner Schulen *Trickmisch*-AGs initiieren, die sehr erfolgreich

von Lehrer*innen und Erzieher*innen der Schule selbstständig durchgeführt werden.

Läuft das Projekt noch und wenn ja, wie lange? Oder gibt es Anschlussprojekte?
Das Projekt ist als langfristiges, sich stetig weiterentwickelndes Projekt angelegt. Derzeit ist das Projekt gefördert und wird weitergeführt werden.

Themen

Welche Themen (Inhalte) waren bzw. sind im Projekt für Ihre Zielgruppe besonders spannend?
Phantastische Geschichten, Wünsche, Zukunftsideen, Berufsvorstellungen, Recherchen.

Trends und Interessen der Zielgruppe

Welche neuen Medientrends, medialen Interessen oder Aspekte der Medienkultur sind in ihrer Zielgruppe in jüngster Zeit besonders aktuell?
Bildung, Berufsfindung, Social Network.

Wie geht man in Ihrer Einrichtung/wie gehen Sie evtl. darauf ein?
Wir stellen ein Werkzeug zur Verfügung.

Perspektiven

Welche Chancen sehen Sie vor dem Hintergrund Ihres Erfolgs für die medienpädagogische Projektarbeit an Ihrer Einrichtung?
Gute Chancen, da wir eine Methode bieten, die dazu beiträgt, selbstständig im Unterricht die in den Rahmenlehrplänen vorgesehenen Schwerpunkte „Medienpädagogik" und „Sprachbildung" umzusetzen.

Struktur und Rahmen

Welche Rahmenbedingungen für Projektarbeit sind wünschenswert? Wie kann man diese schaffen?
Langfristige finanzielle Förderung; Implementierung im Unterricht.

Feedback

Gab es abschließend seitens der Zielgruppe Verbesserungsvorschläge, weiterführende Ideen bezüglich Ihres Projektes?
Wunsch nach Projektwiederholung und langfristiger Partizipation.

Interviewpartnerin

Julia Kapelle: studierte Film und Fotografie an der Hochschule für bildende Künste in Hamburg; hat an der UdK Berlin im Aufbaustudiengang am Institut für Kunst im Kontext studiert; beschäftigt sich in ihren künstlerischen Arbeiten mit der medialen Bildproduktion und Prozessen der kollektiven Autorschaft; ist als Kunstvermittlerin im Ausstellungs- und Schulkontext tätig.

Nachbarschaftshilfe
Rhein-Sieg
Möbel

KASSEN-ID:0300842X
#252668
01 BEDIENER01   000000
        TRANS:105107

3x 1.75   €5.25 C
Bücher
3x 1.50   €4.50 C
Bücher
1x 2.00   €2.00 C
Bücher
1x 0.75   €0.75 C
Bücher
ZW-SUMME   €12.50

MWST 3 ZWS   €12.50
MWST 3   €0.00
NETTO 3   €12.50

GESAMT   €12.50
BAR   €15.00
WECHSELGELD   €2.50

  BEGINN 20/04/2024 11:35
  ENDE   20/04/2024 11:36
PROCESS TYP: Kassenbeleg-V1
PROCESS DATA:
Beleg^0.00_0.00_12.50_0.00_0.0
0^12.50:Bar
SIGNATURZÄHLER: 216983
SIGNATURE:
9fDNOvDNZBpDHqYoGR5SV979zZGixF
MCUzfqkHXMLAxf3iXjti7UaTDYGVQw
qnxGVzo6P1E14Dow01Xgf8S/xoLOel
cDqTOAiclwDB4+r4G5OehI1abuKAsZ
suVDZPrG
SIG-ALG: ecdsa-plain-SHA384
TIME FORMAT: unixTime
PUBLIC-KEY:
BFXr15cNjCs7uKkKo186FOZp7hIYI9
Kyutu3fJOWiUmLLI9Gj8iQolI5RcnR
Kolw3msPoaS5G6q1phWB/rHbioQ9Lj
+TJZdiFI9XMGNOd9id8OYv76QAWSua
icERgmVwLw==

Wir freuen uns
   aufIhren
nächsten Besuch

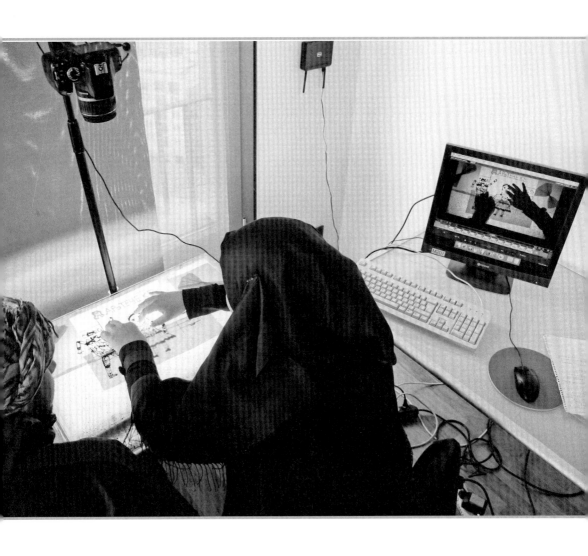

Teil 3

Zum Dieter Baacke Preis

Dieter Baacke (1999)

Was ist Medienkompetenz?

Es wird vorgeschlagen, vier Dimensionen mit jeweils mehreren Unterdimensionen zu beachten, um Reichweite und Umfang des neuen Medienlernens deutlich zu machen:

1. Dimension: Medienkritik

„Kritein" bedeutet ursprünglich „unterscheiden" und zielt darauf, vorhandenes Wissen und Erfahrungen immer wieder reflektierend einzuholen, und dies in dreifacher Weise: Zum einen (a) hat Medienkritik eine analytische Unterdimension. Problematische gesellschaftliche Prozesse, etwa Konzentrationsbewegungen, sollten angemessen erfasst werden können. Ebenso sollte „analytisch" das Wissen vorhanden sein, dass sich private Programme weitgehend durch Werbung finanzieren und dies ohne Zweifel Konsequenzen für Programminhalte und Programmstrukturen hat. „Analytisch" bedeutet also, ein Hintergrundwissen zu besitzen, das Medienentwicklungen nicht kritiklos hinnimmt, sondern „unterscheidend" anwendet, um die eigene Medienkompetenz angemessen einsetzen zu können. Die (b) reflexive Unterdimension zum anderen zielt auf den Gedanken, dass jeder Mensch sein analytisches und sonstiges Wissen auf sich selbst und sein persönliches Handeln beziehen und anwenden können muss. Wir neigen gerade im Medienbereich schnell dazu, über „die anderen" zu reden und uns selbst außen vor zu lassen. Schon vor vielen Jahren beispielsweise verdeutlichten Untersuchungen, dass BILD-Zeitungleser – weil das Lesen der BILD-Zeitung keinen guten Ruf hatte – angaben, es „nur zum Spaß" oder nur „nebenbei" zu betreiben. Anderes Beispiel: In Seminaren über Serien in Vorabendprogrammen mussten die Dozenten erfahren, dass Studierende hier eine äußerst kritische Distanz an den Seminartag legten, obwohl sie die Sendungen privat und außerhalb ihres Studierauftrages mit Genuss und Interesse sahen. Analytische und reflexive Fähigkeit umfassen schließlich als dritte Unterdimension (c) ethisches Betroffensein, das analytisches Denken und reflexiven Rückbezug als sozialverantwortet abstimmt und definiert.

2. Dimension: Medienkunde

Hier ist das pure Wissen über heutige Medien und Mediensysteme gemeint. Dies kann in zwei Unterdimensionen ausdifferenziert werden: (a) Die informative Unterdimension umfasst klassische Wissensbestände – etwa: Was ist ein duales Rundfunksystem? Wie arbeiten Journalisten? Welche Programmgenres gibt es? Nach welchen Grundsätzen wähle ich meine Programmvorlieben aus? Wie kann ich einen Computer für meine Zwecke effektiv nutzen? (b) Die instrumentell-qualifikatorische Unterdimension meint ergänzend die Fähigkeit, die neuen Geräte auch bedienen zu können, dazu gehört etwa das Sich-Einarbeiten in die Handhabung einer Computer-Software, das Sich-Einloggen-Können in ein Netz, die Bedienung des Videorekorders und vieles mehr.

3. Dimension: Mediennutzung

Auch dieses kann in doppelter Weise ausdifferenziert werden: (a) Es gibt eine rezeptiv-anwendende Unterdimension (Programm-Nutzungskompetenz). Auch Fernsehen ist eine Tätigkeit, weil das Gesehene verarbeitet werden muss und oft in das Bildungs- und Bilderrepertoire eingeht. Nicht nur das Lesen von Texten, auch das Sehen von Filmen fordert heute Rezeptionskompetenz. Hinzu kommt als zweite Unterdimension (b) der Bereich des auffordernden Anbietens, des interaktiven Handelns: vom Telebanking bis zum Teleshopping oder zum Telediskurs; vom Fotografieren bis zum Erstellen eines Videofilms in der Gruppe gibt es heute eine Vielzahl von Handlungsmöglichkeiten, nicht nur rezeptiv-wahrnehmend die Welt zu erfahren, sondern auch interaktiv tätig zu sein.

4. Dimension: Mediengestaltung

Hiermit ist gemeint, dass Medien sich ständig verändern, dies aber nicht nur in technischer Hinsicht (die neuen Welten von Cyberspace), sondern auch inhaltlich, indem die Software die Möglichkeit bietet, neue Inhalte gestaltend einzubringen etc. Auch hier gibt es zwei Unterdimensionen: (a) die innovative (Veränderungen, Weiterentwicklung des Mediensystems innerhalb der angelegten Logik) und (b) die kreative (Betonung ästhetischer Varianten, das Über-die-Grenzen-der-Kommunikationsroutine-hinaus-Gehen, neue Gestaltungs- und Thematisierungsdimensionen). Hier kommt auch der Gedanke der Partizipationskompetenz zum Tragen: Wollen wir die so vielfach ausdifferenzierte Medienkompetenz (Medienkritik, Medienkunde, Mediennutzung, Mediengestaltung) nicht subjektiv-individualistisch verkürzen, müssten wir ein Gestaltungsziel auf überindividueller, eher gesellschaftlicher Ebene anvisieren, nämlich den Diskurs der Informationsgesellschaft. Ein solcher Diskurs würde alle wirtschaftlichen, technischen, sozialen, kulturellen, ethischen und ästhetischen Probleme umfassen, um so die „Medienkompetenz" weiterzuentwickeln und integrativ auf das gesellschaftliche Leben zu beziehen.

Dieter Baacke (1934-1999) war Professor für Pädagogik an der Universität Bielefeld. Von 1984 bis 1999 war er Vorsitzender der Gesellschaft für Medienpädagogik und Kommunikationskultur (GMK). Sein pädagogisch begründeter Begriff der Medienkompetenz inspiriert dauerhaft Wissenschaft, Praxis und Politik.

Dieter Baacke Preis – die bundesweite Auszeichung für medienpädagogische Projekte

Mit dem Dieter Baacke Preis zeichnen die Gesellschaft für Medienpädagogik und Kommunikationskultur (GMK) und das Bundesministerium für Familie, Senioren, Frauen und Jugend bundesweit beispielhafte Medienprojekte der Bildungs-, Sozial- und Kulturarbeit aus.

Ziel ist, herausragende medienpädagogische Projekte und Methoden zu würdigen und bekannt zu machen, die Kindern, Jugendlichen und Familien einen kreativen, kritischen Umgang mit Medien vermitteln und ihre Medienkompetenz fördern.

Der Dieter Baacke Preis wird in fünf verschiedenen Kategorien sowie einem jährlich im Frühjahr gesetzten aktuellen Sonderthema vergeben. Jeweils 2.000 € werden pro Kategorie/Sonderpreis ausgeschüttet.

a. *Projekte von und mit Kindern*

b. *Projekte von und mit Jugendlichen*

c. *Interkulturelle und internationale Projekte*
(z.B. grenzüberschreitende Medienprojekte oder Projekte, die den interkulturellen Austausch fördern oder die Situation von Kindern, Jugendlichen, Familien mit Migrationshintergrund berücksichtigen oder deren politische Teilhabe fördern)

d. *Intergenerative und integrative Projekte*
(z.B. medienpädagogische Zusammenarbeit, Austausch zwischen Generationen, familienorientierte Medienarbeit, medienpädagogische Projekte im Kontext Inklusion oder Integration von Kindern und Jugendlichen mit Behinderung)

e. *Projekte mit besonderem Netzwerkcharakter*
(z.B. modellhafte, innovative medienpädagogische Zusammenarbeit von verschiedenen Institutionen, Trägern oder medienpädagogisch engagierten Einzelpersonen)

f. *Jährlich wechselnder Sonderpreis*
(Ausschreibung im Frühjahr)

Bewerben können sich Institutionen, Initiativen oder Einzelpersonen mit innovativen, originellen oder mutigen Projekten zur Förderung von Medienkompetenz. Das kann beispielsweise ein kreatives Projekt zur Nutzung mobiler Medien in der Jugendarbeit sein, eine Kinderhörbuchwerkstatt, ein Videoworkshop im Kontext inklusiver oder integrativer Bildung, eine Medienkompetenz-Rallye für Familien, ein Projekt zur kreativen oder kritischen Auseinandersetzung mit Computerspielen, Social Media oder Sendeformaten oder ein multimediales Fotoprojekt im Kindergarten.

Auszeichnenswert sind insbesondere Medienprojekte,

- die sich mit der Medienkultur kreativ beschäftigen oder selbst einen besonderen ästhetisch-kreativen Beitrag leisten (kulturell/ästhetische Film-/Video-/Hörmedien-/Internetprojekte),
- die sich mit der Förderung der Kritik und Analyse von Medien beschäftigen,
- die sich mit der Förderung der Medienkompetenz oder Partizipation im Sinne der Chancengleichheit von Kindern und Jugendlichen, Mädchen und Jungen oder Familien beschäftigen.

Der Wettbewerb richtet sich an Projekte außerschulischer Träger (z.B. Jugendzentren, Kindergärten, Träger der Jugendhilfe oder Familienbildung, Medienzentren und Medieninitiativen) und Kooperationsprojekte zwischen schulischen und außerschulischen Trägern.

Die Projekte sollten im Vorjahr entstanden sein oder im laufenden Jahr bis zur Bewerbungsfrist abgeschlossen sein.

Bewerbungsschluss ist der 31. Juli des laufenden Jahres.

Die Expertenjury besteht aus Vertreter*innen folgender Institutionen:

- Akademie Remscheid
- Bundesministerium für Familie, Senioren, Frauen und Jugend
- Bundesvorstand GMK
- Bundeszentrale für politische Bildung, Bonn
- KJF, Kinder und Jugendfilmzentrum, Remscheid
- Medienzentrum München des JFF
- Die Medienanstalten
- SIN-Studio im Netz e.V., München

Die Preisverleihung erfolgt mit einem Festakt am Rande des Forums Kommunikationskultur der GMK.

Information / Anmeldung

Einzureichen sind:

- Das ausgefüllte Anmeldeformular (entweder per Onlineanmeldung oder per Post) mit Kontaktdaten (Adresse, E-Mailadresse, Ansprechpartner/-in), allgemeinen Infos zum Projekt, zur Finanzierung, zur Struktur der Teilnehmer*innen und ggf. zu weiteren Beteiligten

- Kurzbeschreibung des Projekts und eine detaillierte Projektbeschreibung (Zielgruppe, Ziele, Arbeitsweise, Zeitrahmen, Medien, Ergebnisse, Finanzierung, Resonanz) im Umfang von 1 bis 3 Seiten
- Ihre Ergebnisse/Produkte (per Onlineanmeldung, Post oder E-Mail)

Sie haben zwei Möglichkeiten sich zu bewerben:

1. Onlineanmeldung

Nutzen Sie die Onlineanmeldung (www. dieter-baacke-preis.de/dieter-baacke-preis/ bewerbungsformular/) und füllen Sie diese online aus. Bitte halten Sie dafür Ihre Projekt- und Kontaktdaten sowie eine Projektbeschreibung über das Projekt bereit. Die Projektbeschreibung können Sie als Datei im gängigen Word- oder PDF-Format hochladen. Ebenso haben Sie die Möglichkeit, uns Dateien, die nicht größer als 12 MB sind, über die Onlineanmeldung zukommen zu lassen. Schicken Sie uns Ihre Produkte, Ergebnisse oder Materialien, die größer als 12 MB sind, bitte als Download-Link (z.B. Dropbox, WeTransfer etc.) an gmk@medienpaed.de oder per Post an die GMK-Geschäftsstelle, Obernstr. 24 a, 33602 Bielefeld. Sie erhalten nach der Onlineanmeldung eine Bestätigung per Mail mit einer persönlichen ID. Bitte notieren Sie diese ID sichtbar auf den einzuschickenden Materialien. Sie erhalten eine Bestätigung per Mail, wenn wir Ihre Materialien erhalten haben.

2. Anmeldung per Post oder Mail

Nutzen Sie das PDF-Anmeldeformular unter www.dieter-baacke-preis.de. Bitte schicken Sie das ausgefüllte Formular sowie die Projektbeschreibung und ggf. Ihre Ergebnisse per Post an GMK-Geschäftsstelle, Obernstr. 24 a, 33602 Bielefeld oder per E-Mail an gmk@medienpaed.de.

Fragen und Antworten zum Dieter Baacke Preis

Wir haben ein kleines, aber interessantes Medienprojekt durchgeführt. Lohnt sich eine Bewerbung?
Auf jeden Fall. Originelle, engagierte, witzige, künstlerische, soziale, kritische oder anderweitig außergewöhnliche Projekte sind willkommen. Gerade von kleineren Projekten kann eine wichtige Innovationskraft ausgehen.

Kann man sich mehrmals für den Dieter Baacke Preis bewerben?
a) Durchlaufende oder wiederholt laufende Angebote, die im aktuellen Zeitraum (laufendes Jahr/Vorjahr) über neue Projektergebnisse verfügen, können sich damit erneut bewerben.
b) Auch bereits mit dem Dieter Baacke Preis ausgezeichnete Einrichtungen/Personen können sich mit anderen Projekten erneut bewerben.

Kann ich mich mit einer Projektidee oder einem Konzept für den Dieter Baacke Preis bewerben?
Nein. Es können nur Einrichtungen/Personen prämiert werden, die bis Ende Juli des betreffenden Jahres präsentierbare Ergebnisse vorweisen können.

Kann ich ein Projekt einreichen, das an einer Schule entstanden ist?
Jein: Mit dem Dieter Baacke Preis werden in erster Linie Personen oder Einrichtungen ausgezeichnet, die in der außerschulischen Arbeit oder in der Kooperation von Schulen mit außerschulischen Einrichtungen entstanden sind (offener Kanal, Lokalradio, Medienzentren, medienpädagogische Agenturen, freiberuflich tätige Medienpädagoginnen und -pädagogen Filmhäuser etc.). Der Schwerpunkt des Dieter Baacke Preises liegt auf der außerschulischen Arbeit (und Kooperation mit Schulen).

Doch keine Regel ohne Ausnahme: Schulen können eine „Besondere Anerkennung" im Rahmen des Dieter Baacke Preises erhalten, wenn ihre Projekte für die außerschulische Bildung übertragbare innovative Modelle/Methoden enthalten.

Wie alt darf das Projekt sein?
Das Projekt sollte im Jahr der Ausschreibung oder im Vorjahr beendet worden sein.

Organisation des Materials / Kennzeichnung aussagekräftiger Passagen?
Bei umfangreichen Projekten oder der Einreichung von mehrstündigen Filmen, Radiosendungen etc. bitten wir um die Auswahl oder die Kennzeichnung aussagekräftiger Passagen. In der Vorauswahl wird das gesamte eingereichte Material berücksichtigt. Eine Kennzeichnung besonders gelungener Passagen/Ergebnisse erleichtert uns jedoch die Zusammenstellung für eine Präsentation und trägt dazu bei, dass in der Jurysitzung auch die Ausschnitte/Beispiele zugrunde gelegt werden, die die Bewerber*innen für besonders geeignet hält.

Wie bewerbe ich mich am besten?
Sie haben zwei Möglichkeiten sich zu bewerben: **Onlineanmeldung** auf www.dieter-baacke-preis.de und **Anmeldung per Post oder Mail** an die GMK-Geschäftsstelle (nähere Infos dazu auf S. 172).

Technik?

Achten Sie bei den Dateien möglichst auf gängige Formate, die gut abspielbar sind.

Sie haben verschiedene Möglichkeiten, uns Ihr Material zukommen zu lassen:

- Per Post auf digitalen Datenträgern (bitte gut beschriften und Projekttitel und ggf. ID angeben)
- Per Mail an gmk@medienpaed.de
- Per Transferdienst (z. B. Dropbox, WeTransfer etc.)
- Im Internet als Link
- Per Onlineanmeldung, wenn die Datei nicht größer als 12 MB ist.

Einreichungsfrist

Bis zum **31. Juli** jeden Jahres
(Datum der Onlineanmeldung/Poststempel).

Wie erfahre ich, dass meine Unterlagen angekommen sind?

Wenn Sie sich online angemeldet haben, erhalten Sie unverzüglich eine Bestätigungsmail. Bitte melden Sie sich zeitnah in der GMK-Geschäftsstelle, falls das nicht der Fall sein sollte. Spätestens zwei Wochen nach Erhalt der Materialien in der Geschäftsstelle schicken wir Ihnen eine (weitere) Empfangsbestätigung per E-Mail. Bitte haken Sie nach, wenn Sie keine Mail bekommen haben.

Wie und wann erfahre ich, ob mein Projekt ausgezeichnet wurde?

Wir benachrichtigen alle Preisträger*innen und besonders anerkannten Projekte sowohl telefonisch als auch per Post (in der Regel Ende September/Anfang Oktober).

Was ist eine „Besondere Anerkennung"?

Die Jury kann Projekte mit einer „Besonderen Anerkennung" auszeichnen. Das können Projekte sein, welche die Medienkompetenz von Kindern, Jugendlichen oder Familien in herausragender Weise fördern, die aber etwas von den eigentlichen Kriterien des Dieter Baacke Preises abweichen (z. B. Angebote, welche die Medienpädagogik voranbringen oder innovative kreative Projekte an Schulen). Mit der Besonderen Anerkennung verbunden sind die Einladung zur Preisverleihung und eine öffentliche Würdigung in Form von Publikation und Informationen auf der Website inklusive Dieter Baacke Preis-Logo. Einzig ein Preisgeld ist nicht vorgesehen.

Weitere Auskünfte:
GMK-Geschäftsstelle
Obernstr. 24 a
33602 Bielefeld
Tel.: 0521/677 88
E-Mail: gmk@medienpaed.de
Web: www.gmk-net.de

Ansprechpartnerinnen:
Dr. Friederike von Gross
Renate Röllecke

Abbildungsnachweis

Titelbild
© Monkey Business Images / Shutterstock.com

Porträtfoto Dr. Franziska Giffey
© Bundesregierung / Jesco Denzel (Seite 9)

Friederike von Gross / Renate Röllecke
© Katharina Künkel (Seite 15)

Lars Gräßer / Markus Gerstmann
© BigTunaOnline / Shutterstock.com (Seite 19)

Christa Gebel / Andreas Oberlinner
© Jacob Lund / Shutterstock.com (Seite 46)

Isabell Venne / Larissa Brands
© Eigensinn e.V. (Seiten 67, 69)

Luise Meergans / Sophie Pohle
© artistlike / Pixabay.com (Seite 85)

#stadtsache. Crossmediale Teilhabe an der Stadt.
© Anke M. Leitzgen (Seiten 152, 154, 156, 159)

Trickmisch – Deutsch lernen mit Trickfilmen
© Roland Bertram (Seite 160)
© Julia Kapelle (Seite 163)
© Barbara Klinker (Seite 165)

Fotos und Abbildungen zu den Projektbeschreibungen und Interviews wurden uns freundlicherweise vom jeweiligen Projekt zur Verfügung gestellt.

Zeitschrift merz | medien + erziehung

www.merz-zeitschrift.de

merz | medien + erziehung ist die einzige unabhängige medienpädagogische Fachzeitschrift in Deutschland, in der wichtige Themen der Medienpädagogik aufgegriffen und aus unterschiedlichen Perspektiven betrachtet werden. Es wird Wert darauf gelegt, ein möglichst weites thematisches Spektrum aus den Bereichen der medienpädagogischen Forschung und Praxis zu erfassen und dabei auch verwandte Disziplinen im Blick zu haben, die im Hinblick auf medienpädagogische Fragestellungen von Bedeutung sind. Die letzten Ausgaben:

merz 5/2018
Digitale Bildung?

merz 2/2019
Medien, Wohlbefinden, gelingendes Leben

merz 2/2019
Computerspiele in der Jugendarbeit

merz 3/2019
Digitalität. Religion. Pluralismus

kopaed verlagsgmbh
Arnulfstraße 205, 80634 München
www.kopaed.de